アジアの教科書に見る子ども

塘 利枝子 ◉編著 TOMO Rieko

出羽孝行＋カンピラパーブ・スネート＋高 向山
久米裕子＋南出和余＋渋谷 恵 ◉著

ナカニシヤ出版

はしがき

　近年日本ではアジア諸国出身の親をもつ日本語を母語としない子どもたちが，保育・教育現場で増加している。顔かたちが日本の子どもとあまり変わらないために，彼らは欧米出身の子どもに比べて大きな違和感もなく受け入れられることがある。しかし同じような顔かたちをしているからといって，日本の子どもと同じような価値観をもっているわけではない。

　今まで保育機関や学校を訪問し，外国籍をもつ多くの親子に接してきた。そのたびに，彼らのもつ価値観や，子どもに対して親が抱く発達期待について多くの疑問をもった。それが本書の研究の始まりである。そしてその題材となった教科書。帰国児童・生徒や外国人児童・生徒の研究のために，小学校で彼らに日本語を教えるボランティアをしていたとき，彼らがもってきた教科書を見る機会があった。日本の教科書が一種の「懐かしさ」をもたらすのに対して，海外の教科書は，大きな興味と違和感を私にもたらした。「日本の教科書とは何かが違う。」「私たちは教科書を通して何を子どもたちに伝えようとしているのか。」さまざまな疑問を抱きながら，教科書の内容に関する文化比較研究は始まった。

　最初は日本とイギリスとの比較。次には台湾，そしてドイツ，中国，韓国，タイ，バングラデシュ，フランスというように，対象とする国が次々と増えていく中で，多くの留学生や外国人研究者との出会いがあった。自分たちの国の教科書を持ち寄って彼らと話し合う中で，自分たちが違和感なく受け入れてきた教科書の内容が，相手にとっては新鮮な驚きをもたらすことをお互いに発見しながら，長時間にわたって話し合った。また心理学以外の領域の研究者との出会いの中から，多くの異なる方法論と接する機会をもった。そしてその話し合いの中から，分析する内容も家族構造，家族内コミュニケーション，育児行動，親役割，対人関係，教師と子どもとの関係など広がりを見せていった。

　アジア諸国の隣国同士でも子どもへの発達期待は随分違う。そんな素朴な驚きを形にするために始めた研究であったが，その過程は地道で困難な作業の連

続でもあった。「異文化」をもつ研究者間で分析枠組みも定まらず途方にくれたこともあった。また新たな分析基準を加えたことによって，途中まで行った分析を最初からやり直すという作業も何度となく行われた。さらに仕事の進み具合に対する考え方も文化間で相違が見られ，その調整も大変な作業であった。しかし一方でこのような協働作業のなかで多くの発見をし，差異と共に多くの共通点をも見つけた。これも多くのよき協力者が得られたからこそできた作業である。教科書の内容分析に関わったすべての方々に感謝をしたい。

　本書はこのような協働作業から生まれた1つの研究成果ではあるが，同時に新たな研究の始まりでもある。今回この本をまとめたことで，多くの課題が提示された。特に「国」や「文化」の問題をどう乗り越えるかは大きな課題の1つである。「日本では」「中国では」という形での結果の提示と共に，文化の下位構造についても本書ではふれるようにしたが，国家間や文化間の共通性や相違性を支えている文化の下位構造をさらに深く解明していく必要があるだろう。また今後とも新しい対象国を加えるたびに，発想の転換が迫られ，新たな分析枠組みが提示される。そのたびにまた1からやりなおすこともあると覚悟している。組み立てては壊し，壊しては組み立てる。この作業を繰り返し，さらには教科書の内容分析研究から一歩踏み出して現実に生きる子どもとふれあいながら，文化が子どもの発達にどのような意味をもたらすかを考えていくこと。それが今後の大きな課題である。

　本書によって文化のステレオタイプが生み出されるのは本意ではない。もちろん本書で示したような各国の発達期待についての十分な知識は必要であるし，異文化との接触によって初めて意識される私たちがもっている価値観や期待が，子どもの発達に大きな影響を与えていることも確かである。だからといって各文化に対する一般的な知識だけで，子どもの行動を理解することは避けたい。「韓国から来た子どもだからこう行動するはず」といった先入観ではなく，理想像と実像の差異を見極めた上で，「異文化」をもった子どもと接していく必要があるだろう。理想像が実像にどう影響し，実像は理想像にどう影響していくか。これも今後の大きな課題の1つである。積み残された課題は多いが，本書が文化の狭間で生きる子どもたちや，彼らを受け入れる人々の理解に少しでも役立つことを願っている。

編　者

目　　次

はしがき　*i*

❶ 次世代に伝える子ども観……………………1
1. はじめに　1
2. アジアに生きる子どもの変化　4
3. 子どもの社会化過程としての教科書　6
4. 文化・歴史的観点をもつ研究と本研究の位置づけ　9
5. 研　究　方　法　13

❷ 各国の教育事情と教科書事情……………………23
1. 日　　　本　23
2. 韓　　　国　30
3. 台　　　湾　38
4. 中　　　国　46
5. タ　　　イ　52
6. バングラデシュ　58

❸ 次世代に伝える家族の姿……………………67
1. 現代のアジア6カ国の理想の家族像　67
2. 各国の「理想の家族像」の変容　74

　1) 日本の家族像の変容　75
　2) 韓国の家族像の変容　77
　3) 台湾の家族像の変容　81
　4) 中国の家族像の変容　83
　5) タイの家族像の変容　85
　6) バングラデシュの家族像の変容　87
　7) 今後の「理想の家族像」　89

❹ 次世代に伝える「いい親」の姿……………………91
1. 現代のアジア6カ国の理想の親役割と性役割　91
2. 各国の理想の親役割・性役割の変容　113
   1) 日本の親役割・性役割の変容　113
   2) 韓国の親役割・性役割の変容　119
   3) 台湾の親役割・性役割の変容　124
   4) 中国の親役割・性役割の変容　128
   5) タイの親役割・性役割の変容　133
   6) バングラデシュの親役割・性役割の変容　137
   7) 親役割や性役割に差異や変化をもたらす要因　140

❺ 次世代に伝えるいい子像……………………151
1. 現代のアジア6カ国の理想の「いい子」像　151
2. 各国の「いい子」像の変容　167
   1) 日本の「いい子」像の変容　167
   2) 韓国の「いい子」像の変容　171
   3) 台湾の「いい子」像の変容　174
   4) 中国の「いい子」像の変容　176
   5) タイの「いい子」像の変容　178
   6) バングラデシュの「いい子」像の変容　180
   7) 「いい子」像に関するまとめ―ハイブリッド性と対処行動―　183

❻ まとめと展望……………………187
1. アジアの発達期待とマクロシステムとの関係　187
2. 教科書研究の問題点と展望　196

文　献　201
あとがき　213
索　引　215

1 次世代に伝える子ども観

第1節 はじめに

1 発達期待の多様性

　どの社会や時代でも，子どもの教育は大人にとって重要な関心事である。次世代の幸せや繁栄を望まない社会はないであろうし，次世代の幸せのためによりよい教育を大人たちは常に模索している。この点に関してはどの社会や時代でも共通していると言えるだろう。しかし自分たちの世代の何をどう次世代に引き継ぐかは，各国・社会や時代により異なる。宗教を生活の基盤だと教える国もあれば，社会主義思想を最も重視する国もある。また将来子どもに親の介護を大いに期待して育てる国もあれば，ほとんど期待しない国もある。子どもに自由に発言させることをよしとする国もあれば，子どもは大人に従うべきであるとする国もある。何を重視して次世代の教育に当たるかは，その国・社会の大人たちの価値観が常に反映している。

　また大人が子どもに伝えようとする価値観が異なっているのは，なにも国家や社会の間だけではない。時代によっても異なる。第二次大戦以前，日本でも戦争を肯定的に見る価値観を子どもに伝えていた。しかし今では逆に戦争を否定する価値観を学校で子どもたちに伝えている。このようにどんな価値観を次世代に身につけてほしいと大人たちが期待するかは，それぞれの国や社会を取りまくその時代のさまざまな要因や，その社会が今までに培ってきた歴史的背景と密接に結びついている。本書では，「家族像」「親役割・性役割」「いい子像」という3つの領域における大人の発達期待に焦点をあてて，アジア6カ国の子どもたちが使う教科書に反映された子ども観について検討する。

2 保育や教育の場における多文化化

　日本は歴史的にもアジア諸国との関係が様々な形で深かった。地理的にも日本と他のアジア諸国は距離が近いこともあり，古代から現代まで，ものや人の交流が盛んに行われてきた。現在日本に在住する外国人についても，アジア出身，特に韓国（大韓民国），中国（中華人民共和国）や台湾（中華民国[1]）出身の人々の占める割合は最も高く，オールドカマーと呼ばれる在日韓国朝鮮人を除いても，東アジア出身者は多い（法務省，2000）。保育機関に在籍する外国人幼児の中でも，日本以外のアジア諸国出身の親をもつ子どもの数は増加傾向にあり，彼らへの対応も重要な課題となっている（久富，1992；川村，1995；大場，1998；塘，2002）。就学後の子どもについても，「日本語指導が必要な外国人児童生徒数」は年々増加傾向にあり，現在ではポルトガル語を母語とする日系ブラジル人の子どもが最も多いものの，それに次いで中国語を母語とする子どもたちも多い。またフィリピノ語や韓国・朝鮮語，ベトナム語を母語とする日本語指導が必要な子どもたちも増加傾向となっている（文部科学省，2004）。

　このように日本以外のアジア諸国出身者を親にもつ子どもの増加は，今後の日本の保育・教育のあり方，そして子育てのあり方を考える上で，もはや無視できない存在になりつつある。また日本人とアジア諸国の人々との国際結婚が増えている近年，日本だけではなく他のアジア諸国における家族のあり方をも考えておく必要があるだろう。欧米だけではなくアジアにも目を向け，その子ども観について研究することは，今後の日本の保育や教育のあり方を考える上でも重要な意味をもつと思われる。

3 アジアの多様な保育観・教育観

　近隣アジア諸国の子どもが保育や教育の場で増加しているにもかかわらず，アジア諸国の人々の価値観や行動についての保育・教育関係者の理解度はそれ

1　本書では台湾（中華民国）の表記を，「台湾」と統一する。種々の政治的問題はあるが，中華人民共和国とは政治体制や教育体制も異なり，なによりも本書で扱っている「教科書」自体も異なることから，異なる1つの社会とみなす。そこで本書では台湾を1つの「国」として扱っているような記述もあるが，これは政治上の観点からではなく，上述の便宜上の観点によるものであることを断っておく。

ほど高くはない。アメリカを中心とした欧米に関する情報に比べて，アジア諸国の子育てについての情報はいまだ少ないのが現状である。また髪や目の色が異なる欧米出身の子どもたちは，外見的にも区別されやすく，彼らの価値観や行動は日本の子どもとは違うという前提で見られ，特別な配慮を受けやすい傾向がある。しかしアジア出身の子どもは，日本の子どもと顔かたちが似ているため，生活言語としての日本語を習得してしまうと，価値観や行動も日本人と同じだとみなされやすい。同じアジアの国だからという思いこみがその根底には存在する。

　もちろん日本と他のアジア諸国の教育や子育てに関する価値観や行動とが類似している面も多い。しかし同時に異なる面も存在する。例えば子どもに生後何ヶ月から離乳食を与えるのがよいか，子どもにどの程度厚着をさせたらよいか，子どもに何歳から文字を教えるのがよいか，先生に対してどのような態度をとればよいか，など同じアジア圏の人々だからといって，必ずしも親の保育観や教育観は同じではない。韓国の親は，幼児期から子どもに勉強をさせ，早くから知識を学ばせたいとの願いをもっているし，中国や台湾では3歳頃から英語教育，文字教育，算数教育が始まっている。中国の幼稚園では1日の保育活動が小学校のような時間割によって細かく管理されており，その時間割に従って子どもたちは1日を過ごすのである（塘・高・童，2003）。一方，最近の日本の就学前保育では，「遊び」を通して人間関係を学ぶことを重視しており（文部省告示，1998；厚生省児童家庭局，2000），自由遊びの時間を多く取っている保育機関が多い。このように保育形態や方針を比較してみても，就学前機関の保育に対する親の期待は，文化によって異なっていることがわかるだろう。また就学後の教育の中でも，たとえば子どもに期待する学歴の程度が文化によって異なったり，男児と女児に対する学習到達度の期待が異なったりする。

　日本国内でも外国人の子どもが増えるにつれて，保育や教育の場では保護者の多様なニーズに応える必要性が出てきた。各国・社会の子ども観や発達観をとらえた上で，子どもの保育や教育にあたることが，今後の保育・教育関係者にはさらに期待されている。異なる文化的背景をもつ保護者のニーズをとらえつつ，それらをどの程度日本の保育や教育に取り入れていくかを考えるためにも，各国の大人が想定している次世代に対する理想の子ども像をとらえておく

必要があるだろう。

第2節 アジアに生きる子どもの変化

1 アジアの社会と出生率の変化

　第二次大戦後，アジア諸国の社会・経済状況は急激に変化した。時間的な差はあるものの，日本を初めとして，台湾，韓国，中国，タイ（タイ王国）などの国際経済力は急激に増大した。国土の広い中国や，社会階層差の大きいタイなどのように，地域や階層による国内の経済格差が大きいところもあり，すべての地域が一様に経済力を増したわけではない。だがその一方で，東京，大阪，台北，北京，上海，ソウル，バンコク，ダッカといったアジアの大都市では，次々と高層建築が建てられ，人々のライフスタイルは急速に近代化した。それに伴って家族構造の変化，子育てのあり方，子どもの教育方針も変化した。このように社会や経済の状況が人々の生活環境を変え，さらには人々の行動や価値観を変える可能性は今後も大いにあると思われる。

　大きな変化の1つは出生率についてである。アジア諸国において，女性が出産する子どもの数は戦後激減した。たとえば女性が生涯に産む子どもの数（合計特殊出生率：(TFR: Total Fertility Rate)）[2]は，日本では1950年には3.65人であった。しかし1960年には2.00人となり，1980年には1.75人，2000年には1.36人となった（厚生労働省統計情報部, 2003）。台湾では1957年には6.00人，1964年には5.10人，1970年には4.00人，1983年には2.10人，1994年には1.76人（エイジング総合研究センター, 1996），そして2001年には1.40人と急激に減少している（行政院経済建設委員会, 2003）。韓国では1960～1965年には5.63人であったが，1970年には4.54人，2000年には1.47人というように，合計特殊出生率は韓国でも急激に減少している。また中国では1979年1月より「一人っ子政策」を採用し，少数民族や特定の地域・場合を除いて，子どもは原則として

　2　対象とする年次について女性の年齢別出生率を15～49歳にわたって合計して得られる出生力の指標で，その値は1人の女性がその年齢別出生率にしたがって子どもを産んだ場合に生涯に産む子ども数として解釈される。

1人しかもつことができなくなった。タイでは1960～1965年には6.40人だった合計特殊出生率は，2000年には2.10人にまで落ち込んでいる（United Nations, 2003）。バングラデシュ（バングラデシュ人民共和国）では，1965年には5.79人，1980年には4.99人，1990年には4.33人，1995年には3.45人，1998年には2.98人と，合計特殊出生率は明らかに減少している（Bangladesh Bureau of Statistics, 2002）。これはリプロダクティブ・ヘルスの観点から国家家族計画プログラムにおいて出生率を減少させる計画が実施されたことによる。

中国やバングラデシュのように国の施策によって少子化になった国を除けば，国からの強制がなかったにもかかわらず，少子化への道をたどった理由の1つとして，社会の近代化があげられる。科学技術を重視する近代社会の中で，子どもが身につけなければならない知識は増大し，それに伴って子どもに長い教育期間を与えることが必要となった。子どもが「一人前」になるまでに親はより長い時間をかけるようになり，1人の子どもにかける教育や子育ての費用も増大した。

また衛生状態の改善や医療技術の進歩により乳幼児死亡率が減少し，子どもが生まれれば高い確率で成人まで生き残るようになった。以前は衛生状態が悪かったり医療技術が劣っていたことから，乳幼児死亡率が高かった。そのため多くの子どもが生まれても，多くの子どもが死んでいた。子どもが成人に達する頃には，結果的に現在と同じ子ども数になっていたという。したがって乳幼児死亡率の高さを考慮して，人は多くの子どもを産んでいた。しかし現代では子どもが高い確率で生存することから，成人まで子どもが生き延びることを想定して，最初から少なく子どもを産むようになった。つまり多産少子から少産少子へと急激に変化したのである（柏木, 2001）。

2 「子どもの価値」の変化

以上のような出産に関する変化は，単に母親の出産回数を変えただけではない。1人の子どもに対する親の期待をも，かつてより大きいものとした。生まれても死亡する確率が高かった時代では，大きな期待を子どもにかけることは，親の精神衛生上もよくない。しかし生まれてほぼ確実に生き残るとわかれば，生まれた子ども1人ひとりに，親は多大な期待と関心を寄せ，莫大な投資

をすることを厭わない。さらに医療の進歩により，子どもを出産する時期までも親が調整できるようになり，子どもは「親のもの」であるという意識も生まれてきた。その結果ますます子どもには親の多大な期待が向けられるようになってきたのである。

さらに出生率の変化や子どもに対する親の期待の変化は，「子どもの価値」自体をも変化させた。かつて「労働力」「将来の介護要員」として価値をもっていた子どもが，「楽しみをもたらしてくれる」「家族に明るさをもたらしてくれる」などという価値をもつようになった。すなわち「経済的・実用的価値」から「精神的価値」へと変化をしたのである（柏木，2001）。このような「子どもの価値」に対する変化は，子どもに対する大人の発達期待に，どのような変化をもたらしているだろうか。たとえば家族の構成人数が変わったことで，家族のあり方や親子関係，親の育児行動などについて，次世代に伝達する内容はどう変化しただろうか。

アジアの中で，各国が抱えてきたそれぞれの歴史的な背景に加え，いつどのような形で近代化の波にさらされたかによって，各国の事情は異なる。大人が子どもに対してもつ発達期待が変化する時期も程度も異なってくるかもしれない。どの時代，どの社会にあっても，親を初めとして，子どもに関わる大人たちは，次世代の幸せを願う。しかし何をどの程度強く願うか，子どもにどう幸せになってほしいと思うかは異なるのである。時代によって，国や社会によってそれらはどう変化し，どのような類似点や相違点を見せるのだろう。この点についても検討したい。

第3節　子どもの社会化過程としての教科書

1　教科書の特性と教科書分析

ここでは，本書で分析対象としている教科書の特性について述べる。教科書は子どもの学力向上を目指して各国の教育関係者により作成され，子どもの学習教材として日常的に用いられるものである。大人から子どもへの知識の伝達は，かつて親や地域で行われていたが，急速に社会が進化するにつれ，学校へ

第3節 子どもの社会化過程としての教科書

とその場を移した（斎藤・菊池編，1990）。そして学校において知識を効果的，系統的に伝達するために教科書が登場し，教科書は学校文化の中で特別な地位をもつようになった（藤田，1991；友田，1990）。同時に教科書は子どもをその時代や社会に適応させる使命をも背負ってきた。意図的であれ，無意図的であれ，教育関係者は教科書を媒介として子どもにある一定の価値を植え付けてきた。最も明らかな価値の注入例として，日本の戦時中の教科書の内容や登場人物の分析研究があげられる（唐澤，1990）。このように教科書は時代や社会を映す鏡として興味深い分析対象とされ，これまでにも多くの研究が重ねられてきた。

教科書に関するこれまでの研究視点は次の3点に集約される。第1は学習教材の視点から語彙や表記方法について分析したもの（三上・矢部，1992），第2は歴史的視点からその時代の社会状況や人々の考え方を分析したもの（唐澤，1990；杉原・田中・高山，1992；藤沢，1998），第3は作品の内容や登場人物などについて，子どもの価値観との関わりを心理・教育的な視点から分析したものである。

本書の教科書分析もこの第3の視点に立って行うが，この視点で分析された研究をいくつか紹介しておく。まず教科書に描かれた性差の研究があげられる。日本の教科書の登場人物には男性が多く描かれており，作品の内容においても女性の就労や男性の家事を否定し，従来の性役割行動を強める記述が多く存在していることが指摘されている（佐藤，1978；伊東・大脇・紙子・吉岡，1991；崎田，1996）。そしてこのような教科書の使用が，子どもの性役割観形成に大きな影響を与えると示唆している。またこの他に日本と西欧諸国の教科書の歴史的記述に注目し，日本の国際観や歴史観を分析した研究や（安彦，1992），ドイツを中心とする欧州の歴史教科書の変遷を通して，人々の歴史観を分析した研究がある（近藤，2001）。いずれもこれらの研究の前提には，教科書の内容が子どもの価値観形成に影響を及ぼすとの考え方がある。そしてそれをもとに，教科書に掲載されている情報選択を問題にしていたり，教科書に反映された歴史観などに焦点をあてたりしているのである。さらに他国や多文化と比較したり，異なる時代を比較するという，文化比較的視点を取り入れた研究がある。たとえば日米の教科書の作品内容に反映された価値観についての研究（今井，1991）や，日本とカナダの教科書の内容について，通時的比較の手

法を用いてなされた研究（Minoura, 1975）である。また塘が行った教科書分析に関する一連の研究においても，日英の教科書の内容を家族構成と家族内コミュニケーションの観点から比較した研究（塘，1995），育児行動における親役割や性役割の観点から2～3カ国の教科書を比較した研究（塘・童，1997；Tomo, & Tung, 1999；塘・出羽・高，2004），対人関係の観点から数カ国の教科書を比較した研究（塘・真島・野本，1998; Tomo, 2000；塘・木村，2001；Tomo, Kimura, & Tung, 2002）など，教科書が描き出す発達期待についての研究がある。

以上の研究にも反映されているように，教科書は教育の中で知識を伝達する道具だけの意味にとどまらず，その国・社会の価値観や行動のあり方を次世代に伝達する道具としての役割も担っている。したがって教科書にはその時代のその社会で重視されている価値観や行動のあり方，そして次世代への発達期待が「投影」されていると考えられる。

2　「理想像」としての教科書

なぜ本書では「教科書」に注目したのか。子どもが接する書物は教科書の他にもある。絵本，児童書，雑誌や漫画などである。特に漫画は教科書より子どもが喜んで自発的に手に取るものであるし，教科書より大きな影響を，漫画から子どもたちは受けるかもしれない。漫画にはより子どもたちの共感を呼ぶような実物大の子ども像が描かれているとも考えられる。したがって本書で取り上げた，大人たちが次世代に伝えたい理想像は，もしかするとこのような実像とはかけ離れていることもありうる。この点は教科書分析の限界性であろう。しかしその一方で，大人側の理想像を分析できるという特徴を教科書はもっている。そしてその理想像を，大人の現実の考え方や子ども側のとらえ方の実態と将来重ね合わせながら分析でき，さらにその理想像と現実のずれの大きさが子どもの育ちに与える影響の内容や程度について，併せて考えることができると思われる。

また絵本や児童書とも異なり，義務教育就学率が100％に近い国であれば，教科書はすべての子どもが一度は手に取るという特徴をもっている。教育の場で使用される点と，すべての子どもたちが手に取るという点を考慮して，どの国でも教科書は時間をかけて丁寧に作られており，大人たちは次世代に伝達し

たいと考える理想像を，教科書に最大限反映させようと努力している。たとえば1960年出版の日本の教科書編集の趣意には「日本の健康な国民生活と文化を，何代何世紀をかけても築きあげていこうとする，熱意と実践力に満ちた民族の養成を目指して編集された」（信濃教育会出版部，1960）と書かれている。このように教科書は次世代の健全な育成を願って編集されている。したがって教科書の作品に反映される理想の子ども像は，子どもの教育の方向性を示唆するエッセンスが投影されていると考えられるだろう。

第4節　文化・歴史的観点をもつ研究と本研究の位置づけ ❖

1　文化と心の関係性を探る研究

　人は文化に囲まれて生活をしているにもかかわらず，通常の状態では自文化の内容を意識していない。異文化と接触し違和感をもったときに初めて，自文化と異文化との違いを意識するようになる。生涯自文化内のみで生活し，異文化とまったく接触しないのであれば，異文化の人の生活，行動や心を理解する必要もないであろう。しかし，人，もの，情報のグローバリゼーションが急速に進む現代社会において，異文化とまったく接触しないという人はほとんど存在しない。都市部のみならず地方や辺境地でさえも，伝統を守って生活してきた人々に，テレビなどを通じてさまざまな文化がもたらされる。そのため自文化以外の文化の内容や，そこで生活する人々の心を解明することが，近年さらに重要となってきた。

　しかし実はこういった試みは今に始まったことではない。心理学領域においても，異文化の人の心を解明しようという試みは，すでにブントの著した『民族心理学』（Wundt, 1900-1920）でもなされている。ブントは個人意識の総和ではない民族意識というものが存在するとして，原始時代から歴史的な観点で民族意識を扱っていた（ブント・比屋根訳，1959）。ブント以後，実験心理学に押されて文化と心の関係を探る試みは，心理学の中では一時衰退した（藤永，1997）。むしろ人類学の中で1920年代頃から「文化とパーソナリティ学派」などにより，文化と心との関係は研究されてきたのである。特に1950年代頃か

らハル（Hull, C. F.），マードック（Murdock, G. P.），ホワイティングら（Whiting, B. B. & Whiting, J. W. M.）などによって，通文化的アプローチが行われるようになり，それぞれの文化が内包している特性とパーソナリティの相関関係について，文化の影響過程をも含めて検証しようとした。この通文化的アプローチには，データの質的差異が無視されやすい傾向があるなど，さまざまな問題点は含んでいるが，文化と心との関係性を探ろうとした重要な研究であることは否定できない。このように文化と心に関する研究は，心理学というよりは人類学の中で発展してきた。だがその後1970年代以降，心理学の中でも「文化」への関心が強まり，特に異文化間心理学といった領域が，人類学領域と互いに関係を持ちながら発展してきた。

　異文化間心理学（Cross-cultural Psychology）は，交差文化心理学，比較文化心理学などとも言われ，社会と文化的な影響によって形作られている行動を科学的に研究し，さらに人間の認知，行動，感情の普遍性と文化的特殊性を明らかにし，文化間の相互作用を心理学的観点から探る研究領域である。これはベリーら（Berry, Poortinga, Segall, & Dasen, 1992）によれば，文化と行動の因果関係を明らかにし，心理学的知識の普遍化の可能性に焦点をあて，文化的経験を見きわめ，文化の変化（Culture Change）と個人の行動との関係について問題を提起する研究領域とされる。

2　文化心理学の出現

　以上の特徴を持つ異文化間心理学に対して，それとは異なる理論的枠組みをもつとされる文化心理学が，1980年代中頃から新たな学問として出現してきた。グリーンフィールド（Greenfield, 1997）や北山（1997）によると，異文化間心理学が目指すのは，人の心の基礎的なプロセスが普遍的（心性普遍性）だと実証することである。したがって「一見」異なった反応があっても，それは普遍的心理プロセスが反応する，文化にある刺激布置や社会規範などが異なるからであるという形式をとることが多いという[3]。

---

[3] ただし現在の異文化間心理学研究がもっぱら心性普遍性を前提として研究を進めているかについては，異なる意見も提示されており（星野, 1997），さらなる理論構築が必要である。

一方，文化心理学では心性普遍性の仮説はとっておらず（北山，1997），人の心は必ずしも普遍的なものではなく，文化によって心は変化をし，人の心は文化を創り出していくといった，心と文化の相互構成の概念を説明しようとする領域であるという。すなわち文化心理学では，心を作りだし変化させていく文化の構造自体を問題にしようとしている。

またグリーンフィールド（Greenfield, 1997）によると，異文化間心理学が「文化」を人の外側に置いていたのに対して，文化心理学では「文化」を人の内側に置き，人の心と切り離せないものであるととらえている。さらに北山（1997）は，歴史の中で蓄えられてきた慣習，社会的制度や公の意味構造を「文化」と定義している。それが自己評価，意志決定，社会的推論などの心のプロセスと構造に影響を与え，同時に心のプロセスと構造は，慣習と公の意味構造，及び日常的現実に，文化の維持と変容といった形で影響を与えるといった相互構成的関係を想定している。

3　本書の研究の立場と特徴

文化と心の関係性を探る以上の研究の特徴を踏まえつつ，本書の研究の立場と特徴をここで明らかにしておきたい。

まず第1に，本書では人の心は普遍ではないという立場をとっている。「文化」が異なれば，人の心を構成する概念もプロセスも異なり，また心を構成する概念やプロセスが異なれば文化内の意味構造も異なるであろうという立場である。社会・経済状況が異なれば，多くの人が共有する価値観も，そしてその価値観に対する人々の行動や意味づけも変わる，さらに人々の行動や意味づけが変わることによって，「文化」も変化するであろうと考えている。

第2に，本書で扱っている領域は，マクロレベルでの社会全体で共有されている価値観の部分である。「文化」と心の相互関係を想定しつつ，特に文化心理学の研究領域の中でも，人の心を構成する「公の意味構造」（北山，1997）を明らかにしようとするものである。箕浦（1997; 2003）は，意味空間をマクロレベルとマイクロレベルに分け，前者は子ども観，社会観，発達観などのパーマネントファイルにあたる部分であり，後者は外の出来事やマクロレベルでの意味空間からの刺激を受けて活性化したカレントファイルの部分であると説明し

ている。この箕浦の説からすると，本書で明らかにしようとする領域はマクロレベルでの意味空間ということになる。

　研究の最終目的としては，本書で取り上げた「公の意味構造」やマクロレベルでの「意味空間」がどのような過程で人の心を構成していくのか，さらに人の心や状態が変化するにつれて「公の意味構造」がどのように変化するかについて分析することである。しかし今後の課題も含め，それは別の機会に譲りたい。本書では特に「公の意味構造」に焦点をあて，その社会の人々の理想像がどう凝縮され，それがどのような要因で変化し差異をもたらしているかについて，次世代への伝達を目的に作られた教科書を通して探ろうとした。

　第3に本書では，文化によって言葉の概念自体も異なることを想定している。たとえば「家族」という言葉から意味するものは，文化によってさまざまである。提示された刺激が文化によって等価である（刺激等価性）とは必ずしも限らない。本書ではその点も考慮し，たとえば「家族像」の比較に関しては，家族構成数など客観的な数字から家族像を描き出し，その上で該当する国・社会や時代の状況を踏まえて考察した。また「親役割」に関しては，一連の研究の特に初期の段階で，新たな国を分析対象として加えるたびに，研究協力者と共に分析枠組みを検討しながら，最終的な枠組みを決定してきた。枠組みが変更となった場合には，対象となっているすべての教科書を再分析し直すなど，枠組みの決定に際しても，できるだけ自文化中心主義にならないような配慮をしてきた。「いい子像」に関しては，研究者間の評点が分かれる部分が，「家族像」や「親役割」などの分析に比べて多く，むしろその点をも問題にしながら考察した。

　第4の特徴として，本書では特にアジア諸国に焦点をあてた点があげられる。日本における今までの異文化間比較研究は，主として日本とアメリカとの間で行われることが多かった。その結果，「文化」と「自己」などに関する有意義な仮説が生み出された（例えばMarkus & Kitayama, 1991, 1994; Shweder & Bourne, 1984; Triandis, 1994)。その一方で「文化の二分法論（Cultural Dichotomy)」などの問題も指摘されてきた。しかし最近では，東洋対西洋といった二分法を崩す1つの試みとして，アメリカ以外の国も研究対象となり，日本でも他のアジア諸国の研究者との間で共同研究が盛んに行われるように

なってきた。その結果，今までの日米比較研究や欧米との比較研究だけでは得られなかった観点が，研究者の前に提示されるようになった。また今まで行われてきた二国間の比較だけではなく，アジアの複数国を同時に比較分析することによって，多様な分析の観点や結果が提示されるようになってきたのである。

　本書の第5の特徴として，通時的比較の手法を意識して取り入れた点があげられる。文化心理学でも，歴史的文脈をも想定した研究の重要性が指摘されている（星野，1997；秋山，1997）。しかし，実際の研究の多くは，同時代の異なる文化に生活する人々の心の比較や，異文化間移動などによる個人内の変化とマイクロレベルとの関係に関する研究が多い。そこで本書では特に通時的比較の手法を意識して取り入れ，さらにその時代の社会・経済的状況を説明要因として加えることによって，人の心を取りまく「公の意味構造」と，さらにそれを取りまくマクロな状況との関係を，より立体的に描き出そうと試みている。

　アジア諸国では第二次大戦を境として，急速に社会のあり方や人々の価値観が変化してきた。その変化の速さや，変化した時期は国によって異なるものの，社会・経済的な状況は本書で焦点化している発達期待をも変えていったと思われる。それらはどのように変化したのだろうか。または変化しなかった部分は何だろうか。各国が抱えてきた社会的事情をも含めて考察していく必要があるだろう。

第5節　研究方法

1　対象となった教科書

　本書ではアジアの6カ国の小学校教科書を分析対象とした。対象となった国は，日本，韓国，中国，台湾，タイ，バングラデシュである。これらの国々で1960年代（一部1970年代）と2000年に発行された小学校教科書を用いて，教科書に掲載された作品を分析対象とした。

　さまざまな教科の中でも，各国の公用語を母語とする子どもを対象とした「国語」の教科書に限定した。この理由は以下の通りである。教科書にはどの

教科でも各国の大人が子どもに身につけてほしいという内容が盛り込まれて作成されている。しかしそれぞれの教科の特性により，作成の目的は異なっている。たとえば，算数や理科などは子どもに科学的概念を教える目的で作成されている。また国語，道徳，宗教，家庭科の教科書は，いずれも社会の中で生きていくのに必要な言葉，知識や技術などに加えて，各社会内で適切だと思われる行動を子どもに提示する目的で作成されている。それらの中でも，あえて国語に注目したのは，以下の2つの理由による。第1の理由は，道徳，宗教，家庭科などはその教科自体が，国によっては存在しない可能性がある点である。しかしその国の公用語を教える「国語」教科書は，どの国にも必ず存在する。

　分析対象を国語に絞った第2の理由は，国語にはどちらかと言うと，意図的に注入されていない価値観が反映されている可能性が高い教科だからである。道徳，宗教，家庭科の教科書には，各社会の価値観が意図的に注入されており，国語の教科書に比べて，現実社会で一般的に受け入れられている望ましい行動が反映されているとは限らない。たとえば日本の家庭科の教科書には，育児や家事を男子もすることが望ましいと書かれているが（伊東・大脇・紙子・吉岡，1991；岩崎他，1991；大日向他，1994；香川他，1994；樋口他，1994），実際の日本社会では育児や家事を担当するのはほとんどが女性である（経済企画庁，1992；NHK放送文化研究所世論調査部，1996）。このように日本の教科書を例にとっても，その中に意図的に注入された価値観や行動は，実際のものとの間に大きなずれが生じていることが多い。国語もこれらの教科と同様，教科書という制約を受ける以上，現実社会をそのまま反映しているとは限らない。しかし，その国の公用語を教える教科科目は，本来文法や文字の読み書き，内容把握について教えることが教科の第一の目的であり，それぞれの社会の価値観や望ましい行動について教えることは二次的なものとなる。したがって，上記の家庭科の教科書とは異なり，理想的には望ましいが，現実社会の人々の行動とは大きく異なる行動や，価値観が盛り込まれた作品が掲載されているというよりは，誰が見ても違和感のない一般的な作品が，国語の教科書にはより多く取り上げられていると推測される。たとえ理想像のレベルであったとしても，他の教科に比べて，国語の教科書に描かれている「人間像」は，その社会・文化の中で一般的とされる「人間像」と大きく乖離していない（今井，1991）

と言うことができる。以上のような各教科の特性を考慮した上で，本書では国語の教科書に掲載されている作品を分析の対象として選んだ。

さらに対象とした教科書の学年については，学校教育における社会化の最初の段階である小学校1～3年生用を取り上げた。本書で取り上げた国々では，バングラデシュを除いてほぼ同年齢の子どもが皆一斉に同じ学年の教科書を使用する。すなわちどの国でも6～9歳前後の子どもが使用すると考えられる。本書では，子ども観，発達観の中でも，家族，親役割・性役割，いい子像などを中心に分析した。したがって子どもの身近な環境を作品に取り上げる傾向のある低学年の教科書の方が，高学年の教科書に比べて分析材料としてより適切であると判断した。以上の理由により，本研究では小学校低学年の国語の教科書を分析することにした。

2　教科書の発行年と出版社

本書で扱った教科書は，1960年代（一部1970年代）と2000年に発行されたものである。2000年に発行された教科書に関しては，小学校1～3年生対象の6カ国すべてが対象となっている。しかし1960年代や一部1970年代に発行されたものに関しては，国の事情や収集が困難であるなどの理由により，分析対象となっている教科書の年代が異なっている。日本，中国，台湾，タイでは1960年に出版された教科書を対象としているが，韓国では1963年と1964年に発行された教科書を対象とした。バングラデシュでは独立後の1972年に発行された教科書を使用した。またタイの1960年発行の教科書に関しては，小学校3年生対象のものしか入手できなかった。その他の国では小学校1～3年生用の教科書が対象となっている。

まず2000年に発行された教科書について，分析対象となったものをあげておく。日本では東京書籍，大阪書籍，日本書籍，光村図書，学校図書，教育出版の6社から出版されている教科書を使用した。これらの6社の教科書は，いずれも文部科学省（当時文部省）検定済みの教科書であり，検定教科書は国語に関して2000年当時この6種類しか発行されていない。日本の一条校[4]に該当

---

[4] 教育基本法第1条で定められている学校のこと。国公立，学校法人として認められている私立学校のことを指し，専門学校，各種学校は含まれない。

する小学校ではこれらのいずれかの教科書が使用されている。日本では学校教育法第21条において，「小学校においては，文部科学大臣の検定を経た教科用図書又は文部科学省が著作の名義を有する教育用図書を使用しなければならない」と明記されているため，この6社のどれかを日本の一条校では使用していることになる。またそれぞれこの6社は1～3年生用の学年ごとに上下2冊ずつ発行しているため，分析に使用した教科書数は36冊となる。

　台湾では，國立編譯館主編，台湾新学友書局股份有限公司，南一書局企業股份有限公司，翰林出版事業股份有限公司，牛頓出版股份有限公司，康軒文教事業股份有限公司の6社を対象とした。この6社はいずれも台湾の教育部審定の検定教科書であり，台湾の小学校ではこれらいずれかの教科書が使用されている。台湾では6社とも1年生用のみ3冊，2～3年生用の学年ごとに上下2冊ずつ発行しているため，分析に使用した教科書数は42冊となる。

　中国では第2章で示されているように数種類の教科書が発行されているが，その中から北京，上海などの都市部で使用されている教科書1種類を分析対象とした。中国では1～3年生用で上下2冊ずつ発行しているため，分析に使用した教科書数は6冊となる。韓国やタイでは国定教科書1種類であり，1～3年生用で上下2冊ずつ発行しているため，分析に使用した教科書数は6冊となる。バングラデシュでも国定教科書1種類であるが，他の国とは異なり1学年1冊のため合計3冊の教科書を使用した。

　次に1960年に発行された教科書について，分析対象となったものは以下の通りである。日本では，東京書籍，大阪書籍，日本書籍，光村図書，学校図書，教育出版，日本書院，大日本書籍，中教出版，二葉，信濃教育会の11社から発行されているものを使用した。1960年に発行されたすべての検定教科書を分析対象としている。各学年上下2～3冊あり，合計77冊を分析対象とした。

　台湾では2000年とは異なり，國立編譯館主編の国定教科書1種類しか発行されていなかった。各学年上下2冊ずつ合計6冊の教科書を分析対象とした。

　中国では6年制の検定教科書のうち，主として北京を中心に使用されていた教科書1種類を分析対象とした。山間部や少数民族を除いて，多くの子どもたちがこの教科書を使用していたと考えられる。中国については各学年2冊ずつ，合計6冊の教科書を分析対象とした。韓国やタイでは1960年代当時も国定

教科書しか発行されていなかったため，当時この国定教科書がすべての公立学校で使用されていたと思われる。韓国では各学年2冊ずつ，合計6冊の教科書を，タイでは3年生用2冊の教科書を分析対象としている。またバングラデシュでは前述したように独立後に発行された国定教科書を対象とした。これについては2～3年生1冊ずつの発行で，合計2冊の教科書を分析対象とした。

以上のように教科書が出版されている事情，教科書に載せる作品の採択権，検定制度，教科書の実際の扱われ方は国によって異なるが，次世代の育成のために教科書の内容を慎重に審議した上で掲載している点はどの国も共通しており，そこには各国の大人たちが次世代に期待する行動が投影されていると考えられる。

3　本書の分析観点

本書では，「家族像」「親役割と育児行動に関する性役割」「いい子像」という3つの視点から，教科書に描かれた子ども観をとらえることとする。詳細については各章に譲るが，ここでは簡単に以上の3点に焦点をあてた理由について述べておく。

各国で子どもを取りまく事情はそれぞれ異なっている。前述したように，子どもが一家の働き手として経済的・実用的に重要な意味をもつ場合もあれば，逆に子どもは楽しみをもたらしたり，生活を潤したり，また親自身の成長を促してくれるという，家族や親にとって精神的に重要な意味をもつ場合もある（柏木，2001）。また子どもの誕生は，出生自体が祝福され，親やその他の家族にポジティブな意味をもって迎えられる場合もあるが，望まれない出生というネガティブな意味をもつ場合もある。いずれにせよ，子どもは何らかの「意味あるもの」として生まれ育つのである。社会内でポジティブな「意味あるもの」として認められた存在であれば排除されないが，社会内の期待にそぐわない「意味」をもっていれば，家族や学校集団の中で不協和音を生じさせたり，排斥されたりする。たとえば婚姻制度のもとでの出生が当たり前の社会では，婚外子出生は周囲からの差別を受ける。子どもをもつことが当たり前という社会の中では，何らかの理由で子どもをもっていない夫婦には周囲からの圧力がかかる。さらに祖父母と同居するのが当たり前と思われている社会では，若い

夫婦が同居を拒むと，周囲から「親不孝」のレッテルを貼られる。すなわち子どもに付随する「意味」や「いい家族」についてのイメージは，その国・社会内にいる人々の中に漠然としたものであるにせよ，何らかの形で存在し，人々の行動を規制していると言えるだろう。しかしその「いい家族」像は，その社会内でのみ有効であり，文化・社会が異なれば人々に共有されている価値や意味も変わり，また時代によっても変化していくと考えられる。

　育児行動についても同様である。「親とは何をすべきか」について，それぞれの国・社会はある程度共通の了解事項をもっている。それは「父親も子育てに参加することが望ましい」といった政府主導の父親の育児参加キャンペーンとして文章で表現されたり，「子どもが小さいうちは，やはり母親が家で見るのが一番よね」などと言葉で表現されたりする。またこのように目に見える形で表現されるだけではなく，人々が自文化の中で身につけた無意識の価値観が，その文化における育児行動を方向づける。しかしそのような無意識にもっている「親役割」や「性役割」は通常人々の意識にのぼることはなく，他の国・社会と比較することによって，初めてはっきりと浮び上がってくると考えられる。たとえば中国では24時間子どもの保育を請け負う「全托」の幼稚園があり（塘・高・童，2003），子どもたちは幼稚園の中で英語，バレー，ピアノ，バイオリンなどの多くのお稽古ごとも受ける。このように長時間保育と多くの教育を親が子どもに与えようとすれば，多くの資金が必要となる。子どもの保育や教育を金銭的に支援するという役割を，中国では父親だけではなく母親も同等に担うこととなる。その結果，中国の母親に期待される「親役割」は，日本とは異なったものになると考えられ，他国とこのような比較をすることによって，自国の「親役割」の特徴が明らかにされる。

　子どもに期待される対人関係についても，各国・社会である程度の共通了解事項がある。子どもはある文化の中に生まれ落ち，そこで社会化されることによって，その国・社会に特有な対人関係のルールを無意識のうちに身につけていく。そしてそれが強く意識化されるのは，他の文化と接触したときである。たとえば海外に旅行や留学をしたり，海外から来た人を受け入れた際に，そこで接した人々とのやりとりや行動反応から，初めて自分が今まで当たり前と思っていた行動が他の文化では通用しないことがわかる。

以上のように本書では，人々が意識している価値観のみならず，無意識にもっている「家族像」「親役割・性役割」「いい子像」などに焦点をあて，それらを他の国や年代と比較することにより，大人たちが次世代に伝達しようとしている発達期待を分析しようとした。

4　アジア諸国を対象にした理由

　本書で取り上げたアジア6カ国・社会は，いずれもお互い距離的に近いにもかかわらず，社会体制，歴史，地理的条件などさまざまである。たとえば中国と台湾は同じ中華文化圏であるが，社会・政治体制が異なっている。また台湾は日本の統治下に50年間置かれた歴史をもっている。このような体制の違いや歴史的な経験の違いは，各国にどのような影響をもたらしているのだろうか。たとえば中国と台湾では，「家族像」や「いい子」像は異なっているのだろうか。日本に特徴的に見られる「親役割」や「性役割」は，台湾にも同様に見られるのだろうか。またアジアでは儒教の関係で，男児が女児よりも重視されてきたという傾向があるが，儒教圏のすべての国の教科書にそのような傾向は見られるのだろうか。さらに日本では最近在日外国人が多くなったとはいえ，他の国に比べて異なる言語・宗教をもつ人は多くない。このことは子どもに期待する「いい子」像に間接的であったとしても何らかの影響を与えているだろうか。

　従来，比較研究は主としてアジアの中の1カ国と，欧米の中の1カ国が対象となることが多かった。しかしその中で出された差異は，単に東洋と西洋の文化の違いとして説明されてきており，「文化」を支えている下位構造との関係で論じられることが少なかった。本書では，アジアの中の6カ国比較を行うことによって，今までの文化比較研究に対して，次の2つの点で問いを投げかけている。1点目は，アジア諸国を一括りにして考えることの妥当性についてである。欧米との比較研究の中で，「西洋」と比較した上での「東洋」の人々の心の特徴がこれまでにも提示されてきた。たとえば「独立的自己（independent self）」に対して「相互依存的自己（interdependent self）」（Markus & Kitayama, 1991; 1994），「自己中心主義（ego-centrism）」に対して「社会中心主義（socio-centrism）」（Shweder & Bourne, 1984），そして「個人主義（individualism）」

に対して「集団主義（collectivism）」(Triandis, 1994) などはその代表的なものであろう。このような分け方が妥当であるならば，「自己」に関連する行動や価値観は，アジア諸国の中で大きく違わないはずである。しかし現実はそうではないし，徐々にこのような文化の二分法論は再検討されつつある。その一方で説明概念として便利であることから多くの研究で使われている。本書でも特に「いい子像」を分析する上で，ワイツら (Weisz, Rothbaum, & Blackburn, 1984) の仮説を援用している。説明概念としての便利さを考慮しつつ，それだけで終わらせない工夫と努力は今後必要となるであろう。本書において，あえてアジア内の6カ国を選び，しかもいずれも近隣の国々を対象としたのは，研究の分析枠組みとして文化を二分して説明するような概念を用いながらも，さらにそれらを検討する必要性を感じたからである。

　今までの研究に対する問いの2点目は，「文化」を支えている下位構造との関係を吟味する必要性についてである。前述したように，近隣諸国であっても，社会経済体制の違いが人々の価値観や行動に異なる影響を及ぼすことがある。同じ国の中でも2世代，3世代と年を重ねていくうちに，価値観や理想像は変容していくと思われる。それらの中でも何が変容し，何は変容しないのか。変容する部分と変容しない部分とをとらえることによって，社会，政治，経済体制のどのような違いや歴史的経験の違いが，人々の価値観や行動のどの部分に大きく影響しているかについて，本書では検討しようとしている。

5　分析手続き

　本書で対象としている「家族像」「親役割・性役割」「いい子像」に関する詳細な分析観点については各章の中で述べる。ここでは研究全体に関わる分析手続きについて説明する。

　各国の教科書は，研究統括責任者である塘が自ら入手したものもあれば，研究協力者を通じて入手したものもある。入手した教科書はすべて日本語か英語に翻訳され，翻訳の内容の確認が研究統括責任者と各研究協力者との間でなされた。その後，「家族像」「親役割・性役割」「いい子像」の3領域の分析観点について，研究統括責任者が詳細な分析基準を定め，それらをもとに研究統括責任者と各研究協力者とが分析を行った。また分析基準についても，研究協力者

と話し合いながら修正を行ったこともある。研究協力者は各国の母語話者と教育・心理学・人類学・文学などを専攻とする大学院生以上の日本の研究者が翻訳と分析の評定を行った。評定不一致の際には研究統括責任者とそれぞれ分担している国の担当者が話し合って，分析対象とする作品の採択を決定した。また各項目の分類基準に沿って，評定を行う際の手続き，評定不一致の際の手続きも，同様に最終的には研究統括責任者と研究協力者が話し合って決定した。ただし，どうしても評定できずに意見が分かれる場合には欠損値として扱った。

　以上のような規則に則り，教科書に描かれた内容を分析した。

各国の教育事情と教科書事情

第1節　日　本

　伝統的に教育熱が高いといわれる日本では，当初は義務教育課程の就学率の低迷に悩まされたものの，明治期からの学校教育制度の中で，1902年には義務教育の就学率は90％を超えるようになった（文部省，1962）。男女差についても1905年には5％以下となり，大正期には男女とも99％が義務教育段階で就学していることから，現在の高度に普及した学校教育制度の礎は，すでに大正時代から成立していたことがわかる。本節では，現在の日本の教育課程を定めている学習指導要領と，それにもとづいて作成されている教科書検定・採択制度の現状について述べる。

1　学習指導要領と義務教育制度の普及

　教育課程は，狭義の定義として「学校における各教科および教科外活動の組織と教育内容の編成を指す」（小澤，1998）とされており，教育課程を編成する際の基準となっているのが学習指導要領である。現行の学習指導要領は，「総則」「各教科」「道徳」「特別活動」の各章から構成されており[1]，各教科の標準時間数をはじめ，内容について定められている。1947年に「試案」として文部省から初めて出された学習指導要領は，教員が学習者を指導する際の手引きとして出されたものであり，1951年に改定されたときにも学校が教育計画を立てる際の参考となるものを記述し，教育実践を行う教員を励ます性格を帯びていた（山住，1989）。しかし，1958年に改定された小中学校の学習指導要領では「試

---

[1] 高校は，「総則」，「普通教育に関する各教科」，「専門教育に関する各教科」，「特別活動」からなる。また，盲・聾・養護学校には養護・訓練に関する領域が加わる。

案」の文字はなくなり，告示として「官報」に掲載され法的拘束力をもつものとされた[2]。1960年代の学校教育の指針となった1958年から改定の学習指導要領では，経験主義を重視するという戦後の教育観が転換されて系統学習が中心となり，そして「道徳」が特設された。この時期は「能力主義」という言葉が台頭してくるとともに（堀尾，1994），55年体制のもとでいわゆる「文部省―日教組」の対立構造が固定化されてくる時期に重なる。

その後，学習指導要領は1968～70年，1977～78年，1989年，1998～99年に改定されて現在に至っている[3]。1998年改定の学習指導要領では週休二日制の実施，学習内容の大幅削減などによる「ゆとり教育」の強調や「総合的な学習の時間」の導入などが行われている。特に学習内容の大幅削減はこれまでの学習観の転換をせまるものであり，一定の評価がされている反面，「ゆとり教育」が子どもに「ゆるみ」を与えたとの指摘もある。その結果，家庭環境の違いが学習意欲の違いにまで影響を与え，階層差を拡大してしまったとの批判がある（苅谷，2001）。

学習指導要領が法的拘束力をもち，全国の学校の教育内容を定めることで，全国的に一定の教育水準を確保し，教育の「質」を国民に保証できる反面，教員が児童生徒の実情や，地域の特性に合わせた創造的な教育実践を行うことを妨げているという批判もある。他国の状況とも比較しながら今後とも国民的な議論がなされていく必要があろう。

日本の義務教育制度は，1872年に発布された学制以来，各種の就学普及のための方策を基礎として，1886年に制定の小学校令によって成立した。このときは6～10歳までの児童の就学が義務化されたが，就学率は男子約62％，女子が約29％であった（文部省，1962）。そして，1900年に改定された小学校令で，義務教育が尋常小学校課程4年間と明確に定められると同時に，市町村立小学校の授業料が廃止された。1907年には小学校令一部改正によって，尋常小学校の年限が6年となり，これが義務教育となった。1941年の国民学校令では8年

---

[2] 実際には1955年に改定された高等学校学習指導要領一般編から「試案」の文字が削除され，『文部広報』に掲載された「学習指導要領の基準性について」では，学習指導要領によらない教育課程の編成が違法であることが示されていた。詳しくは，山住（1989）を参照。

[3] 完全実施は，学習指導要領が告示されてから数年後になる。

間の就学義務が決定されたものの，戦時状況の悪化で実現することなく，戦後の教育改革まで日本の義務教育は6年間となったのである。義務教育制度が現在のように中学までの9カ年とされたのは，1947年度の新制中学入学生からである。

2　教科書発行制度の現状と問題点

「教科書の発行に関する臨時措置法」によれば，教科書とは学校において「教科課程の構成に応じて組織排列された教科の主たる教材として，教授の用に供せられる児童又は生徒用図書であつて，文部科学大臣の検定を経たもの又は文部科学省が著作の名義を有するもの」(同法第2条)と定義されている。現在の日本の学校で使用されている教科書は，「義務教育諸学校教科用図書検定基準」又は「高等学校教科用図書検定基準」，そして学習指導要領等を基準として文部科学省が検定し，民間の出版社が発行しているものである。

ところで，戦前の教科書は国定制であったとの印象が強いが，初等学校の教科書は当初自由発行，自由採択制度であった。その後，届出制(1881)，許可制(1883)，検定制(1886)を経て，1902年の教科書疑獄事件[4]をきっかけに1904年使用教科書より国定教科書が採用されるようになったのである。ただし，中等学校の教科書は1943年になって国定化がなされた。

現在の検定制度は，1989年に戦後の新制度発足以来，初めて大幅に改定されたものを基準にしており，その手順は図2-1の通りである[5]。数個の部会からなる教科用図書検定調査審議会は，大学教員や現場代表の小中高等学校の校長，そして各界の有識者から構成され，文部科学大臣より申請本が教科書として適切であるかどうかの諮問を受ける。そして，合否の判定を行い，文部科学大臣に答申する役割を担っている。審議会には，審議会の調整機関として調査

---

[4] 教科書発行者が教科書採択関係者に対し贈賄行為を行っていた事件。第一審では知事4名を含め計100人が有罪となった。詳しくは，平田(1991)参照。
[5] 以下の検定の手順，並びに教科書採択などの教科書制度については，徳武(1985, 1995)及び平田(1991)，文部科学省webサイトを参照して記述した。詳しくはこれらの文献を参照していただきたい。
　なお，「義務教育諸学校教科用図書検定基準」，「高等学校教科用図書検定基準」は1999年にも若干の検定がなされており，図2-1は改定後のものである。

26　第2章　各国の教育事情と教科書事情

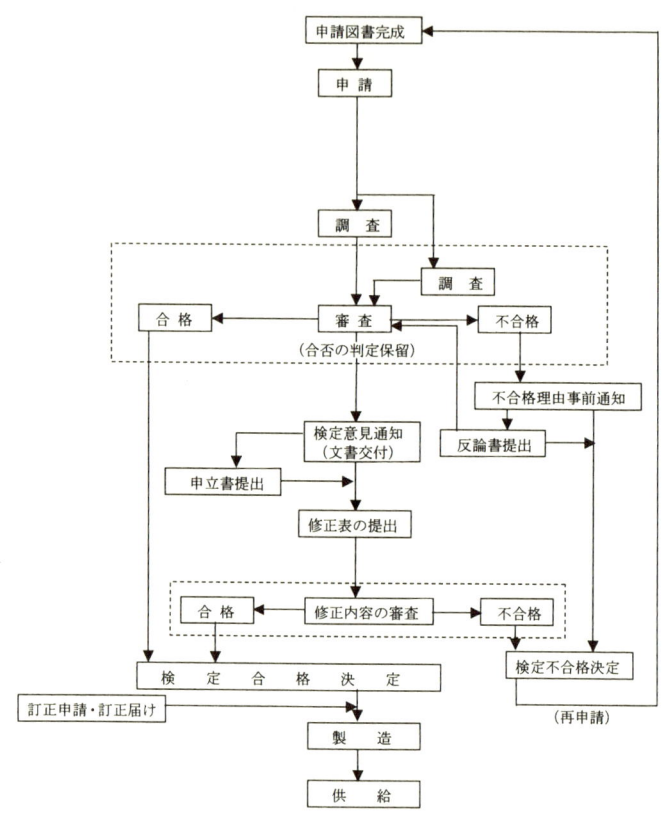

図2-1　教科書検定の過程
出典：出版労連教科書対策委員会編（2000）教科書レポート44　日本出版労働組合連合会
　　　p.35の「新しい検定過程」より。一部出羽が改変した。

員がおり，通常大学教員と現場教員で構成された3人1組で申請本の調査がなされる。そして，審議会に提出する書類を作成するのは教科書調査官である。教科書調査官は，1956年の文部省設置法施行規則改正によって設置された検定教科書の調査を専門とする常勤職員で，申請された申請本について教科別に調査を行い，前述の調査員によって作成された書類に基づいて審議会に提出する書類を作成し，それを審議会で審議した上で文部科学大臣に答申し，最終的な合否は文部科学大臣が決定する。合否については，「検定決定」「不合格」「合否の判定保留」が出され，不合格の場合は所定の手続きを経て再申請が認められ

ている。問題は「合否の判定保留」となった場合である。1989年までの制度ではこれは条件付合格にあたり，修正意見（強制力をもつ）と改善意見（著者の判断に任せられている）が付され，調査官と執筆者との間で議論がなされた後，執筆者が訂正箇所を直した上で内閣本合格，そして発行される状態になっている見本本の審査を受けることとなっていた[6]。ところが，現行では「決定保留」となった場合，実質的に強制力をもつ「検定意見」のみが示され，これに従って，執筆者は修正した修正表を審議会に提出しなければならなくなった。つまり，従来は修正意見がついたとしても，条件付きながら一旦合格を得た後に「内閣本審査」「見本本審査」の過程で執筆者と調査官とのやりとりができたものが，新制度では「申請本審査」のみとなって，「決定保留」となった場合，最終的な合否を保留した上で検定意見が出されるようになっている（徳武，1995）。なお，現行の制度では検定終了後にすべての申請本と，検定決定後の図書と検定関係資料を公にして審査の概要が公開されるようになった。実際，「全国8カ所の公開会場で申請図書，検定意見の内容を記載して申請者に交付した検定意見書，申請者が検定意見に従って修正した内容が記載された修正表，教科書見本及び教科用図書検定基準等の関係資料を展示」（文部科学省webサイト，2004）することで情報公開を行っており，国民の知る権利に配慮した制度となっている。

　文部科学省は，教科書検定制度について文部科学大臣が教科書検定を行うことで「客観的かつ公正であって，適切な教育的配慮がなされた教科書を確保すること」（文部科学省，2003）を目的としている。しかしその反面，これまでの検定制度については，学習者の思考方法や感性をワクづけるものとの批判も根強い（堀尾，1994）。また，家永教科書裁判の判決に見られるように検定の問題が一部認められ，過去の検定制度の「行き過ぎ」も指摘されており，国民の教育権を保証することを念頭に据えた上で検定を行い，教科書の執筆者や国民に対し，説明責任を果たしていくことが求められている。

3　教科書採択制度とその問題点

　どの教科書を使用するかということを決定するのは，公立学校の場合は学校

---

[6] 現行については徳武（1995）を主に参照した。

の設置者（市町村教育委員会，又は都道府県教育委員会）であり，国立や私立の学校では校長が採択権を有している（平田，1991）。義務教育諸学校では「義務教育諸学校の教科用図書の無償措置に関する法律」（無償措置法）によって，採択の方法などが定められている。採択に当たっては，都道府県教育委員会が採択権をもつもの（公立の場合は設置者である市町村教育委員会，国立・私立の場合は校長）に対して指導・助言・援助をすることになっている。そのために，都道府県教育委員会では専門的な知識を有する学校長，教員，教育委員会関係者，学識経験者によって教科用図書選定審議会を設置して選定資料を作成し，採択権者に送付している。

しかし，市町村立小中学校での実際の採択は市町村ごとではなく，「市若しくは郡の区域又はこれらの区域をあわせた地域に，教科用図書採択地区」（無償措置法第12条）を設定して広域採択が行われており，2004年現在，採択地区は全国で561地区存在している（文部科学省webサイト，2004）。

1962年の「義務教育諸学校の教科用図書の無償に関する法律」（教科書無償法）の後に，無償措置法が成立した。義務教育段階の教科書の無償化自体は，これらの法律によって1963年から順次進められ，1969年に完全無償化が完成したが，無償措置法や同法施行令などで教科書の広域採択制が定められたのである。また，このとき義務教育段階の教科書発行者の資格要件も定められ，発行者が会社の場合は資本金が1千万円以上であること（同法第15条第1項）や，「もっぱら教科用図書の編集を担当する者について文部科学省令で定める基準に適合しているものであること」（義務教育諸学校の教科用図書の無償措置に関する法律施行令第15条第2項）などが定められ，教科書発行者に対する文部科学省の権限が強化されることとなった。

教科書の広域採択は結果として，発行会社数や発行教科書種数の激減をもたらした。たとえば，徳武によると，小学校教科書の発行会社数は1959年から1983年までの間に55.2%にまで減少し，教科書の種類も同期間で24.7%にまで激減した（徳武，1985）。また，1981年度では小学校国語教科書の採択率は，上位2社で全体の75.8%を占めていた（徳武，1985）。今回分析対象とした小学校低学年の国語教科書は1960年分が11社から発行されていたのが，2000年に発行されたのは6社に減少しているのは，上記のような政策の結果であると思わ

れる[7]。

　広域採択や発行者に対する行政の権限強化は，教科書会社の寡占化を進め，教科書の国定化が実質的に進行するなどの問題点が指摘されている（平田，1991）。しかしその反面，転校するごとに教科書を変えねばならない不便は減少するし，発行者の適格性を保つことで社会的評価が定着して，信用ある教科書が発行できるようになるとの見方も不可能ではなかろう。いずれにせよ，教科書については検定制度のみならず，採択制度や実際の採択の過程についても絶えず関心を持って見守っていく必要があろう。

4　教育普及の展開

　義務教育普及の状況でみたように，日本ではすでに明治末期には義務教育の就学率が97％を超え，大正期以後は義務教育の成熟期といわれている（日本近代教育史事典編集委員会編，1971）。中等教育の普及については，義務教育が実施されていなかった戦前・戦中期でも非常に進んでいた。大正末期の1925年の中等教育機関への進学率[8]は17.1％，そして敗戦時の1945年当時は45.3％で，女子だけに限っても43.6％にまで上昇していた（文部省，1962）。戦後の高校進学率の上昇もこうした戦前の流れの延長として考えることが可能であろう。高校進学率[9]はすでに1954年に50％を超え，女子についても1958年に過半数が進学するようになっていた。そして，1974年には90％を超え，2003年現在では全体で96.1％，女子だけでは96.6％が高校に進学している。高度経済成長期に後期中等教育が飛躍的に普及したわけであるが，苅谷は，1960年代前後に大量に存在していた農村の子弟の高校進学率が上昇したことをあげ，農業従

7　たとえば，1960年教科書を発行していた出版社のうち，教育出版は，小学校国語教科書を出版していて営業不振に陥っていた二葉を合併し（1961年），業界2位の地位を占めるに至った（徳武，1985；教育出版「社史編集委員会」，1963）。

8　小学校（尋常科またはそれと同程度）卒業者のうち，旧制中学校・高等女学校（実科を除く）・実業学校（甲）及び師範学校（第1部）のそれぞれ本科へ進学したものの割合を示す。なお，ここでの戦後の進学率のデータは，文部科学省（2004）に拠っている。

9　高等学校等への進学率は，中学校卒業者及び中等教育学校前期課程修了者のうち，高等学校等の本科・別科，高等専門学校に進学した者（就職進学したものを含み，浪人は含まない）の占める比率。

事者子弟の「他の職業への移動が大量に生じた時期に、中等教育という移動の手段が提供された」(苅谷, 2001)ことを実証的に論じている。こうした傾向は苅谷も指摘している通り、日本より短期間に職業構造の変化が起こっているとはいえ、次で取り上げる韓国でも見られた現象であることを考えれば、両国間の通時的比較は興味深く、意義あることといえよう。

最後に、大学・短期大学への進学率[10]についてであるが、同様に戦後一貫して上昇してきており、1955年時点で10.1%(女子は4.6%)となり、その後10%台が続く。そして、1969年には20%を突破し、2003年には男子49.6%、女子48.3%で高等教育は大衆化してきているといえよう。2007年には大学進学希望者が全員入学できると計算されており、高等教育機関の教育の「質」の維持が試されている。

第2節　韓　国

1　概　況

大韓民国(以下、韓国とする)は、1947年8月15日に朝鮮半島南半分に成立した国家である。1950年から始まり、1953年に休戦協定が締結されるまでの3カ年にわたって、半島全域で展開された朝鮮戦争により国土が焦土と化し、経済的にも非常に貧困をきわめた。しかし1960年代後半以降工業化が進展し、1995年には1人あたりGNP(国民総生産)は1万ドル以上となった。1997年に金融危機で経済難に襲われ、GNPも減少するものの、2002年には1人あたりGNP1万ドルを回復し、アジアにおける先進国の1つとしての地位を築くに至っている。政治面では初代大統領李承晩による独裁体制から、長らく政治的自由は制限されてきたが、1987年に与党民主正義党(当時)の盧泰愚氏によって出された、いわゆる「民主化宣言」以降、急速に「民主化」が進められてきた。

韓国の教育制度は日本と同様、6・3・3・4制である。高校就学率は9割以上

10　大学学部・短期大学本科入学者数(浪人を含む)を3年前の中学校卒業者数で除した比率。

第2節　韓　　国　　31

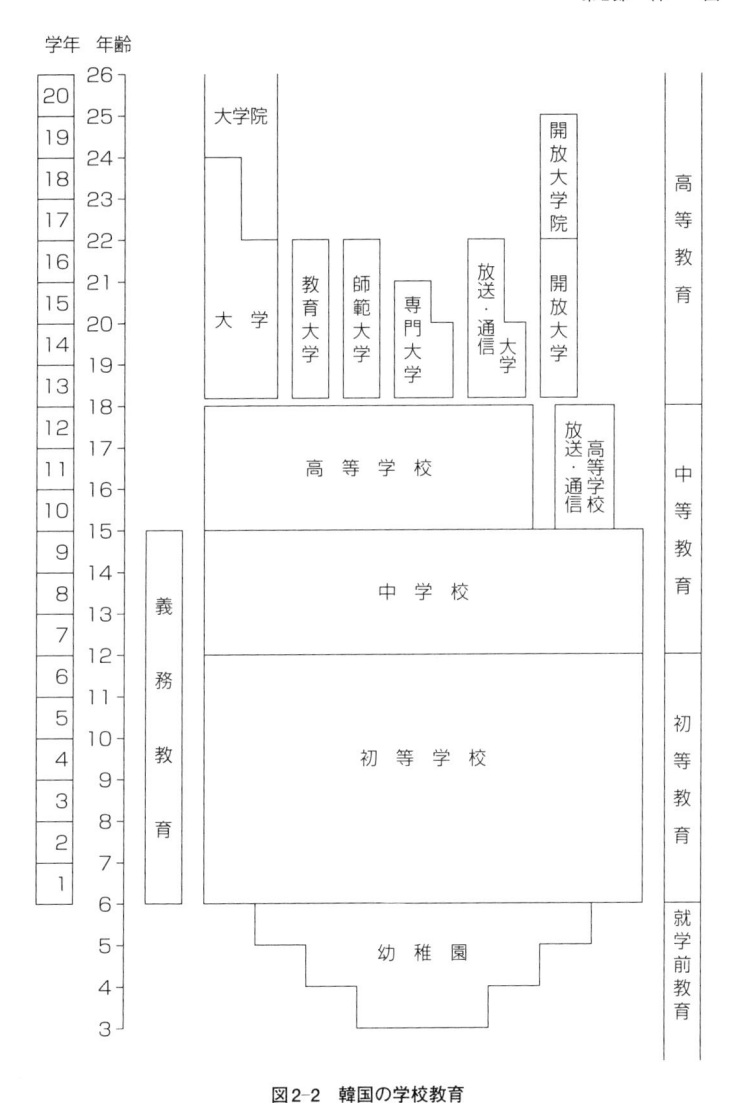

図2-2　韓国の学校教育
出典：文部省（1996）諸外国の学校教育（アジア・オセアニア・アフリカ編）大蔵省印刷局

であり，教育普及が進んでいる。韓国の教育政策を各時代に分類すると①米軍政期—脱日本化（1945〜1948），②第一共和国期—民主化（1948〜1960），②第三・四共和国期—国籍化（1963〜1979），④第五・六共和国期—国際化（1980〜1992），⑤90年代以降の第六共和国期（1992〜現在）に分類できる[11]。

①は，解放後米軍政下におかれた時期であるが，その後の韓国教育政策の基本的方向が策定された，現代韓国教育史において重要な意味をもつ時代である。この時期には，のちに教育法第一条で教育の理念として掲げられる「弘益人間」（広く人のためになる人）をはじめとして，韓国教育の基本法であった教育法に示された教育理念などが打ち出された（劉，1992）。

②は建国後の李承晩大統領の時期（第一共和国）である。1949年には，教育基本法施行（1998）まで韓国の教育の基本法であった「教育法」が施行される。①②の時期の教育理念は「総じて『個』を出発点とする弘益人間に置かれていた」（馬越，1981）[12]。しかし，1968年に大統領，朴正熙の名によって出された「国民教育憲章」では，「愛国」や民族を愛する精神などが説かれるとともに，「反共民主」精神が強調された。

1987年の「民主化宣言」後は，表立った反共教育も姿を消し，現在では教育の地方分権・自由化が進められ，1998年には教育基本法を中心とする教育法制が確立され，建国以来の教育の大改革が実施された。朝鮮戦争によって焦土と化した国土を復興し，儒教的伝統にもとづくといわれる国民の高い教育熱と経済発展に支えられながら進展してきた韓国の教育について，義務教育制度や教科書制度，教育課程面からその変遷と現状を述べる[13]。

2 義務教育制度

韓国では実質的には1985年時点で小学校から中学への進学率は99％を超えていたが，中学の完全無償化が現在までの課題であった。
　ここで建国からの義務教育拡大過程を簡単に振り返ってみたい。尹ほか

11　①〜④の分類は馬越（1994）に倣った。なお，第二共和国は1960年に成立するものの，1961年の軍事革命より，1962年まで軍政となった（馬越，1994）。
12　呉（1973）は，弘益人間の思想は博愛主義的，民本主義的思想に支配されているとし，単に一国のみの建国理念を述べたものではないとしている。
13　本稿は出羽（2004）をもとに，簡略化して大幅に加筆・修正を加えたものである。

(1996)は韓国の義務教育政策の変遷過程について，①義務教育の胎動期（1948〜1952），②義務教育基盤調整期（1952〜1960），③需要能力拡充期（1960〜1969），④義務教育定着期（1970〜1979），⑤中学校義務教育基盤調整期（1980〜1989），⑥中学校義務教育拡充期（1990〜）の6時期に分類している。また，1970年代初めまでに政府が行った義務教育関連計画・関係法令公布などは以下の通りである（尹・宋・曹・金，1996）。

　義務教育6カ年計画実施（1950年6月〜）：朝鮮戦争により中断。
　義務教育6カ年計画実施（1954〜1959）：就学率96.1％を目標に。
　第1次義務教育施設拡充5カ年計画（1962〜1966）：教室の補修・新築。
　第2次義務教育施設拡充5カ年計画（1967〜1971）：1学級児童数を62名から58名へすることを目標に。
　地方教育財政交付金法の制定：義務教育財政交付金法，地方教育交付税法を統合して地方教育財政財源の一元化を図る。

　義務教育について，法的には教育法8条，及び96条（6年間の義務教育を受ける権利），憲法16条（初等教育の義務・無償）で義務教育の権利と義務が明文化された。建国間もない1948年当時の小学校[14]就学率は74.8％で（中央大学校附設韓国教育問題研究所，1974），朝鮮戦争の混乱で一時期低下したものの，1960年には94.2％に達している（朴・朴，2000）。そして，1960年代は建国50年の義務教育史において，初等学校義務教育拡充期と定義されているが，一方で大幅な人口増加，都市への人口集中が急速に進んだ時期でもあった。1960年時点での全国人口は約2千5百万人であったのが，10年後の1970年には約3千百万人となり，25.8％もの増加率を示した。特に，首都ソウル市の人口は1960年で約2千4百万人ほどだったが，1970年には約5千5百万人と10年の間に急増し，急速な人口増加と都市化によって義務教育の普及に大きな困難を伴った。実際，1960年代に入ると2部制，若しくは3〜4部制授業まで実施され，児童数80名を越えるすし詰め学級（ハングルで「コンナムル学級（もやし学級）」）まで出現するようになった（朴・朴，2000）。

　その後，1970年代は義務教育の定着化が促進され，1972年からは育成会費を

---

[14] 韓国では建国以来，初等教育機関のことを「国民学校」と称してきたが，1996年より「初等学校」に改められた。本稿では「小学校」を用いる。

段階的に国庫負担に転換するとともに，教科書無償供給の拡大や学校給食の提供などが実施され，「義務教育らしい義務教育」（尹・宋・曹・金，1996）のための措置がとられた。

　1980年代に入ると，すでに1971年より無試験進学制度が実施されていた前期中等教育の義務教育化が図られるようになり，教育法についても1984年に一部修正がなされ，中等教育3年までの教育を受ける権利を法的に保障した。しかしながら財政確保の関係上，早期の全国実施は先送りされ，地域別・段階別に実施していくという方向に修正され，1985年からは島嶼僻地1,901カ所の中学1年生6万2000名を対象に義務教育を実施し，翌年には2,425地域の中学校全学年に拡大した（朴・朴，2000）。

　中学校義務教育の拡充期である1990年代について概観してみよう。1992年には中学に入学する，群地域に居住する生徒を対象に義務教育が実施され，その後年次適用していった。1994年には郡地域の全学年にまで広がり，64万人（全中学生数の25.4%）にまで拡大したが（尹・宋・曹・金，1996），全国への適用には時間を要することになる。韓国ほどの経済力をもった国が前期中等教育の義務教育化が遅れた要因として，財政経済院が義務教育延長に反対したという事実があげられる。すでに1995年段階で中学進学率は99%を越えていた。ということは市地域に中学義務教育を拡大しても，莫大な財政負担がかかる割には，それ以上の教育機会拡大という効果は得られないという計算になる。この点から財政経済院は義務教育延長に反対したのである（尹・宋・曹・金，1996）。ここに教育と経済との複雑な関係が垣間見られるが，その後2001年11月27日には「地方教育財政交付金法と地方教育自治に関する法律」が国会を通過して，2002年度入学生から市（一般市・広域市・特別市[15]）地域に義務教育を拡大することが決定された。年次適用で2004年には全国で9年制義務教育体制が完成する予定である[16]。

15　韓国の行政単位で日本の県に当たるのが道であり，道の下に一般市が置かれている。広域市は道レベルに相当する大規模な市であり，2002年現在，釜山・大邱をはじめとして全国に6市存在する。特別市はソウルのみである。

16　2001年11月27日付「中学校義務教育全国拡大」，『国民日報』国民日報社，2面参照。

3　教育課程と教科書制度

韓国では日本の学習指導要領に当たるものを「教育課程」といい，改定があるごとに「第○次教育課程」のように○の部分に数字が冠せられてきた。現在は第7次教育課程が小学校から高等学校までの全学年に適用され，これにもとづいた教科書が使用されている。建国からこれまでの教育課程の性格をみるとき，第6次教育課程以後とそれ以前とでは大きな差異が存在し，従来の教育課程は中央集権型の教育課程体制で教科書中心の学校教育を主体においてきた。それに対して，第6次教育課程以降は教育人的資源部（以前の文教部，教育部。日本の文部科学省に相当）・教育庁（地方教育行政機関）・学校がそれぞれ役割分担体系をもち，教育課程中心の学校教育を志向し，基本方向は「21世紀の世界化・情報化時代を主導する自立的で創意的な韓国人の育成」（教育人的資源部，2001）に置いている[17]。

小学校の教育課程は，教科・特別活動・裁量活動の3領域から構成されている。第5次教育課程から実施された統合教科を低学年で引き続き実施し，1年と2年では国語と数学以外は統合教科が設置されている[18]。また，1997年からは外国語（英語）教育を3年次より開始し，活動と遊び中心に学習内容を構成して音声言語から導入することなどが示された。また，裁量活動は「学校が児童生徒，教師，保護者，地域社会の要求に合わせた教育を自立的にできるようにするために導入」（教育人的資源部，2001）されたものであり，学校ごとに教育課程の編成や内容構成が任され，初等教育段階では教科裁量課程（教科の深化・補充。つまり補習授業のこと）よりも児童の自己主導的学習を促進させることに重点を置くとしている。

教科書については，1977年8月22日に制定された「教科用図書に関する規定」によって「1種図書」と「2種図書」に区分された（劉，1992）。これは現

17　1963年に公布された第2次教育課程の小学校教育課程は，①教科活動，②反共・道徳活動，③特別活動の3領域からなっている。

18　1989年からの第5次教育課程で実施された統合教科は，小学校1，2年に配当された。これまでの道徳・社会・自然・体育・音楽・美術の代わりに「正しい生活」「賢い生活」「楽しい生活」が設置されるとともに，1年生の入学後1ヶ月の間に「私たちは1年生」を履修することとなった。

代においても継承され，教育人的資源部が編纂する「国定図書」（従来の「1種図書」。2002年に改称），教育人的資源部長官の検定を受けた「検定図書」（従来の「2種図書」），そして国定図書や検定図書がない場合，または使用が困難であったり教科書を補充したりする場合に使用される教育人的資源部長官の認定を受けた「認定図書」が存在している。検定や発行などの一連の教科書制度は「教科用図書に関する規定」で定められており，現在の規定は2002年6月に改定されたものである（大統領令第17634号）。第7次教育課程では小学校の場合，1年次の統合教科である「私たちは1年生」の教科書と指導書，及び4年生の「社会と探究」の教科書と指導書が認定図書である他は，すべて国定図書である。また，中学・高校に上がるに従って国定図書を使用する教科は減少し，中学の場合，「国語」，「道徳」，「社会」の中の「国史」，「生活外国語」の教科書と指導書，そして「特別活動」の指導書，情報通信技術活用指導資料以外の11教科で検定教科書が採用されている（咸，2003；教育課程情報サービスwebサイト，2004）。

　第7次教育課程において教科書は「多様な学習資料の中で基本的，革新的な一つの資料として，教師が地域的特性や児童生徒の水準に従って，教育課程をよりどころにして再構成して活用できる」（教育人的資源部，2001）と定義され，学習者の状況に応じて選択的に利用される教育資料の一つであるとの位置づけがなされている。また情報化社会を意識して電子著作物も教科書の概念に含めて対応することが示されている（咸，2003）。

　なお，第7次教育課程は小学校において，2000年度から1，2年生，2001年度からは3，4年生，2002年度には5，6年生に適用されている。本書で分析対象となった教科書は2000年現在で使用されていたものであるため，1，2年用が第7次教育課程，そして3年生用が第6次教育課程下で編纂されたものである。

4　高い教育熱

　韓国の教育といえば，大学入試日に遅刻しそうな受験生をパトカーまでが試験会場まで送ったり，夜遅くまで学校で自習している高校生の姿をテレビで見た人も多いのではないだろうか。高等学校卒業者の高等教育機関（四年制大学，専門大学[19]）への進学率は，2000年で68.0％，2002年には74.2％にも達して

いる（教育人的資源部・韓国教育開発院，2003）。この数は両国間で進学率の算出方法に違いがあるために単純に比較はできないが[20]，日本の高等教育機関への進学率48.6％（2002年）を上回っている。進学率の伸びを年度ごとにみると，1965年段階では高校卒業者のうち，高等教育機関に進学した者の割合は32.3％であるが，その後70年代には高等学校生徒数増加にもかかわらず，政府による大学定員引き締め政策で大学入学志願者数の20％台までしか入学定員が確保されなかったために（馬越，1995），進学率は2割台にまで落ち込んだ。しかし1979年には大学定員の大幅定員増により，進学率は急速に増加していくこととなる。1995年には高等教育機関への進学率は5割を超え，2001年には70.5％と，7割を超えるに至っている。

　これには1960年代から始まる急速な都市化と産業構造の転換，そして何よりも学歴によって就業職種が分断され，賃金格差も大きいという「学歴身分制」（服部，1988）によるものが大きいと思われる。1960年時点で総人口の72.0％が非都市人口であったのが，1970年で58.8％，1980年で42.7％，1990年では25.6％と4分の1にまで減少し，2000年には20.3％にまで減少している（統計庁，2000）[21]。賃金格差については，1985年に服部が行った調査では大学卒と高校卒の初任給の間には約2倍の賃金格差があるとしており，また昇進面でも高卒以下ではさほど望めないというから，入社以後の賃金格差はもっと広がっていたと思われる（服部，1987）。近年，学歴による賃金格差は縮小しており，状況は大きく変化してきているが，2001年現在で高卒の賃金水準を100としたとき，大卒以上は152.3である。90年代中盤に縮小しつつあった格差は，国際通貨基金（IMF）時代を経て徐々にではあるが再び拡張方向にある（労働部，2002）。伝統的な教育重視の思想に加え，学歴が個人の将来の社会的地位を左右するという状況下で，世界有数の高等教育普及率が達成されたのである。しかし進学率が7割を超えた現在，大卒就業者を吸収できるような産業の

19　専門大学は，修業年限2-3年の高等教育機関。日本の短期大学に近い存在。
20　日本では，過年度卒業者を含めた当該年度の入学者数を3年前の中学卒業者数で割った数値を高等教育機関への進学率としているのに対し，韓国では「高等教育機関への進学者数／高等学校卒業者数」で算出している。
21　「都市」は「市部」や「洞部」の人口，「非都市」はそれ以外の「郡部」や「面部」「邑部」の人口を指す。

拡大をするか，大卒者の就職観の変化が起こらない限り，これ以上の高等教育の拡大は起こりにくいと思われる。

　2004年7月の『中央日報』によれば，2006年度より小学校の授業が52年ぶりに変わるとの見出しを付けて，小学校改革の記事を伝えていた。これまでの年間1,088時間の授業時間数を改革では年間824時間に削減し，しかも授業は午前のみで午後は囲碁やバスケットボールなどの特別活動に充てることで児童の夢と希望，適性によって学び，活動ができるようにするという（『中央日報』web版。2004年7月22日付）。韓国では受験教育の過熱による弊害が指摘されてきており，その度ごとに高校の平準化のような是正措置を採ってきた。21世紀初頭の現在も建国以来の初等教育大改革が進行されようとしており，隣国のこのような積極的な挑戦は，日本でも学び取れるものがあるだろう。

第3節　台　湾

1　概　況

　台湾は正式には中華民国として知られている。1949年に中国共産党が中華人民共和国を建国したとき，中国国民党が率いる中華民国政府は台湾に移り，台湾，澎湖，金門，馬祖，そして周辺の島々の統治を維持してきた。中華人民共和国との間でいずれが「中国」なのかについて対立していたが，国際社会は大陸側を「中国」と認めたため，その選択に納得のいかない中華民国（台湾）は1972年に国際連合を脱退した。それ以後も中華人民共和国との関係は微妙であり，それは教科書の内容にも影響を与えている。なお，本書では台湾という名称で統一する。

　台湾の近代教育制度の発展には，日本の統治期（1895～1945年）の政策も大きく寄与している（阿部，1972）。日本統治以前にもオランダ植民地時代（1613～1661年）のミッションスクールや，科挙試験のための書院，書房，義塾などは存在したが，1919年に初めて台湾の住民に対して実業教育や専門教育を含む全般的な教育制度を制定した台湾教育令が発布された。その後，1922年に新台湾教育令が公布されてから，日本人と台湾人の共学制が名目上とはいえ実現し

第3節 台　湾　39

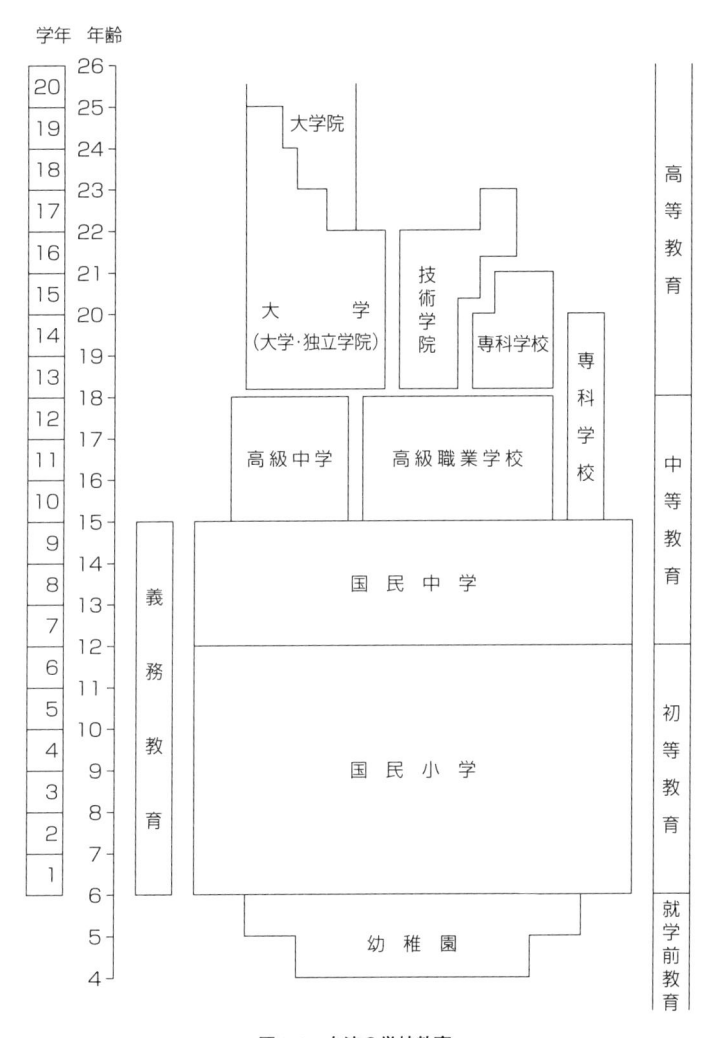

図2-3　台湾の学校教育
出典：文部省（1996）諸外国の学校教育（アジア・オセアニア・アフリカ編）大蔵省印刷局

た。教育内容が帝国主義的で日本語による同化政策教育の特徴を持ち，台湾の民族性を抹殺する方針を取っていたと批判される一方で，初等教育が制度としては確立されていったといえよう。

　1945年の終戦（光復）後[22]，1945～1949年の暫定期間中は日本の制度を中国

制度へと転換しようとしていた時期であり、教育年限は日本統治時代と同様、6年間を引き継いだが、教育内容を変え、義務教育とした。そして日本統治時代は名目上は共学制であっても実際には別々の場所で教育を受けていた日本人、中国系の人々、高砂族をすべて国民学校で教育を受けるよう統一した。また1947年度からは国民学校の教科書は無償で供与した。

光復後の中華民国の教育制度には、国父孫文の政治思想が色濃く反映されており、「中華民国の教育は三民主義に基づき、人民の生活を充実し、助け合って社会を発展させ、国民の暮らしを豊かにし、民族の生命を伸展させ、もって民族の独立、民権の普遍、民政の発展をはかり、世界の大同を促進することを目的とする」という三民主義を教育の目的とした。

1950年蒋介石による「勝利建国教育の実施要綱」が出された。この勝利建国とは、中華人民共和国政府に対する勝利という意味であるが、大陸反攻、反共抗ソ意識の徹底と先にあげた三民主義の教育方針をもとに、学校教育の質量両面にわたる改善、拡大が国策上の至上要請であった（新井、1972）。

1950年代後半からは進学率の上昇と共に、よりよい学校へという競争も激化してきたことから、入試準備のための補習教育が横行し、「悪性補習」という言葉が生まれた。光復前にもそれほど就学率は低くはなかったが、光復後、アジア地域のユネスコ加盟国の中でも、台湾の教育発展はめざましいものがある（新井、1972）。1960年における初等・中等就学率の比率では、台湾は日本、シンガポールにつづいて第3位であり、1950年～1960年までの10年間の比率の伸びでは、カンボジアについで第2位を占めている。すでに1965年段階で、小学校就学率は96.83%、小学校卒業者のうち中学校への進学率は55.14%、中学校卒業者のうち高校・大学への進学率はいずれも70%を超えている。このように急激な教育普及の要因として、日本統治下で普通教育の基盤が築かれたとの点もあげられるが、それ以外に重要な要因として、台湾に対するアメリカの莫大な援助や、外省人を主とする国民党政府の徹底した行政力の浸透、「強迫入学条令」による義務教育の徹底化、そして経済成長が指摘されている（アジア経済研究所調査研究部、1966）。

---

22 1945年8月15日のポツダム宣言受諾による台湾の中国復帰を中国では「光復」と呼ぶ。

2　教育制度と教育改革

　現在の台湾の行政制度の中心にあるのは，台湾全体の教育について法令を制定，監督，指導する立場にある中央政府の行政院である。その下に台湾省とこれと同格の直轄市（台北，高雄）があり，さらに省の下に5市，16県がある。教育行政機関は，それぞれの政府に設置されており，行政院には教育部，台湾省には教育庁，直轄市には教育局，県・市には教育局が設置されている。

　教育制度については，「学前教育」「国民教育」「高級中等教育」「高等教育」の4段階が基本となっている。「学前教育」とは幼稚教育を指し，「国民教育」とは6～12歳の「国民小学」と12～15歳の「国民中学」を指す。この9年間が台湾では義務教育期間とされている。従来は義務教育段階の国民教育は「国民小学」の6年間であったが，経済発展のための教育高度化への要求が背景となり（新井，1972），1968年度（1968年8月～1969年7月）から「国民中学」を含めた9年間へと変更された。15歳から普通教育である高級学校と技術・専科教育である高級職業学校・五専に分かれるが，18歳から「高等教育」に該当する大学，独立学院（学部が3つ未満の単科大学），技術学院，二専（日本の短期大学に該当）へと進学する。また研究所（大学院）への進学も日本以上に高くなっており，より高い学歴を求めて子どもを進学させる親も多い。一方，日本とは異なり2学期制をとっており，しかも8月に新学年が始まる。この点は海外の大学，特に米国への留学をより容易にしている理由の一つとなっている。

　また教育内容に関しては，1988年李登輝が初めて本省人[23]として総統になったのがきっかけで，台湾独自の文化や歴史を子どもに伝えようとする本土教育をカリキュラムの中に取り入れた。しかし，必ずしもうまくいっていないと考える保護者が多い（2004年11月10日聯合新聞）。

3　教科書事情

　台湾の義務教育課程の公立校で採用される教科書は，2000年までは國立編譯館主編が発行する国定教科書1種類であった。しかし1997年4月17日の教育部

23　1945年以前に大陸から移住してきた漢族。これに対して外省人とは1945年以後大陸全土から台湾に渡ってきた人々を指す。

通達により，2000年から民間の出版社編集が可能となった。2000年から学年を追って，順次民間の出版社が参入してきており，2000年段階では小学校国語の教科書は6社から出版されていた。但し教科書はすべて教育部の検定を受けることになっている。そして採択に関しても，各学校の自由裁量による採択へと移行した。

　検定制度があるため，教科書の内容に関しては出版社間には大きな違いがみられないが，國立編譯館主編が発行するものに比べて，民間出版社から発行される教科書では，登場する子どもの描き方などが現代的な印象を受ける。なお，教科書はすべて無償で配布される。

4　高い学歴志向

　台湾での教育に関する大きな特徴として，入学試験等に関する細かな変更が多い点と，韓国と同様，日本以上の「学歴尊重社会」である点があげられる。修士・博士号取得が就職においても必須条件となっている場合も多いため，博士号取得者は日本よりも多い。また台湾での大学等進学率[24]は日本以上に高い。2002年で普通高校（高級学校）からの大学進学者は69.01％，職業高校（高級職業学校）からの進学者は45.73％に達しており，教科書の分析対象となった2000年においても普通高校からの大学進学者は68.74％（男性67.74％，女性69.71％）という高い高等教育進学率を示している。この数値は日本以上に高く，韓国並みである。1960年においても普通高校からの進学率は43.41％となっている（教育部，2003）。

　国民小学の就学率についてもこの40～50年で高くなった。6～11歳児童の就学率は1950年度は79.98％だったのが，1960年度には95.59％（男子97.47％，女子93.58％）となり，初等教育段階での就学は，すでに1960年代の後半には国民全体に浸透し（教育部，2003），2001年度では99.95％となっている。

　これほどまでに高い高等教育進学率や教育熱を支えている理由の1つとし

24　この場合の大学等進学率とは，普通高校からの進学率＝大学，三専（含専科補校，空中大学（通信大学）の新入生数（浪人は含まない））÷普通高校卒業生数×100，職業高校からの進学率＝大学・二専・三専（含専科補校・空中大学）の新入生数（浪人は含まない）÷職業高校卒業生数×100で算出。

て，教育に対する漢民族特有の熱心さがあげられる。また台湾特有の理由として，地域面積も少なく資源も乏しいことがあげられる。米国や周辺諸国との貿易や高い技術力などで生き残るためには，高い教育を子孫に与えることが台湾では必須の条件であった。さらなる生き残りをかけて，台湾政府は1997年に憲法の修正を行い，教育，科学，文化の国民教育経費については優先的に支出し，国家総予算の15％，省と政令指定都市予算の25％，県・市予算の35％を教育経費に当てると定めている憲法第164条の制限を受けずに，より多くの教育費を支出することが可能となった。その結果，GDP（国内総生産）の中で教育費の占める割合が2001年度では6.25％（教育部，2003）と高くなっている。日本では3.5％，フランスでは5.7％（文部科学省生涯学習政策局，2004a）であることを考えると，台湾社会全体で教育には特に力を入れているといえるだろう。

　このような教育に対する関心の高さは，受験競争の過熱化をも同時にもたらした。特に有名高校，有名大学への受験競争が激しい。義務教育期間は無試験で入学できるが，高級中学（日本の高等学校に該当）の入試，大学入試は実質的にその後の人生をも左右するため，小学校段階から塾に通う者も多い。台北市内には至るところに塾の看板が見られる。2002年に塘が訪問したある有名私立高級中学では，子どもたちは21時まで学校に残って自習を続け，その子どもたちの「見張り役」として，学校において母親が交代でボランティアをしているとのことであった。

　4年制大学と夜間大学については，1954年から共通選抜方式「連合考試」が採用されており，入学試験の成績順に希望した大学・学科への入学資格が与えられる。志望する大学・学科への進学に失敗した場合には，予備校に通う者も多いが，男子学生の場合，20歳になると兵役につかなくてはならない。そのため浪人は2年間までが限度となる。したがってその2年間に大学進学を果たせなかった男子で，ある程度親に経済力がある場合には，海外留学をする者も多い。台湾でも少子化が加速化する一方で，2年制から4年制大学への改組転換も含めて大学の数は増えている。それにもかかわらず，有名大学への進学希望が日本以上に強いため，受験戦争は激しいままである。

　しかし最近は受験戦争に対する弊害も問題にされるようになり，2002年には

現行制度を廃止し,新しい選抜システムが導入された。それによると日本のような共通一次試験と各大学が行う科目試験の実施といったような二段階選抜や,推薦入学,AO入試のような課外活動やボランティア活動を考慮した「多元的な」入試形態が導入されることになった。塘の訪問した前述の高級中学でも,新しい入試形態の導入に併せて学生の課外活動の時間を増やしたり,ボランティア活動を表彰するシステムを設けたりと対応に追われていた。ただし2004年に中学校3年生68校1,200人の生徒とその保護者を対象に行った調査によると,学習負担はさらに重くなったと回答する保護者が87%もおり,子どもの通塾率はさらに高くなっているという(2004年11月10日聯合新聞)。また,入試時期が年度によって異なるなど,新制度が落ち着くまではさまざまな点で試行錯誤が繰り返されるようである。

5　女性の高等教育進学率

　日本と比べてもう一つ特徴的なのは女性の進学率の高さである。1967年時点でも普通高校から大学へと進学する女性は51.13%となっている(教育部,2003)。台湾では徴兵制が男性に義務化されており,大学進学前に徴兵義務を果たす男性もいたため,高校卒業後すぐに大学等に進学する割合は女性の方が高かった。現在では徴兵制度が短縮化されるカリキュラムが大学の取得単位の中に組み込まれていることもあり,徴兵の一部をそこで済ませ,大学入学前ではなく卒業後に徴兵に行く者も多い。この結果,男性が女性と同様に高等学校卒業後すぐに大学等に進学する割合も増えてきた。

　また短期大学のような2年制大学は,徐々に4年制大学へと改組転換をしており,1980年には77校あった二専と呼ばれる短期大学は,2002年度には15校しかなく,そのうち公立は2校しかない(教育部,2003)。したがって現在では女性でも4年制大学への進学率が高くなっている。日本でも同様に大学等進学率のうち,男女併せて44.6%,男性42.7%,女性46.6%(文部科学省生涯学習政策局,2004b)であり,全体的には女性の大学等進学率の方が男性より高くなっている。しかしその中でも4年制大学のみに注目すると,男性では95.60%が4年制大学に進学するのに対して,女性では68.27%にとどまっている[25]。すなわち日本では全体的には女性の大学等進学率が高くなっているものの,2年

制の短期大学等に進学する割合も女性ではまだ高い。このように歴史的にみても，そして現在の女性に対する進学に関する状況をみても，台湾では日本より女性の高等教育への進学が積極的に行われていると考えられる。

6 新しい教育の流れ

現在台湾政府は教育の施策について数々の改革案を出しているが，ここではその中から前述した受験の過競争への対策に加えて，原住民などのマイノリティの人々への教育施策と，幼児から大学生までのさらなる教育の充実に関する施策をあげておく。

台湾の人口2,200万人のうち昔から台湾に住んでいた原住民といわれる人々が現在63万人いる。特に近年，彼ら独自の文化や言語が注目されるようになってきた（鄭ら編，1994）。教育においても，原住民の文化を活かした教材開発を行うなど，彼らに合わせた教育改革も進められている。それと共に漢民族に比べて低い就学率を上げるために，原住民の子どもを優先的に入学させる特別措置，原住民の中退学生に対する通報システムの強化などの改革案も併せて提示されている。また金銭的な教育補助も行われており，雑費と保険代などが一般児童・生徒に比べて優遇されている[26]。原住民の独自の文化を尊重しつつ，マジョリティ社会への参入を後押しするような施策への試みがなされている。

以上のような原住民の子どもに対する教育改革の他に，一般の子どもたちに対する大規模な教育改革も進んでいる。小中一貫教育が2002年から導入され，2006年から幼稚園の義務教育化が始まる予定である。2005学年度からは英語教育が小学校3年生から必修の授業として取り入れるよう計画されている。2002年時点でも，塘の調査によると，すでに私立幼稚園や私立学校の多くは，

---

25 このデータは高等学校卒業者の大学等への進学者数の合計から大学（学部）のみの割合を算出している。大学（学部）以外には，短期大学（本科），大学・短期大学の通信教育部，大学・短期大学（別科），高等学校（専攻科），盲・聾・養護学校高等部（専攻科）が「大学等への進学者数」の中には含まれている。

26 「台湾各県・市政府社会局の社会局福利補助条款」によると，雑費と保険代に関しては一般児童・生徒は約1,000元徴収されるが，原住民児童・生徒は700元のみ。また学費補助として1学期500元が原住民児童・生徒には支給される。

英語の授業をカリキュラムの中に取り入れていた。

　また高校段階においても改革がみられる。高級中学では2002年より共学校が増加してきた。それまで100年間，男子校，女子校に分かれていたところが，一部の学校は生徒を交換，男女混合で授業が行われるようになった（亜州奈，2003）。さらに大学の入試改革もさることながら，2002学年度に高校入試制度を廃止し，代わって中学校の基礎学力テストを実施し，高校多元化入学方案を実施することとなった。そして大学段階でも別の意味での改革が行われている。有名大学の受験競争は相変わらず激しいものの，少子化の影響から定員割れをおこす大学も出てくると予想されており，それを見越して，2002年からは大学の連合の動きが活発化している。このように台湾の教育はさらなる改革を続けながら，アジアでの生き残りをかけて教育の量と質を上げる試みがなされている。

第4節　中　国

1　教育政策と政治的闘争・社会的変動

　中華人民共和国（以下，中国とする）の教育事情及び教科書事情を語るには，建国してから度重なる政治的闘争と社会的変動が教育政策に与える影響を念頭に置く必要がある。

　中国は1949年に社会主義国家として誕生した際，長年にわたる列強の侵略及び内戦の傷跡が全土に残った。貧困で衰弱し切ったこの国を一刻も早く再建しようと，建国当初から中央政府は教育に注力した。当時，非識字者が国民の80％以上を占めることから，非識字者ゼロを目標にして識字教育といった成人教育を中心的な教育課題として推進してきた。それと同時に，社会主義国家の建設という政治的，社会的使命を背負い，教育においては「封建的な思想を克服し，社会主義教育をいかに浸透させるか」という大切な課題を抱えた。臨時憲法の役割を果たした「中国人民政治協商会議共同綱領」（1949年9月21日～30日までに開催された中国人民政治協商会議第一回全体会議にて採択された）の第5章では，「中華人民共和国の文化教育は，新民主主義的，即ち民族的・科

第4節 中国　47

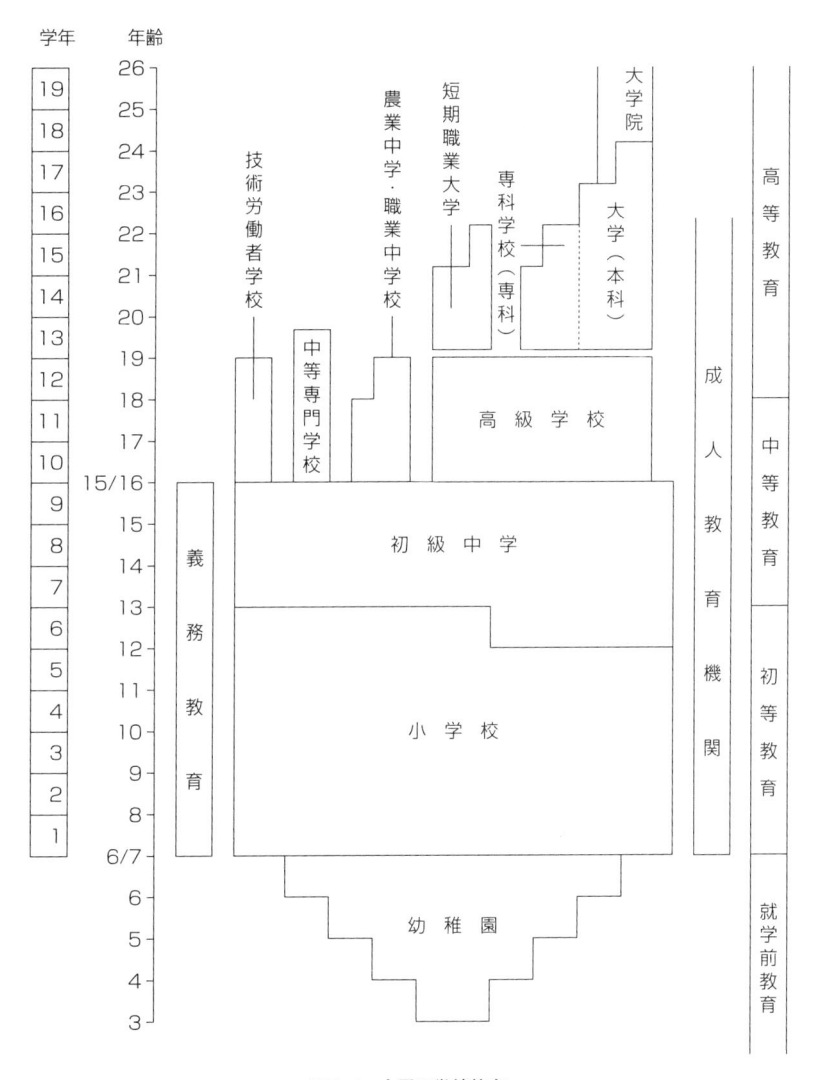

図2-4　中国の学校教育
出典：文部省（1996）諸外国の学校教育（アジア・オセアニア・アフリカ編）大蔵省印刷局

学的・大衆的文化教育である。人民政府が行う文化教育は，人民の文化水準を高め，国家建設の人材を養成し，封建的かつファシズムの思想を粛清し，人民のために服務する思想を浸透させることを主な任務とする」（第四十一条）と

教育政策の方向性が定められている（岩村・沼，1949；横山，1991）。また，1951年には旧ソ連の制度に学び，教育改革を行った。

　しかし，社会主義国家の建設に伴う第1次5年計画は，人民公社という集合生産体の組織化を盛んにさせたが，同時に教育界にも混乱をもたらした。人民公社は行政機関が公社の社務委員会と一体になり，工業・農業の生産組織，商業機構，小中学校，軍隊が公社の組織の中に組み込まれた（横山，1991）。つまり，人民公社という組織の中で基本的な教育を受けることができ，またときには農民として労働し，さらに軍人にもなれ，党の幹部でもあるというように，すべての活動がその組織の中で完結されるのである。確かに，識字率を上げるという意味では，以上のような人民公社の中の小中学校は一定の役割を果たしたと考えられる。しかし，このような中央政府が人民公社を通して追い求める「社会主義人間」の理想像は，高等教育に携わる知識人の存在との間で矛盾が顕在化した。すなわち知識のみに特化する知識人は，社会主義人間を理想とする国家にとって邪魔な存在となっていったのである。その結果，1957年から1959年にわたる反右派闘争では，高等教育機関に残った知識人を追放したり，更迭したりといった中国共産党の指導が一層強化された。このように，人民公社という形を通して，教育と生産労働の結びつきを強調する国家政策及び教育方針は，1950年代にピークに達し，今回選定された1960年の国語教科書に色濃く反映されている。

　1960年代には，旧ソ連との関係が悪化し一触即発の状態にまで発展する中で，「平等に教育を受け，農民に学べ」とする毛沢東の思想を端的かつ急激に発展させた結果，文化大革命が突然に起きた。キャンパス自体が政治闘争と社会衝突の場と化し，学校当局や教職員，学生，保護者など教育界と関連するすべての人間がこの闘争に巻き込まれた。10年間続いた文化大革命が残した傷跡は中国社会全体に及んだ。多くの青少年たちは農村へ労働に行かされ，丸10年間学校教育を受けずに成長することとなった。後にその青少年たちが知識や学歴の無さを痛感し，わが子にはより良い教育を与えようと必死になるのも想像できよう。

　文化大革命の被害により，中国の教育はまさに重度の危機状態に陥ったのである。教育の立ち遅れを取り戻すかのように，1980年前後，改革開放政策の下

で教育改革が再び模索され始めた。中国共産党中央委員会は1985年に「教育体制改革に関する決定」を発表し，教育改革の基本方針を告示した。以降の教育政策はこの「決定」にもとづいて展開されており，この「決定」から本格的な教育改革が開始されたといえる（本間・高橋，2000）。

改革の具体策として「義務教育法」の実施や，行政分権化，学校裁量権の拡大，民間資金の活用，市場経済に対応した高等教育の再編などが打ち出された。

2 教科書事情

行政分権化に関しては，国定教科書に変わって教科書検定を実施するようになった点があげられる。建国して以来中国は「一綱一本」制，つまり国定教科書制度が採られてきた。80年代の教育改革により，学校用教科書には検定制度が導入され，1993年から複数の教科書が使われるようになった（本間・高橋，2000）。義務教育に当たる小学校及び中学校について，1992年までに検定を通過した教科書には，①上海市のような経済が発展した地域用，②浙江省のような経済が発展した農村用，③広東省にあるような経済特別区用，④経済の発展が遅れている辺境用，など地域に対応したものがある（本間・高橋，2000）。首都北京では人民教育出版社より発行される教科書が使用され，上述の分類では①に入ると思われる。検定は中央教育部もしくは教育部直属の各省・市・自治区（日本の都道府県に相当）レベルの教育委員会（地方における教育行政機関）が行い，各学校で使用する教科書についての決定権も，それらの教育委員会がもつ。中央教育部が認めた教科書は全国範囲の採用となり，人民教育出版社より発行されるものが多くみられる。地方教育委員会が認めた教科書は中央教育部に報告した上で地方範囲内での採用となる。原則的には大学，研究機関，出版社等の組織でも，また個人でも，教科書の執筆は認められているが，地方教育委員会もしくは中央教育部の審査を受けなければならない。今回分析に用いた2000年に使用された教科書は，いずれも人民教育出版社より発行された全国版と沿海版である。教科書は義務教育段階でも廉価ではあるが，すべて有償である。

また，中学校・小学校の教科書の検定基準については，「国家教育委員会中

小学教材審定標準」（教中小材字006号1987年10月10日）において，以下のように設けられている。①学科の教学目標に相応しい，②教育大綱の基準に満たす前提において，地域や学校の特徴に応える，③愛国主義や共産主義などの思想性にもとづく，④科学性を重視する，⑤わが国の実情に相応し，時代性を反映する，⑥理論と実用性のバランスを考慮する，という6箇条になっている[27]。ちなみに，小学校の国語（語文）教科目標として，2,500字前後の常用漢字の習得や標準語の会話，辞書の使用などがあげられる。また小学校3年生までの国語教育課程は週9コマ（1コマ40分）設けられている（文部省，1996）。

90年代になって，「義務教育法」の制定と実施に加え，規制緩和により教科書が地域の実情に合わせ多様化し，全国レベルでの初等教育はようやく普及した。国家統計局のデータによれば，1995年東部，中部及び西部小学校入学率はそれぞれ99.4％，99.1％，96.0％と高い水準に達した（国家統計局，1999）。しかし，一方で中央政府と地方政府は深刻な教育予算の不足に陥った。1992年よりの数年間にわたって，国内総生産（GDP）に対する公共教育経費の比率は世界平均値の3.6％を遥かに下回っている（陸，2002）。また，各地で教員給与不払いの問題が起き，1993年には大変な社会問題となった。中央や地方政府の予算が足りないため，教育税や，学校・大学の企業経営化，学生より諸経費の徴収，寄付金などさまざまな工夫がなされた（本間・高橋，2000）。このように，教育資金における変革も改革開放政策の下で行われた。

3 急激に高まった教育熱

文化大革命が終了した後の1978年より全国統一の大学入試が再開された。それに伴い，都市部だけでなく農村部を含めた全国各地で受験戦争も再開された。同時期に，いわゆる一人っ子政策として知られる「計画出産（計划生育）」という強力な人口抑制政策が実施された。90年代以降の受験戦争と80年代のそれとの決定的な違いは，幼稚園からの早期教育への関心と教育費への多量な投入にあり，これらは人口抑制政策に関係する。

中国の人口抑制政策は晩婚と晩産（晩育）を提唱すると同時に，一夫婦に1人の子どもを出産，育成することを奨励している。少数民族や農村部などの特

27　中華人民共和国基礎教育現行法規汇編 p.206による。

例措置を除き，都市部に住むほとんどの夫婦はこの政策を守り，1人の子ども を育てている。そこで，子どもの将来への期待は教育に焦点化されるように なった。市場経済の導入から，親たちは高収入の仕事へ就くことが子どもの幸 せに直結すると信じるようになり，そのためには幼稚園の段階からより良い教 育を求めるようになった。また，文化大革命の被害により，自らが勉学に恵ま れなかったがゆえに，苦い経験を強いられた親たちは，わが子こそと思うばか りに，高学歴への憧れのブームに拍車をかけた。たとえば，福岡県立大学現代 中国社会・文化調査団が1994年から3年間かけて江蘇省で行った調査では，大 学卒の学歴をより強く期待するのは40代の親たちであることがわかった（木 山・一見，1997）。その年代の親というのは，ちょうど文化大革命の10年間勉 学の機会を失ってしまった世代と重なる。以前に比べて高等学校への進学率は 飛躍的に上昇したとはいえ，依然として1990年代でも10％前後しかない。そ れにもかかわらず，同調査では，無錫市だけでも調査対象者の半数近くが大学 への進学をわが子に期待しているとのことである（木山・一見，1997）。いう までもなく，この狭き関門を通過するのにどれほどの知恵が絞られたかは想像 に難くない。このような背景の中，90年代から子どもの教育をめぐる熱が急激 に高まった。

　教育に対する期待の高揚は教育への投資にも表れている。中国経済景気監測 センターが北京，上海，広州，成都，武漢，西安の6都市にて計1,230世帯の成 人に対して調査を行った。それによれば，70％の人は子どもを出産する前か ら教育資金を準備することに賛成し，60％の人は子どもの教育のためにローン を組んでもよいと考えているという[28]。また，現在中国国内における潜在的な 教育消費総額は低く見積もっても毎年2,500億元に達しており，1997年政府が 支出した全国の教育経費に相当するという専門家の指摘もある[29]。親たちが教 育への投資を加熱することは，政府の不足した教育予算を穴埋めする形とな り，上述した教育改革政策の背景や内容などと関連している。つまり，政府だけ の力では満足のいく国民教育を実現できず，親からの寄付金と諸経費を集め教 育資金を確保することによって，教育改革の狙いを達成させようとしたといえ

28　改革時報1999年6月3日による。
29　市場報1999年8月7日による，当時1元は約13円に相当する。

る。

4　教育をめぐる新たな問題

　改革開放政策の下で行われ続けている教育改革を受けて，義務教育の実施の強化に伴い，非識字者数が全人口を占める割合は，1964年の33.58％から2000年の6.72％と大幅に減少した[30]。しかし一方で，収入の増加が少ない層があることや，学習費用の高騰などは，子どもの高等学校への入学を断念させているといった現実もある。つまり，義務教育はある程度落ち着いてきたものの，高等教育の地域差は非常に拡大しているといえよう。このことは経済発展に必要な人材が都市部に集中する事態となり，国の経済にとって深刻な社会問題となる。今後，中国の教育は義務教育とエリート教育の狭間に悩むことになると思われる。

第5節　タ　イ

1　概　況

　タイ王国（以下，タイとする）は，東南アジア地域で唯一，西欧列強による植民地化を免れた国である。19世紀後半以降，タイは東を仏領インドシナ，西を英領ビルマにはさまれながらも，国王，王族が中心となって近代化政策を進め，国の独立を維持してきた。この過程においては，チャオプラヤー川下流のデルタ地域に住み，上座部仏教を信仰するシャム・タイ族を中心に，北部や東北部に住むタイ系民族，イスラム教を信仰するマレー系民族などを取り込む形で国家統合が進められた。

　国王を中心とする絶対王政は，1932年の立憲革命をもって立憲君主制へと改められる。しかし，こうした政治体制の変化は強い軍事力をもつ軍部の政治関与を強めることになり，以後，タイでは軍事政権が続いていくことになる。

　1950年代後半以降，タイはアメリカや国際機関の支援を受けて「国家開発」を強力に推し進めた。その方針を定めたのが，1961年「第1次国家経済開発計

30　中国人口統計年鑑 p.36による。

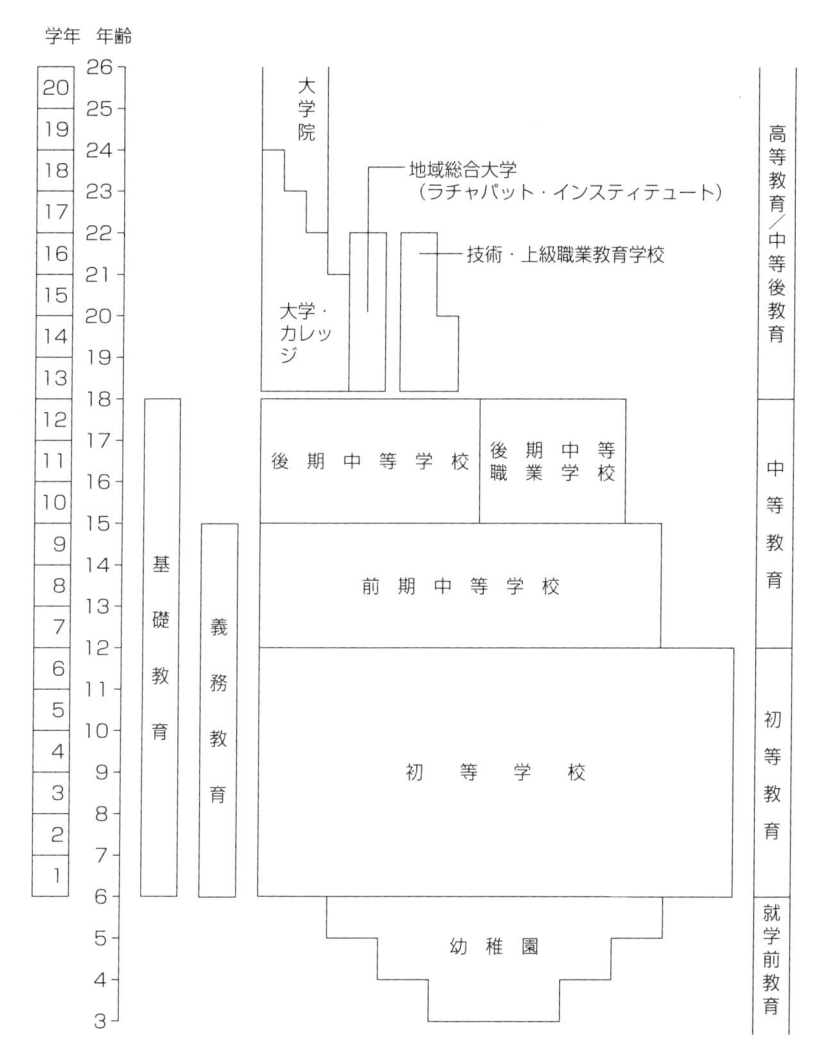

図2-5 タイの学校教育

註：文部省（1996）諸外国の学校教育（アジア・オセアニア・アフリカ編）大蔵省印刷局を参考にカンピラパーブが改訂した。

画（1961〜1966）」である。1966年からは新たに「第2次国家経済社会開発計画（1966〜1971）」として実施に移され，以後5年ごとに改訂されつつ現在に至っている。

これらの計画にもとづく積極的な開発政策のもと，タイの実質成長率は1960年代以来，7～8％程度の高い数字を維持してきた。とりわけ1980年代後半以降は，海外から国内企業や土地への投資が進み，実質成長率が年10％を超える急速な経済成長をも経験した。好況な経済は，1997年の通貨危機によって大きな打撃を受けたものの，国際通貨基金（IMF）の支援のもと経済の建て直しが図られている。

　こうした40年以上にわたる開発体制の中で，人々の生活は大きく変わっていった。1960年の国家統計（人口約2,600万人）によれば，就業人口の8割以上（82.3％）が農業に従事しており，輸出金額においても米や天然ゴムなどの1次産品がそのほとんどを占めている。これに対し2000年の調査（人口約6,060万人）では，農業就業人口は6割以下に低下しており，輸出金額の多くはコンピュータ部品，電子部品などの工業製品に移行した。セクターごとの労働力調査でも，工業，サービス産業の割合が年々高まってきている。

　この間，タイの政治は，軍部や政治家，実業家による利権独占の動きと，公正な社会，市民参加を求める民主化の動きの中でゆれ続けた。1950年代より続いた軍事政権は，1970年代前半からの民主化運動で倒れ，1878年からは民主的な政党政治が実現する。1991年のクーデタにより再び軍事政権が誕生するが，これに対する市民の激しい抗議行動が繰り返され，1992年の総選挙をもって再び民主政権が誕生した。以後タイでは，1996年に新たに公布されたタイ王国憲法，1999年の国家教育法の理念にもみられるように，民主主義，社会的公正，市民の参加，効率化などを原則とした政治・行政改革，教育改革が進められている。

　2002年から実施されている「第9次国家社会経済開発計画（2002～2006）」は，開発全体を導く概念として「足るを知る経済（sufficiency economy）」を掲げるほか，今後20年にわたるタイ社会の理想として，①質の高い社会，②知識・学習社会，③協働・相互扶助社会，の3つを提唱している。グローバル化が進み，タイの社会が急速に変化していく中で，タイ的な価値を生かしたバランスある発展が志向されているのである。

2 教育事情

　タイでは,絶対王政下の19世紀後半から近代教育の普及が図られてきた。1932年の初等教育法で男子5年,女子3年の義務教育を定めるなど,東南アジア地域では最も早くから義務教育制度を整備している。しかしながら現実には,教育行政制度の未整備,資質ある教員の不足などもあって,教育の普及は大きく遅れていた。1961年の調査によれば,前期初等教育段階（4年）における就学率は93.5％に達しているものの,後期初等教育（3年）17.7％,前期中等教育（3年）12.8％,後期中等教育（2年）3.3％,また1960年における15歳以上の識字率が67.7％と低い数字である。特に地方農村における教育の普及が大きな課題であった（村田,1989）。

　これに対して政府は,ユネスコ（UNESCO）や世界銀行の支援のもと,数度にわたる制度改革を行い,初等教育の普及を進めてきた。政府はまず,ユネスコが1960年に採択した「アジアにおける普遍的・無償初等義務教育計画案（カラチ・プラン）」の勧告を受け入れて,義務教育期間の延長を図った。同年10月に出された「国家教育計画」は,初等7年（前期4年,後期3年）,中等5年（前期3年,後期2～3年）の7―5制とし,義務教育期間を従来の4年から7年へと延長している。

　1960年代以降は,「経済発展のための教育」という観点から,教育計画も国の開発計画の一環として検討されるようになっていく。1961年に策定された「第1次国家教育開発計画」は,国家経済開発計画に資するよう,義務教育の延長に加えて,中等教育における普通教育と職業教育の改善,地方の高等教育の拡大などを目標として掲げている。続く「第2次国家教育開発計画」においても,経済発展に必要な人材の養成という観点から,中等職業教育,高等教育の発展に重点が置かれた。

　このため1960年代には,首都であるバンコクや地方都市などの都市部を中心に,中等教育,高等教育の就学率が増加した。しかしながら,初等教育,とりわけ後期3年の課程の就学率が伸び悩み,都市と農村における教育機会の格差が広がった。また地方の学校では,学習の内容が日常の生活に合わないといった問題点が指摘されるようになる。

教育機会の格差，知識中心の教育内容への批判は，1970年代の学生運動，民主化運動の中でさらに強まり，1974年には教育改革審議会によって「生活と社会のための教育」という新しい教育の方向性が打ち出された。この改革案は，学ぶ内容と日々の生活，環境との関わりを重視し，自らの生活や環境を好ましいものへと変えていくために必要な知識・技能・態度を養成しようとするものであった。この勧告を受け，1978年から教育制度とカリキュラムが改められた。新制度では従来の7―5制を6―3―3制に改め，6年間を義務教育とすることで初等教育後期段階への就学促進が図られた。カリキュラムについては後に詳述するが，学習内容を5領域に分け，体験活動や問題解決を重視するなど大きな改編がなされている。また1981年には内務省管轄下の初等教育学校を文部省の管轄下へ一括し，国，県，地方自治体レベルに設置された初等教育委員会によって教育普及を進めるよう行政制度を改めた。

　これら一連の施策の影響もあって1980年代には初等教育の就学率が向上し，1990年には70.7%に至った。しかし中等学校への進学が伸びないことから，政府は1990年以降，初等学校における前期中等教育課程の開設，教科書の貸与など奨学制度の実施など，前期・後期中等教育への機会拡大を目的とする施策を行った。これにより，1990年代には中等教育への進学率が上昇した。2000年段階ではそれぞれの学齢段階において，初等教育93.4%，前期中等教育71.1%，後期中等教育50.9%，高等教育21.4%が就学している（National Statistics Office, 2003）。

　1990年代は，こうした教育普及の試みに加え，急速に変化する社会への対応が大きな教育課題であった。1999年に公布された国家教育法は，12年間の無償基礎教育や9年の義務教育などの規定によって人々の教育権を保障するとともに，社会変化に応じた抜本的な教育改革を求めている。その内容は，学習者中心主義にもとづく教育，教育行政の分権化・効率化，民営化など多岐にわたっており，1977年以来の教育の在り方を根本から改めるものといってもよい（渋谷，2001）。

　現在，タイでは2002年に修正が加えられた国家教育法のもと，さまざまな改革が行われている。同法の規定にもとづいて出された長期計画（「国家教育計画（2002―2016)」）は，知識社会への移行を想定し，すべての人が生涯にわた

る学習へのアクセスをもつことができるよう、また計画や決定過程における人々の参加を促進するよう求めている。急速に変化する社会の中、生涯にわたる学びを通じて変化に対応していく人材の育成が課題である。

3　カリキュラムと教科書事情

　タイでは、文部省が日本の学習指導要領にあたる「カリキュラム」を作成し、それにもとづいた教科書が使用されている。初等教育段階のカリキュラムについて、1960年代以降の動きをみると、1960年、1978年、1990年（1978年版をもとに改訂）、2001年とおよそ10年ごとに策定・改訂がなされている。

　このうち、特に大きな変化がみられるのが、1978年と2001年の改訂である。1978年以前の初等教育カリキュラムは、学習内容が、タイ語、算数、社会科、基礎科学、保健体育、美術、特別活動などの教科に分かれており、学問の体系が重視された教科中心カリキュラムであった。このため、学習内容と子どもたちの生活経験とのずれ、とりわけ地方の現状とのずれが問題とされた。また暗唱や暗記が中心で、自ら考える力や体験活動が軽視されているとの見方も強かった。

　こうした批判を受けて新たに策定された1978年カリキュラムは、「生活と社会のための教育」をキャッチフレーズに、学習者の生活との関わりを重視する経験中心カリキュラムとして作成された。国家統一のための教育を重視しつつも、地域の状況やニーズにあわせたカリキュラム開発を一定程度認めるなど、学習者の生活実態に即したカリキュラムが目指されている。

　学習内容は、①「基礎技能」（タイ語、算数）、②「生活経験」、③「人格形成」、④「労働・職業基礎」、⑤「特別経験」（5、6年生のみ）という5領域に分けられている。このうち、「生活経験」とは理科や社会など身の回りの生活から社会や環境について学び、社会の中で生きる上で適切な態度と行動を養うこと、「人格形成」は道徳、美術、体育、保健などの学習を通じて、よき資質をもった人間となることが目標として設定されている。

　同カリキュラムは1990年に部分的に改訂されたものの、その後、継続して使用されていた。これに対し、1999年の国家教育法は初等6年、中等6年を対象とする新たな基礎教育カリキュラムの策定を要請した。2001年に策定された

新カリキュラムでは，学習者中心主義の原則のもと，タイ人らしさを維持しながら国際社会の変化に対応できる人間の養成が目指されている（鈴木・森下・カンピラパーブ，2004）。

タイの教科書は，こうしたカリキュラム改訂にしたがい，文部省学術局及び民間の教科書会社によって作成される。ただし，タイ語については，国民の共通語であり，国家のアイデンティティに関わるものであることから，文部省が作成することとなっている。

文部省での教科書作成は，教科また学習群ごと，教科の専門家，視学官，教員，文部省カリキュラム開発センターの職員などによる専門家委員会によってなされる。民間の教科書会社が作成する場合には，先の専門家委員会による審査を受け，検定に通ったものについては文部省の認可を得ることができる。なお，出版された教科書は義務教育段階においては無償で提供されている。

第6節　バングラデシュ

1　概　況

バングラデシュは，日本，韓国，台湾，中国という東アジア地域諸国，東南アジアのタイに対して，その位置及び歴史的背景から，南アジアに位置づけられる。インド，パキスタン，ネパール，スリランカ，ブータン，モルディブと共に南アジア文化圏を築くバングラデシュは，長い英領支配の歴史をもち，また現代では経済開発を求める，いわゆる「発展途上国」である。さらに，他の国々が概ね仏教儒教国であるのに対して，バングラデシュは，イスラーム教徒が国民の約9割を占める，イスラーム国教国である。こうした経済的・文化的な違いは，教育の上にも大きく表れる。

また，1960年と2000年という時代背景についても，バングラデシュ特有の状況がある。現在「バングラデシュ」とされる地域は，1947年にパキスタンの一部「東パキスタン」として英領インドから分離独立し，さらに，1971年にパキスタンからの独立を経て「バングラデシュ」となった国である。最初の独立では，ヒンドゥーとイスラームという宗教の違いによるインド・パキスタン分

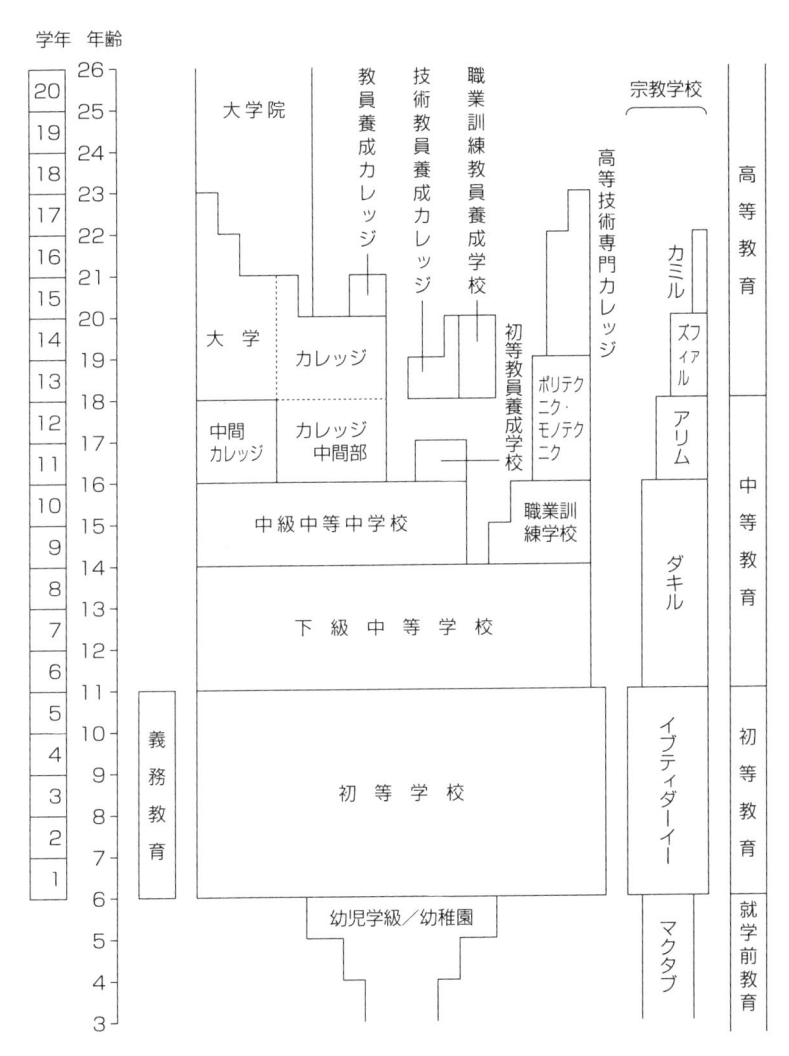

図2-6　バングラデシュの学校教育

註：文部省（1996）諸外国の学校教育（アジア・オセアニア・アフリカ編）大蔵省印刷局を参考に南出が改訂した。

離において，イスラーム教徒としてパキスタンと共に歩む道を選んだ。しかし，当時のパキスタン政治の中心が西パキスタン（カラチ）にあったため，「東パキスタン」は常に差別を強いられた。そして1971年ついに，母語であるベン

ガル語を旗印に，ベンガル民族としての独立を果たした。ゆえに，他国において比較の対象となった1960年と2000年では，バングラデシュの教育政策は，異なる国家によってなされたものである。よって，バングラデシュに関しては，1960年当時の教科書収集の限界もあって，独立初期（1970年代）に使われていた教科書と現代の比較ということになる。それでも，バングラデシュの教科書には，この激動の時代背景が色濃く表れている。ここでは，こうした背景に留意しながら，現代バングラデシュの教育事情の特徴を述べていくことにする。

2 独立国バングラデシュの教育政策とその特徴

　バングラデシュは，激動の歴史の中で，近代以降3つの国家を経験してきた。教育に関する政策も，その時代に応じて，目的，対象，内容ともに大きく変化してきた。本書では，独立以降のバングラデシュにおける教育政策に限定して述べるが，その歴史については，「バングラデシュ初等教育の歴史」（南出，2003b）を参照されたい。

　1971年の独立以降，バングラデシュ政府は，5度にわたる5カ年計画を実施し，教育の普及に取り組んできた。Unterhalter（2003）は，バングラデシュの初等教育政策を，1971年独立直後から91年を第1期，91年から97年を第2期，98年以降現在までを第3期と分けてみている。第1期では，憲法制定などと合わせて，政策的枠組みを確立した。第2期では，普遍的初等教育の普及を目指して，学校数を増やすなどの取り組みを行った。第3期からは，特に就学率の低い貧困層に焦点を当て，学校に通いやすい状況の整備に取り組む。さらに，カリキュラムや教授法，学校運営の面において，教育の質の向上を目指した。

　普遍的な教育普及が常に目標に掲げられる背景には，この国の識字率，就学率の低さがある。ユニセフによる統計（1999年調べ）を参照すると，バングラデシュの識字率は，男性63％，女性48％で，初等教育の就学率については，男子80％，女子83％である。これは，1980年の統計では，識字率が男性は41％，女性はわずか17％であったことに比べると，この約30年間の延びは飛躍的であり，国家全体が教育の普及に取り組んできたことがわかる。

　普遍的な教育の普及を目指す現代のバングラデシュにおいて，特に特徴的な

のは，学校教育が多様な形で展開されていることにあると考えられる。初等教育機関には，政府運営による公立学校とそれに準じる登録学校，授業料をとる私立学校，NGO運営による「ノンフォーマル学校[31]」，イスラーム教育を重んじたマドラサ学校が存在する。ほぼどの学校に通っても，小学校卒業の認可を受けることができる。1999年の初等教育就学率の内訳では，公立学校に通う生徒が67.6%，登録学校に12.1%（未登録学校2.8%），ノンフォーマル学校に8.5%，マドラサ学校に5.9%，私立学校に1.4%，中学校付属学校に1.5%の生徒が通っているとの統計（Chowdhury, 1999）[32]がある。このような学校の多様性は，バングラデシュに特有であり，開発志向やイスラーム化の下で，さまざまな方面からの教育への期待という要素を往々にして含んでいる。

1) ノンフォーマル教育（NFPE: Non-Formal Primary Education）

本書で取り上げた他のアジア諸国とは異なる形態である「ノンフォーマル学校」について説明したい[33]。バングラデシュの文脈で述べられる「ノンフォーマル教育」とは，バングラデシュ国内で活動を繰り広げる大規模NGO，BRACによって1980年代後半に始められ，今では国内外の多くの開発援助団体が取り組む，草の根レベルの基礎教育活動である。その形態や運営方法は各NGOによって異なるが，学校に行くのが困難な貧困層や辺境地の子どもを対象に始められ，「ノンフォーマル」の名の如く，カリキュラムや時間割は必ずしも統一されておらず，生活に合わせた構造である。教師は，多くの場合，村内の女性が採用される。ノンフォーマル学校を卒業した子どもたちは，公立学校その他と同じように，小学校卒業の認可を受け，中等教育[34]に進むことができる。

ノンフォーマル学校の管轄には，政府教育省に公立学校と並んでセクションが設けられているが，NGOの財源管理に関しては政府NGO局が管理している。財源が教育省ではなく，NGO局に委ねられていることの背景として，現在のバングラデシュには，国際社会からの援助が極めて多く，国際機関や各国

31　バングラデシュの文脈では，NGO運営の学校を「ノンフォーマル学校」と呼ぶ。その実態は，後に続く中で述べている。
32　南出の現地滞在経験から，ノンフォーマル学校やマドラサ学校への就学の割合は，実際にはもっと多いように思われるが，ここでは既存のデータに従う。
33　ノンフォーマル学校における教育実態の事例は，（南出，2003a）を参照されたい。
34　バングラデシュの教育制度については，図を参照のこと。

ODA開発援助，また多くの開発系NGOが海外からの援助によって活動を展開していることがあげられる。ことに，無償の初等教育の分野では，利益を得ることがなく，活動を展開すればするほど，財源を外に頼るか，あるいは他の収益活動によって賄わなければならない。それでも教育の需要に対する国際社会の理解を得るのはそれほど難しくなく，教育費の多くもそうした外からの援助によって賄われている。

このことから教育が国家による国民教育というだけでなく，経済開発の担い手養成，人権につながる基礎教育として強く位置づけられていることがわかる。

2) マドラサ学校

イスラーム教育を重んじる「マドラサ学校」についても若干の説明を加えておきたい。マドラサは，本来，教育施設を指すアラビア語で，伝統的にはウラマー（学者，宗教指導者層）を育成するための施設であるが，現在は近代公教育との融合も多くみられる。バングラデシュのマドラサ学校は，初等教育レベルでは，政府が認可しているイブティダーイー（Ebtedayee）と，認可していないカレジ（Kharezee）があり，それぞれに中等，高等教育まである[35]。学校教育制度図（図2-6）を見ても，イブティダーイーは教育制度の下にとらえられているが，カレジに関しては，その管轄下に入れられていない。その理由の1つは，あとであげる教育の内容に関係しており，イブティダーイーでは，ベンガル語とアラビア語の教育を併合しているが，カレジではアラビア語のみの教育を行っている。ゆえに，イブティダーイーを卒業した後，中等教育から普通教育に移行することは可能であるが，カレジからの移行は認められていない。反対に，普通教育の初等課程を修了した後にマドラサの中等課程（ダキル）に進学する場合は，初歩の段階からアラビア語を習得しているマドラサのクラスに途中から入って理解するのは困難を要するため，ダキルに進学する前に1，2年初等教育（イブティダーイー）でやり直すのが通常である。カレジへの移行の場合は最初からやり直すことになる。

---

35 イブティダーイーからは上級に上がるにつれてダキル─アリム─ファズィル─カミルとなり，カレジからはコオミ─ハフェジとなる。

3　各学校の教育内容及び教科書事情

　教育内容は，それぞれの学校によって若干の違いがある。公立学校や登録学校では，1，2年生はベンガル語，英語，算数を学び，3年生から5年生は3教科に加えて社会，理科，宗教を学ぶ。教科書は政府による国定教科書で，義務教育段階ではすべて無償で配布される。宗教科目には，イスラーム，ヒンドゥー，キリスト教，仏教の4種類の教科書が出版されているが，実際には教師の不足により，ヒンドゥーやキリスト教，仏教の子どもたちは，各々の宗教の教科書を手にするものの，授業を受けるチャンスが必ず用意されているわけではない。

　ノンフォーマル学校では，政府のカリキュラムに従うところもあれば，NGO独自のシステムと教科書で実施するところもある。しかし，NGOでは国定教科書を使う場合でも政府から教科書を買わなければならず，その上で無償で子どもたちに配布される。

　マドラサ学校では独自の教科書が発行され，宗教的内容が占める割合が大きい。イブティダーイーはその教育内容からも公教育に匹敵し，1年生はアラビア語，算数，ベンガル語，コーランを学び，アラビア語には教科書が2冊ある。2年生からは，そこに英語，社会，理科が加わる。カレジは，イスラーム教育が中心のため，「カイダ」，「シパラ」というアラビア語の初歩の教科書を習得段階に応じて学び，その後コーランの読み及び意味を理解する段階に入る。イブティダーイーの教科書は無償で配られるが，カレジのテキストは，安価ながらも親が子どもに買い与えなければならない。

4　ベンガル語教科書の変遷

　現在国定教科書として使われているベンガル語の教科書の歴史的変遷をふり返ってみると，先に述べた歴史の変動から，バングラデシュの教科書事情をとらえるのは困難を要する。ここで紹介する資料は，南出による現地での聞き取り[36]による。政府機関で得た聞き取り資料と，農村部で実際に住民から聞く内

36　南出は，文化人類学を専攻し，2000年以来バングラデシュ農村部にて継続的な調査を行っている。

容には多少のずれがあるが，そのずれを考慮しながら，政府資料を中心に，住民による情報を補足的に用いてとらえていきたい。

まず，英領期にさかのぼると，比較的知識人が多かったベンガル州では，インド内で先駆的に近代教育への取り組みが行われた。1817年に設立された「カルカッタ教科書協会」[37]，近代教育導入のターニングポイントとなった1854年の「ウッズ教育通達」[38]は，各学校に教科書の使用を義務づけた。当時作られた教科書 *Bhalo shikka*（バロシッカ）では，ベンガル語初歩の読み書きや，ベンガル特有の多くの詩が掲載されている。1920年前後に生まれた現在80歳代の住民は，この教科書で教育を受けたと話す。

東パキスタン時代に入ると，パキスタン政府によって作られたと推測される *Shobshsati*（ショブシュシャティ）が使われ，これはバングラデシュ独立後すぐの1973年頃まで使われていた[39]。現在ショブシュシャティは入手不可能で，その内容を紹介することができない。この教科書で学んだ住民によれば，バロシッカ同様に，ベンガル語の読み書きの初歩の教科書であったとされる。

独立後に作られた教科書としては，*Choynika*（チョヨニカ）がある。これを本書での通時的比較の材料として用いる。チョヨニカは，すべて詩とお話で構成されており，その内容は独立を勝ち取ったバングラデシュを称え，愛国心に湧く内容が非常に多い。この教科書は，次に作られる *Amar boi*（アマルボイ）が出た後も，しばらくの間，副読本として学校で使われていた。また，ノンフォーマル学校では，NGO独自の教科書と共に，現在もチョヨニカを使っているところがある。詩やお話で構成されるこの教科書は，読み物的要素が非常に高い。また，現在使われているアマルボイも，教科書の半分を詩が占める。

アジアで最初のノーベル賞を受賞したタゴールに象徴されるように，バングラデシュは，美しい自然を詠った詩の文化が非常に盛んで，教育経験の如何にかかわらず，人々は詩を暗誦する。教科書の中にも詩が非常に多く登場し，教育内容も詩やお話の暗誦に重点が置かれることは，その文化を背景としてい

37　Calcutta School Book Society．1年後の1818年にCalcutta School Society（カルカッタ学校協会）となり，16名のヨーロッパ人と8名のインド人によって構成された（Bagal, 1962）。

38　当時の監督局総裁Charles Woodによって書かれた教育政策に関する公文書。

39　政府教科書委員会の年長職員及び農村部で40歳代の教育経験者からの口述情報。

る。子どもたちは，日常生活の中で，また教科書の中で，多くの詩に触れ，そこに表現される社会の価値観や観念世界を学んでいる。

　以上ごく簡単ではあるが，バングラデシュの現在の教育事情について述べてきた。二度にわたる独立，そして独立以降の開発志向やイスラーム化の流れの中で，教育はその社会背景を強く反映し，そのことが，現在のさまざまなシステムが混在する教育の在り方を生み出してきた。さらに，本書ではふれられなかったが，ノンフォーマル学校をはじめとする多くの学校において，教育普及の活動が住民参加型の形式をとる背景には，この地に歴史的に根付いてきた教育の在り方がある。現在のバングラデシュ地域に，近代教育が導入される以前から住民による土着の教育機関が多く存在していたことは，英領期の資料「アダムス・レポート」[40]で明らかにされている。私たちは，バングラデシュの教育の在り方から，地域住民と教育の関係について学ぶことができよう。

　教科書については，国定教科書とされるものの，教育機関の多様性から，すべての子どもが同じ内容の教育を受けているわけではない。しかし，教科書に描かれる文化，価値観，思想は，この国の時代と文化を大きく映し出す。そのことについては，後の章で述べる内容分析から，さらに読み取ってもらいたい。

---

[40] 1835年から1838年に，植民地政府の命によりキリスト教宣教師William Adamによって記された詳細なレポート，*Report on the State of Education in Bengal* がある。

3 次世代に伝える家族の姿

第1節　現代のアジア6カ国の理想の家族像

1　「いい家族」とは何か

　「いい家族」とは何か。それぞれの国の中で，思い描く「理想の家族像」は必ずしも共通していない。祖父母と同居する大勢の家族構成をよしとする社会もあれば，親子3人がこじんまりと暮らして祖父母とはときどき交流すればよいと考える国もある。アジア諸国の中で，大人たちが次世代に伝えようとしている家族像とは，いったいどのようなものだろうか。

　家族をどのように構成し，家族内の構成員や親族とどんな関係をもつかは，文化によってさまざまである。家族の構成人数はどの程度が適当か，親は子どもにとってどんな存在か，親子間のコミュニケーションはどのように行われているかなど，次世代の社会を担う子どもたちは，親世代から伝えられる家族のあり方を参考にしつつ，社会変動の影響をも同時に受けながら（Elder, 1974），自分たちの世代の家族のあり方を再構築していく。現代における理想の家族の姿は教科書にどう映し出されているのだろうか。

　第3章では，日本，韓国，中国，台湾，タイ，バングラデシュというアジア6カ国の教科書の内容を分析し，特に教科書に描かれた家族について，家族の構成人数，父母・男児・女児の出現率，祖父母の同居率などの分析から，各国の大人が次世代に伝えようとしている「理想の家族像」について検討した。

2　教科書に描かれた家族像の研究方法

　分析に使用した教科書は第2章で述べた通りであるが，その中でも特に家族

が登場する作品を分析材料とした。その際，登場する主人公以外にその主人公の家族がいると想定できたとしても，実際に表記されていない場合には，分析対象とはしなかった。また子どもが登場している作品のみを対象とし，子どもを中心に家族の親族呼称分類を行った。なお親が登場していなくても，主人公の子どもとそのきょうだいが登場していれば分析対象とした。したがって実際の家族の構成人数を算出しているというよりは，教科書にどのくらいの人数が1つの家族として登場するか，子どもにとって身近な家族成員とは誰かということを，分析結果は反映している。

以上のような一定の基準に従って分析対象作品の選定を行った結果，2000年版の教科書では，日本94件（86作品），韓国72件（71作品），台湾238件（233作品），中国29件（29作品），タイ71件（64作品），バングラデシュ35件（35作品）の家族が分析の対象となった。また1960年版の教科書では，日本439件（419作品），台湾66件（64作品），中国31件（31作品），タイ9件（9作品）の家族が分析対象となった。そして1963年と1964年版の韓国の教科書からは63件（58作品），1972年版のバングラデシュの教科書からは12件（11作品）の家族が分析の対象となった。

以上の作品に描かれた家族について，①家族の構成人数，②父親，母親の出現率，③男児，女児の出現率，④父親，母親が出現している際の男児，女児の出現率，⑤祖父母との同居率に関する比較分析を6カ国間で行い，さらに各国内の年代間で比較した。第1節では特に現代の6カ国の比較を中心に考察する。そして第2節では各国内における変化について比較した結果を中心に示す。

またここでの「家族」分析では，後の章で取り上げる「育児における親役割・性役割」や「いい子」像の分析とは異なる点がある。それは文章だけではなく，挿絵も分析対象として含めた点である。文章には母子の会話しか載っていなくても，挿絵には父親が描かれていることもある。そこでできるだけ家族の実態に近づくために，「家族像」の分析に限り，挿絵も分析対象とした。但し，アジアの教科書では挿絵に父親が描かれていなくても，父親と母親がそろった家族であることが前提となっている場合も多い。2000年版ドイツの教科書には離婚家庭が描かれていた。しかしアジアの教科書では離婚家庭及び欠損家庭であることをわざわざ断って描いている作品は，歴史上の人物に関する

第1節　現代のアジア6カ国の理想の家族像　69

作品や昔話以外には1編だけであった。その1編とは日本の1960年版の教科書に収められていた作品『こなだらけのおかあさん』（大阪書籍，1960）である。なお2000年版にはどの国の教科書の作品にも，特にこのような離婚家庭や欠損家庭を意識して取り上げた作品は見当たらなかった。したがってアジア6カ国の家族像の中に，父母がそろっていて当たり前だという前提が存在するのかもしれない。また家族の概念がドイツなどとは異なり，たとえ父親がいなくても他の親族によって育てられるため，家族の範囲がドイツのそれとは異なるとも考えられる。

　以上のようなアジアの文化における価値観や家族概念の違いを前提にして，表記されていないものを予想し分析することもできたが，本書ではあえてそれをせずに，表記された文章や挿絵によってのみ分析を行った。以上のような前提の違いが存在することは，教科書分析研究の限界の1つであることを認識しながらも，分析対象範囲は文章と挿絵に表記されているもののみにとどめた。それゆえに本書で得られた結果は，前にも指摘したように，家族の実像を示しているというよりは，人々の意識にのぼってくるいつも一緒にいる家族成員は誰かを表しているため，実際の家族構成人数よりも低く見積もられている場合がある。すなわち本書の家族構成人数で示された結果は，家族を構成している全成員数というよりは，家族で一緒に行動することがよいのか，それとも家族は一人ひとりの興味関心でばらばらに行動することがよいのかという目安になっている。結果として示された人数は，人々の意識というフィルターを通した「理想」の人数であることを指摘しておきたいし，まさに本書ではそれを目的にしたものであることを了解してほしい。

3　理想の家族像における6カ国間比較

1）望ましい家族の構成人数

　理想とされる家族の構成人数について，2000年版の6カ国の教科書の内容を分析した。該当する人数を数え，それぞれの国の全家族数で割って平均の人数を算出した。すべての結果はこのような形で表されている。その結果，一家族の構成人数が最も多かったのはタイで，最も少なかったのは中国であった（図3-1）。タイでは祖父母，ときには叔父，叔母などの他の親族も家族の構成員と

して登場したが，中国では一家族の中に多くの構成員が登場してくる傾向はみられなかった。後の分析において，一家族あたりの子ども数に国家間で有意差がみられないことを考えると，中国の一人っ子政策が家族構成員の少なさに大きな影響を与えているのではないようだ。むしろ家族の中に，叔父叔母といった人々が入ることが一般的かどうかという，「家族」という言葉に込められた家族の枠組みが，一家族の構成人数の違いに関係してくると思われる。なお日本の構成人数はタイに次いで2番目に多かった。

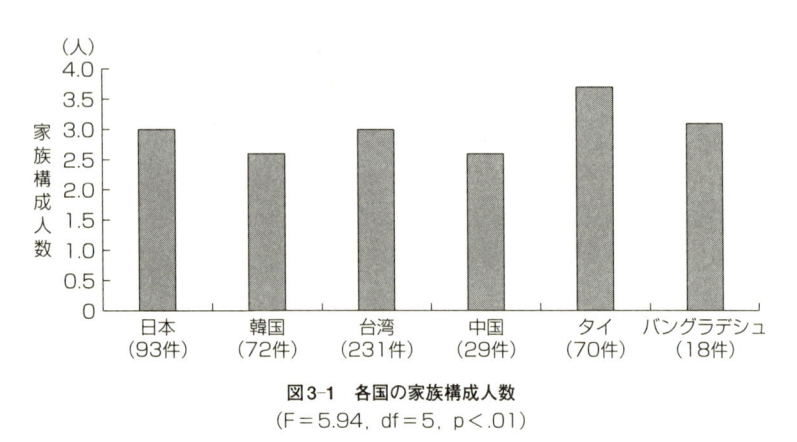

図3-1　各国の家族構成人数
($F = 5.94$, $df = 5$, $p < .01$)

2）身近にいるのは父親か母親か

児童期前期の子どもにとってどちらの親の方が，家族の中でより身近な存在として描かれるのだろうか。教科書に登場する父親，母親の出現率に関する分析を行ったところ，父親の出現率が最も高かったのはタイ，最も低かったのは日本であった（図3-2）。中国，韓国，台湾と同様，日本でも父親の名前を子どもが受け継ぐという父系家族の社会である。父親の存在は家族の中で本来重要だと思われるが，日本では中国，韓国，台湾よりも父親の出現率が低い。その理由として，父親の存在が実際の家族の中でも薄くなってきたことがあげられる。また日本では母子関係の方が父子関係よりも，家庭内の日常生活でより重視されていることも関係しているだろう。子どものまわりに常にいる親としては，父親より母親の方がより適切だという価値観が日本にはあると思われる。

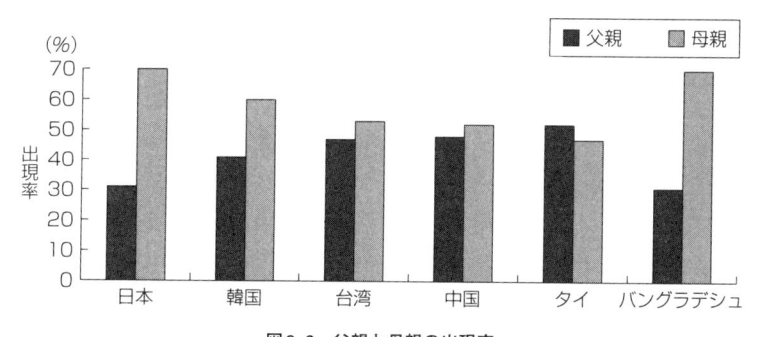

図3-2 父親と母親の出現率
($\chi^2=(5, N=643)12.03, p<.01$)

3) 望ましい子どもの人数と性

　一家族あたりの子どもの数は何人程度が理想なのだろうか。また男児と女児のどちらが家族としてより望ましい子どもとして選択されているのだろうか。教科書に登場する一家族あたりの子どもの人数や性について，6ヵ国間で比較したところ，一家族あたりの子どもの人数に有意な違いは認められなかった（図3-3）。

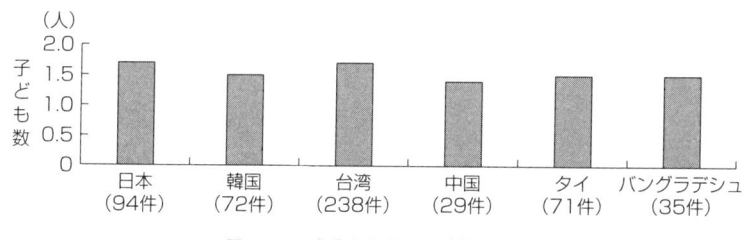

図3-3　一家族あたりの子どもの人数
($F=0.65, df=5$ n.s.)

　次に男児と女児の選択傾向について分析した。ただし分析上，韓国では「ヨンシリ」や「スニョンイ」など，名前だけでは性別が確定できないものがある。このような場合には挿絵で確定するようにしたが，それでも確定できない場合には，「子ども数」にはその数を含めたが，男女別の人数では「性別不明」として扱った。

　分析の結果，一家族内に登場する息子と娘の平均的な出現数の傾向には，国

表3-1 各国の1家族あたりの息子と娘の人数

		分析対象家族数(件)	人数の平均値(人)	標準偏差値	t検定
日　　本	息子 娘	90 88	0.83 0.68	0.88 0.82	t=1.17 df=176
韓　　国	息子 娘	65 65	0.86 0.43	0.68 0.66	t=3.63** df=128
台　　湾	息子 娘	237 235	0.79 0.55	0.63 0.56	t=4.36** df=470
中　　国	息子 娘	21 22	0.86 0.50	0.48 0.60	t=2.12* df=41
タ　　イ	息子 娘	66 67	0.86 0.63	0.49 0.55	t=2.46* df=131
バングラデシュ	息子 娘	30 30	0.73 0.73	0.45 0.64	t=0.00 df=58

$**p<.01$　$*p<.05$

による違いがみられた（表3-1）。日本やバングラデシュでは有意差がみられなかったが，中国，韓国，台湾，タイでは，いずれも息子の出現数の方が高かった。すなわちこれらの国々では，息子の方が家族構成に含まれるべき望ましい子どもとして，娘よりも重視されていると推測される。

4）望ましい親子の組み合わせ

息子と娘はどちらの親と共に登場することが多いのだろうか。どの国も娘より息子の人数の方が多いため，どちらの親も息子と共に登場することが多い。しかし国によって多少の違いがみられる。まず娘より息子が父親と共に登場するのが特に多かったのは，日本，韓国，台湾であった（図3-4）。母親に関しては，娘より息子が母親と共に登場するのが特に多かったのは，韓国，中国である（図3-5）。それに対してタイやバングラデシュでは両親の性の違いによって登場する子どもの性にあまり違いがみられない（図3-4，図3-5）。このように親と共に登場する子どもの性別には，6カ国間で違いがみられる。

両親のどちらと子どもたちが多く接するかは，大人が自分たちの行ってきた性役割分業を，どの程度子どもに伝達しようとしているかと関係がある。母親が食事の支度をしているそばにいるのは男児か，女児か。父親が力仕事をしているそばにいるのは男児か，女児か。父親が知識を教えようとしているそばに

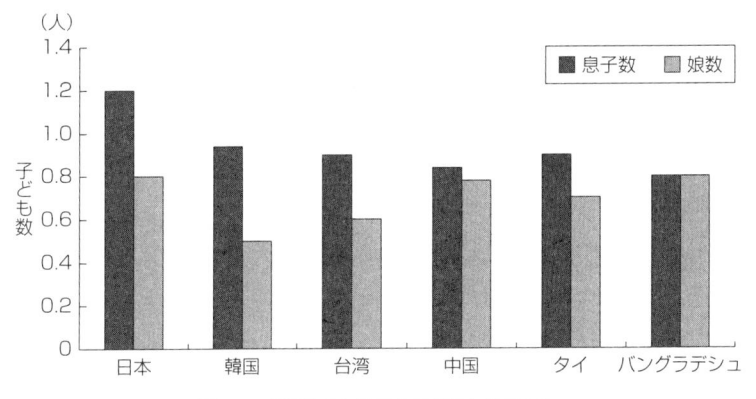

図3-4　父親と共に登場する息子と娘の人数

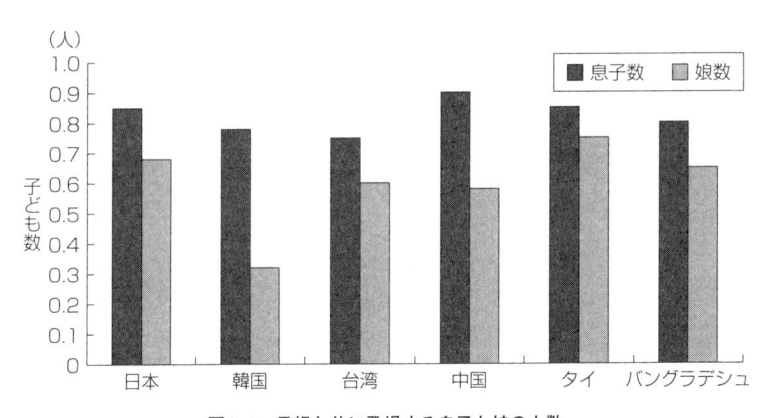

図3-5　母親と共に登場する息子と娘の人数

いるのは男児か，女児かなどを比較することで，それぞれの国が子どもに伝達しようとしている性役割をどの程度固定的に考えているかがわかるだろう。この点に関しては，両親の子どもへの育児行動をも考え合わせた上で結論づける必要があり，第4章にて再度考察したい。

5）理想とされる祖父母との同居率

　教科書に登場する子どもたちは祖父母とどの程度同居しているのだろうか。すなわち家族の中に祖父母がいることが，どの程度理想だと考えられているのだろうか。教科書に登場する祖父母と子どもの同居率について分析したところ，どの国でも別居形態が60〜80％以上を占めた。

しかし同居，別居に関わりなく6カ国間の祖父母の出現率を比較したところ，父方，母方の祖父または祖母が2人とも出現する割合はタイのみに多く認められた。また祖父に関して中国と韓国の出現率は低く，タイが6カ国中，最も出現率が高かった。タイの祖父出現率の中で，父方母方両方の祖父が出現する割合は25.35％を占めた。祖母に関しても6カ国中，タイが最も出現率が高く，父方母方両方の祖母が出現する割合は22.54％であった。タイでは祖父母そろっての出現も多くみられた。それに対して，他の5カ国ではたとえ祖父母が登場しても，祖父母がそろって登場することは少なかった。このことから父母やきょうだい以外の家族成員や親戚との多様な関係を多くもつことが，タイの子どもたちには他国に比べて期待されているといえよう。タイの教科書の作品の中には，毎週末に親が子どもを連れて祖父母の家を訪れ，イトコたちと交流をさせるという話がみられる。それに対して他国では，別居している祖父母の家への訪問は，正月や夏休みといった特別な行事の一環として描かれている。

以上の結果から，家族の中で誰が子どものそばに常にいることが適当か，またどの程度の多様な構成員が家族に含まれていることが，子どもの発達にとって望ましいと考えられているかは，国や社会によって異なっているといえる。

第2節　各国の「理想の家族像」の変容

第1節では，2000年版の教科書に映し出された家族像の6カ国比較分析の結果を紹介した。第2節では1960年代（一部1970年代）と2000年版の教科書に描かれた家族像を国ごとに取り上げて年代間の比較を行い，30〜40年間の各国の社会事情の変化や実像をも含めて考察する。なお，タイやバングラデシュでは教科書収集上の問題や教科書記述上の特徴もあり，「家族」を含む作品数が少ない。したがって国によっては，数字を用いた平均値の記述よりも，その国の家族の実情に，重きを置きながら考察していることを断っておきたい。

1　日本の家族像の変容

1）変わらぬ理想の子ども数

　日本では，1960年からの40年間で少子化傾向は急激に進み，都市人口が増大し，核家族化が加速された。一世帯あたりの人数も減少し，特に単独世帯や夫婦のみの2人世帯数が1960年から徐々に増加している（厚生労働省，2002）。しかしこのような現実の変化は，教科書に反映されてはいなかった。教科書に描かれる一家族あたりの構成人数については，年代間に有意差がみられなかったのである（表3-2）。ここから現実とは異なる家族像を次世代に伝えようとしている現代の日本の大人たちの姿が浮かび上がってくる。

表3-2　日本における一家族内の人数の変化

年　代	分析対象家族数(件)	人数の平均値(人)	標準偏差値	t検定
1960年	439	2.90	1.28	t=0.57
2000年	93	3.00	1.58	df=119

欠損値1

　また一家族内の子ども数にも年代間で有意な違いは認められなかった（表3-3）。この数値は前述したように，教科書の記述に登場する子ども数であるために，少なく算出されているとの特徴はあるが，40年間で変化がみられなかったことは注目に値する。実際に行った調査によると（国立社会保障・人口問題研究所，2003），もちたい理想の子ども数と現実にもっている子ども数には違いがみられ，常に理想の子ども数の方が高い。教科書にはこの理想の子ども数が反映されているため，40年前と変化がみられなかったと考えられる。現実社会の中では急激な少子化が40年間でおきたが，大人たちが次世代に伝達しようとしている理想像の中に，現時点では極端な少子化傾向はみられない。しか

表3-3　日本における一家族内の子どもの人数の変化

年　代	分析対象数(件)	子ども数の平均値(人)	標準偏差値	t検定
1960年	439	1.64	1.01	t=0.10
2000年	94	1.63	1.40	df=531

し，今後この理想像の数値が，現実の少子化とどのように相互に関連しながら変化するかをみていく必要があるだろう。

2) 教科書の中で重視される男児

一家族あたりの息子や娘の数についても，年代間に有意な違いは認められなかった。どちらの時代においても，娘より息子の方が多く登場している。本書であげた平均値の数値は，教科書に実際に登場した人物の人数であるため，実際には息子と娘がいる家庭であっても，息子しか話の中に登場しない場合には娘の数はカウントされていない。したがって本分析の結果は，教科書に描かれた予想される家族の構成人数というよりは，息子と娘のどちらが親からより重視された存在であるかを示す1つの指標となっている。

近年日本では，介護などを娘に期待することから，息子より娘の方がその出生がより好まれているという（国立社会保障・人口問題研究所，1998）。それにもかかわらず，教科書が子どもたちに提示する登場人物は相変わらず男児が多く，現実とは矛盾したメッセージが，子どもたちに対して送られている可能性があることは否めない。

3) 薄くなった父親の存在

父親の出現率が40年間で減少したことも，日本の教科書にみられる特徴的な点の1つである（表3-4）。父母それぞれについて登場する作品数を算出したところ，母親の出現率には変化がみられず，どちらの年代も作品の約70%に母親は登場する。このことは母親がどちらの年代でも，父親より重要な登場人物であることを示している。一方，父親では1960年版に父親が登場する作品の割合が，2000年版に比べて有意に高かった。かつては父親が家族の中で子ども

表3-4　日本の教科書に登場する父親の出現数の変化　　（　）内は%

年代	父親の登場しない作品数	父親の登場する作品数	合　計	
1960年	222 (50.57)	217 (49.43)	439 (100.00)	$\chi^2=7.36$** df=1
2000年	62 (65.96)	32 (34.04)	94 (100.00)	
合　計	284 (53.28)	249 (46.72)	533 (100.00)	

**$p<.01$

により身近な存在であったと考えられる。たとえば，父親が子どもと一緒に畑仕事をしたり，父子が一緒にハイキングに出かけたり，一緒に食事をしたりする例が1960年版にはみられる。父親は子どもと共に多様な活動を1960年版では行っていた。しかし2000年版になると家族の一員として父親が登場する割合は減ってくるのである。

1960年時点でもより多くの育児は母親に任されていたかもしれない。しかし少なくとも人々の意識の中には，家族の重要な成員として父親の存在があったと思われる。たとえば1960年版の教科書には，「お腹がすいた」と訴える子どもに対して，「食事はお父さんが帰ってきてから」とたしなめる母親の姿が描かれている（1年中『ごはん』中教出版，1960）。また1番大きな魚の皿を取ろうとした子どもに対して，母親が「それはお父さんのですよ。」と子どもに注意する姿が描かれている（1年中『おもいだしてかいたさくぶん』中教出版，1960）。このように当時の大人が，教科書を通して父親の存在を意識的に子どもたちに示していたとも考えられる。それが2000年になると，父親の登場回数が減少したことにより，子どもの生活場面を支える家族の重要な人物として，父親が人々の意識の中に存在しなくなったのではないだろうか。

現代の日本社会では父親の子育て参加が叫ばれ，休日には父親と子どもが一緒に遊ぶ姿も多く見られるようになった。しかし1960年版に登場する父親のように，一緒に労働をしたり，毎日家の中で食事をしたりといった姿は，2000年版には少なくなっている。毎日の生活の中心は母親と子どもたちであり，日本の父親は黒子のような存在，またはときどきしか関わらない存在に変化していることが，教科書を通して描かれているといえるだろう。

2　韓国の家族像の変容

1）重視される息子の存在

韓国では1960年からの40年間で家族のあり方が大きく変化した。韓国の女性1人が生む子どもの平均数は，1960年代は6人台であったものが，1980年代半ばには2人を割るようになった。教科書でもこのような実際の変化を反映しており，一家族内の家族数（表3-5）及び子ども数が有意に減少した（表3-6）。しかしそれにもかかわらず，息子の数は有意に減少してはいない（表3-7）。そ

れに対し、娘は1960年代で0.71人であったのが、2000年で0.43人と有意に減少しており（表3-8）、どちらの時代でも息子のほうが多い傾向が見られる。このことは、「チプ」（ハングルで家のこと）の後継者は息子でなければならず、そのために男子を産むことが好まれてきたという伝統的な価値観を反映したものといえる。

　実際、韓国の家族は長子優待不均等相続の下、長男が「チプ」を相続し、祖父母、父母、長男夫婦とその子からなる直系家族が理想とされてきた。韓国では長男だけが相続権をもつのではないとのこともさることながら、日本と大きく異なるところは、血縁が非常に重視されてきたことである。韓国では非血縁の養子は考えにくく、日本でみられるような親子間の「勘当」もあり得ない。また、長男の「チプ」の継承にあたり最も重視されるのは、財産といった家督

表3-5　韓国における一家族内の人数の変化

年　代	分析対象家族数(件)	人数の平均値(人)	標準偏差値	t 検定
1960年	63	3.44	1.80	t=3.15**
2000年	72	2.63	1.08	df=98.6

**p<.01

表3-6　韓国における一家族内の子どもの人数の変化

年　代	分析対象数（件）	子ども数の平均値(人)	標準偏差値	t 検定
1960年	63	2.13	1.37	t=3.15**
2000年	72	1.49	0.90	df=105

**p<.01

表3-7　韓国における一家族内の息子の人数の変化

年　代	分析対象数（件）	息子数の平均値(人)	標準偏差値	t 検定
1960年	63	1.13	0.83	t=1.98
2000年	65	0.86	0.68	df=126

表3-8　韓国における一家族内の娘の人数の変化

年　代	分析対象数（件）	娘数の平均値(人)	標準偏差値	t 検定
1960年	63	0.71	0.68	t=2.39*
2000年	65	0.43	0.66	df=126

*p<.05

よりも祭祀権，つまり祖先を祀る義務である。この祭祀権については長男のみに相続される（李，1973）。

2）核家族と少子化の進む韓国

以上のように，韓国では日本の家族と多くの点で差異がみられる。しかしその一方で，都市での生活が中心になるに従って理想的な家族構成を維持することは困難になってきており，日本と同様，核家族化が進んでいる。表3-5によれば，1960年版にみられる家族構成人数は3.44人であったが，2000年版では2.63人と有意に減少している。1960年版では現実よりも人数が少ないが，これは1960年代から核家族がある程度想定されていたことによるのではないだろうか。2000年版で家族数が減少したのは，子ども数の減少に関係しているように思われる。

統計によれば，核家族の割合は2000年には都市が83.1％，非都市が77.6％であり[1]，核家族が家族形態の中心になっていることがわかる。すでに1970年時点で都市の家族の76.9％，非都市でも67.6％が核家族であった。したがって伝統的に理想とされてきた直系家族の減少は，都市・非都市ともさほど新しい現象ではない。家族の人数についてみると，1960年時点で5.56人だったのが，1970年には5.24人，2000年には3.1人にまで減少している（統計庁，2000；統計庁，2003a）[2]。これらの現象は少子化によるものである（服部，1999）。韓国では朝鮮戦争後から1960年代にかけてベビーブームが起こり（服部，1988），1920年代から1960年代にかけての合計特殊出生率は6.0〜6.3にものぼっていたという（佐々木，2000）。しかし2002年には，少子化がすでに社会問題となっている日本よりも低い1.17を記録している（統計庁，2003b）。2000年の統計庁の調査によれば，国民の考える理想的な子ども数は1994年の調査時以来，変わらず2.2人であり（統計庁，2003a），そこから想像できる家族は両親と子ども2人の4人家族である。少子化にはさまざまな要因が考えられるが，2002年に政府が行った，女性の就業の障害要因をたずねた調査結果によれば，全体の38.8％が「育児負担」と答えている。その数は4年前の1998年時点の調査よりも9.5％も上昇している（統計庁，2003c）。こうした人々の意識が，出生率の低

1　ここでは「洞部」を「都市部」，「邑面部」を「非都市」とした。
2　参照資料により，小数点以下の掲出範囲が異なる。

下に大きく影響していると考えられる。

これらのことから，1960年代では高い出生率を抑制させることが社会的に必要とされた。その結果，教科書では実際よりも少ない子どもの家庭が描かれ，2000年版ではある程度現状を反映する描かれ方をしていると推測がつく。ただ，子どもの数が減少しても，息子の数は前述したように簡単には減らせないのである。

3）高齢層の小家族化

家族と一緒に暮らしている老父母は，2002年現在，42.7%である。しかし老父母の扶養に関する2002年の調査では，88.5%が家族で扶養，又は家族と政府と社会で扶養するものとしている（統計庁，2003c）。以前のように長男が必ずしも責任を負っていないとはいえ，依然として家族で解決する問題としてとらえられている。核家族の多さからすれば，現状と見解が一致していないが，両親を扶養したり「孝」を重視したりすることと，同居することとは必ずしもつながらない。非都市部で2人までの世帯が46.2%を占めている状況（2000年）が存在するが，このような傾向は，高齢層の小家族化が進むことを示している（服部，1999）。しかし，老夫婦が子どもとの関係が切れて2人だけで暮らしているとは単純にはいいきれない面がある。元来，朝鮮民族[3]は移動性が高く，たとえ父母と離れたところに居住していても息子夫婦は絶えず連絡をとったり，帰郷したりして両親を気にかけているものである（本田，1997）。

李が指摘するように，以前は親から息子に相続されるものの1つに家産があったが，それが教育への投資に変容したものであると考えられる（李，1978）。その結果として，より良い教育を受けるために息子が親元から離れて居住するようになった。しかしそれは「チプ」の崩壊を意味するものではなく，むしろ「長男は生活空間を拡大してより良い家を継承することにもなる」（李，1978）のである。その意味では，家族の結合力は生活空間の非共有性によって弱化するものではないといえる。

少子化が進み，夫婦とその子からなる2世代家族が中心となっている韓国家

3　韓国では自民族のことを「韓民族」と呼び，「朝鮮民族」を用いない。「朝鮮」は歴史用語など固有名詞でしか使用されないが，本稿では民族名を指すときは「朝鮮民族」を用いる。

族は，今後教科書で描かれる子どもの数が増加していくことで出生率が高まるきっかけとなっていくのか。それとも育児役割の性差が「解消」し実際にも子どもの数が増えることで，教科書の中の子ども数も増えていくのか。また出生率自体増加しないのか。今後の動向を注意深く見守っていく必要があろう。

3 台湾の家族像の変容

1）少子化奨励政策の影響

現在，少子化を社会の危機としてとらえ，何とか子どもの数を増やそうと努力をしている台湾にも，人口増加を抑制するキャンペーンが行われたことがあった。1964年から政府が呼びかけ，1968年から実施された「三二一家庭計画」といわれるもので，その意味は「子どもは3年おきに産んで，合計2人くらいがちょうど良く，1人でも少ないことはない」という少子化奨励に向けての取り組みであった[4]。台湾は土地が狭く人口密度が高いこともあって，住宅対策などのために，1960年代後半にはこのような少子化が奨励された。

1960年の教科書には，まだ子どもの数が多い時代の家族像が反映されている。家族内の構成人数では両年代間に有意差はみられないが，一家族内の子どもの人数については，1960年代の方が有意に多い（表3-9）。ここでの家族数や子どもの人数は，分析手続き上の都合により，予想される家族構成人数よりも低く算出されている可能性がある。1960年の実際の作品の中には，平均値の数値よりさらに多くの子どもが描かれており，4人の兄弟姉妹が登場する作品もみられた。しかしこのような傾向は2000年版には滅多にみられない。子どもの数は人々の理想像のレベルでも減少してきたといえるであろう。

表3-9　台湾における一家族内の子どもの人数の変化

年代	分析対象数（件）	子ども数の平均値(人)	標準偏差値	t検定
1960年	66	1.97	1.21	t=2.35*
2000年	238	1.59	0.96	df=88.9

4　花蓮県衛生局では少子化を奨励する「旧家庭計画」を1964年7月〜1990年6月まで実施したが，その後，「新家庭計画」（1990年7月〜1998年6月実施）では，「子どもは二人がちょうどいい，一人では少なすぎる」という，それまでとは逆に出生率を増加させようという取り組みがなされている。

2）重視される息子の存在

どちらの年代にも共通していえるのは，男児の登場回数の多さである。1960年版において，男児2人，女児2人の構成の次に多かったのは，男児2人，女児1人のきょうだい構成であった。

男児が重用される傾向は，何も昔の話だけではない。以前ほどではないにせよ，結婚した女性に対して男児を産むようにとの圧力が，特に夫側の両親から今でもかけられることがあるという。たとえ子どもを1人しか望まない場合でも，後継ぎのために男児を望む人は多く，その傾向は幼稚園児の男女比にも反映されている。2002年では男児52.27％，女児47.73％の割合を示していた（教育部，2003）。ちなみに日本では3～5歳の幼稚園児で，男児50.65％，女児49.35％という割合になっている（文部科学省生涯学習政策局編，2004）。

3）子どもにしっかりと関わる父親の姿

また教科書に描かれた台湾の家族に特徴的なのは，どちらの年代でも父親が家族の中に登場し，しっかりと子どもと関わっていることである。しかも1960年版には，日本をはじめとする他の教科書にもあまりみられない父親の姿が描かれている。それは子どもが病気になったときに薬をとってくる父親の行動である（2年生第4冊『お腹が痛くなった』）。他の国では母親の姿として描かれることが多いこの事例は，台湾では日常生活レベルで父親が子どもと関わり，しかも父親が家族の中で大きな位置を占めていることを示唆している。

4）家族の中に登場する国策

1960年版の教科書には，このようなほのぼのとした家族像のみが描かれているわけではない。教科書に描かれた家族の会話の中には，国旗，戦争，共産党打倒など不安定な社会状況を反映した内容が入り込んでいる。「上の兄さんも弟も兵士の真似をする。ぼくが銃を持ち，あなたが刀を持つ。兵士のまねをして，国を守ろう」（1年生第1冊『兵士のまねをする』）」というように，兄弟で兵隊ごっこをする作品がみられる。また両親からお年玉をもらった後で，「私たちは飛行機と軍艦を買って国を守るためにお金を政府に寄付すべきだ」という兄の発言に対して，弟と妹がそれに賛同するという会話も出てくる（2年生第3冊『寄付をして飛行機を買う』）。

家族という私的な小集団の中に，意図的，無意図的に施策や社会状況が編み

込まれていることが、台湾の教科書からわかるであろう。その結果、「家族」が背負っている意味も役割も、時代によって異なっているとの推測がここから生まれてくる。今後の台湾における新しい家族の役割とは何か。台湾社会では特に若い世代を中心に、今まで多かった三世代同居や大家族構成から、核家族化を求める方向へと急速に変わりつつある。少子化を1つのキーワードとしながら、今、台湾でもさまざまな家族の形が模索されている。

4　中国の家族像の変容

1）人口抑制政策の影響

中国では70年代末から人口抑制政策が強く打ち出され、特別許可[5]を得られなければ、基本的に一夫婦に2人目の子どもを出産することが認められなくなった。高（2004）が1999年に広州市内の幼稚園（幼児園[6]）で行った調査では、一人っ子の割合は92.3%に達していた。一人っ子に関するこのような高い割合は特に都市部では目立つ。一方、1949年の新中国建国の時点では、中国本土の人口は5億9,435万人であった[7]。しかし、60年代までの間、特に毛沢東主席の考えにより、人口は労働力としてみなされ、社会主義国家建設のために多くの子どもの出産が提唱された。人口は急速に増加し、1964年までに7億237万人に達した。一家に3人以上の子どもがいるというのも決して珍しいことではなかった。つまり、現実レベルにおいて1960年と2000年とでは一家族内の子どもの数には大差があるといえる。

ところが、教科書を分析した限りでは、1960年版と2000年版との間には、一家族内の人数及び子どもの平均数において有意差が認められないという結果であった。教科書に描かれた家族成員数が、40年経ってもあまり変化しないということはどういう意味をもつのだろうか。

5　2人目の子どもの出産許可は次のような対象であるとされている：①農村戸籍婦夫に1人目の子は女の子の場合、②漢民族以外の出身者、③深海、井下にて長期継続勤務者、④不妊の診断により養子をもらい、その後妊娠した場合、⑤1人目の子どもは障害者の場合、⑥夫婦共一人っ子の場合、⑦子がいない再婚同士、⑧再婚同士の一方に子がいるが、養育権は離婚相手にある場合、⑨その他の場合、など。

6　日本の幼稚園と保育園の機能を併せもった、中国では一般的な保育施設である。

7　中国人口统计年鉴 p.36による。

2) 公の存在としての家族

　ここで，2つの時期にそれぞれどのような家族が描かれているかについて，実際の教科書の作品を見ていこう。1960年版の2年生に掲載された『李春花の話』では，主人公一家4人は旧制度の下で，飢え・屈辱でしかない生活を強いられていたが，共産党と新しい中国の恩恵を受けて，人民公社の中で父が畑仕事に就き，母が食堂で調理を担当し，弟が幼稚園へ通い，主人公も牽引車の運転を習うようになって，幸せに暮らす様子が描かれている。第2章でも述べた通り，1960年版には人民公社での活動や労働を取り上げる時代的背景があった。

　現に11話以上もの物語もしくは詩が人民公社と関連して描かれ，人民公社への賛美や新中国建設の様子，理想が載せられている。つまり，この時代には，国家の建設という急務を抱えた政府は，少なくとも教育のレベルにおいて，家族という私的な縄張りを超え，人民公社という公なコミュニティを1つの大家族としてとらえるように仕向けた可能性がある。言い換えれば，この時期の教科書に登場する家族像は，いわゆる一家団欒の様子が反映されたものではない。それよりも，人民公社内で暮らす家族の活動には，私的な領域を越えて，寝食を共にする他の公社内メンバーと共に汗を流し，共に収穫の喜びを味わい，さまざまな活動に従事するとの特色がみられる。それはまさに人民公社が1つの大家族だというイメージにつながる。このような時代背景の中で，子どもは個々の家庭のものというより，国家という大きな単位の枠組みの中でとらえられていたのかもしれない。

3) 私的な家族の誕生

　一方，2000年版にはどのような家族が描かれているだろうか。2年生の『月食を観る』では，月食が見えるとの情報を受けて主人公姉妹は夕飯後，祖母と父親と一緒に月食を観ながら，祖母と父親それぞれから月食に関する言い伝えや科学的な知識を教わる場面が描かれている。40年前と違って，一家団欒の幸せの場面がここには垣間見られるようになった。この時点で個々の家族の人数，もしくは子ども数が家族団欒のやり取りの中で意味のある数字となったのではないだろうか。

　以上のように40年前に描かれた家族像は，現在我々が考えているような小

さい単位の私的なものではなく、より広い概念であった。それに対して、2000年版に登場した家族像は現在進行形であり、現時点の我々にとって馴染みのあるものへと変化したと考えられる。

5　タイの家族像の変容

1)「屋敷地共住集団」としての家族

タイ語で家族を意味する言葉として用いられているのは「クロープ・クルア」である。もともとクルアは台所、クロープは覆うという意味であり、台所を共有することから転じて食事を共にし、共に生活する人々が家族とされる（日本総合研究所、1987）。

タイの家族は、父方なり母方なりどちらか一方のみで系譜をたどれるといったことがなく、単系出自集団を欠くという意味で双系的であるといえる。一方で、その居住形態は妻方居住が伝統的な慣行であり、東北部や北部を中心に現在でも広く展開されている（竹内、1999）。こうした慣行に則った場合、原則として男性は婚出する。女性は生家に残り、年齢順に結婚するとすれば長女が結婚後しばらく両親と同居したのち、次女の結婚までには両親の屋敷地内（または近くの土地）に自分たちの家を建てて別居する。次女も同様に別居して、最後に末妹が両親の家でずっと同居を続けることとなる。こうして女きょうだいの家族世帯と、末妹が結婚後に両親と同居して形づくる直系家族により形成されるのが「屋敷地共住集団」であり、タイの家族を考える上で重要な視点である（竹内、1989）。屋敷地共住集団の形成により、夫婦を取りまく親族関係は夫が村内出身者でない限り、妻方親族が優位となる。教科書において、父方の祖父母（プー・ヤー）よりも母方の祖父母（ター、ヤーイ）が多く登場するのは、こうした慣行によるところが大きいと考えられる。

2) 実際の家族構成数

統計資料より実際の家族の状況をみてみよう。家族の平均世帯員数の変化を国勢調査からみると、1960年が5.6人、1970年が5.7人、1980年が5.2人、1990年が4.4人、2000年が3.8人となっており、1970年をピークに減少傾向をたどっている。一方で教科書に描かれた家族構成人数を分析したところ、1960年版と2000年版の教科書いずれにおいても3〜4人家族という構成が多い。分析手続

き上の都合により，予想される家族構成人数よりどちらの年代も低く見積もられているとはいえ，2つの年代の平均値を比較しても，1960年版では3.33人（SD = 1.32），2000年版では3.73人（SD = 1.64）であり，1960年より[8]2000年の方が家族人数が減少したという傾向はみられない。また子ども数を比較しても1960年版では2.11人（SD = 1.36），2000年版では1.48人（SD = 0.56）であり，両年代間に有意差はみられない。1960年の教科書より今日に至るまで，タイの家族の姿として父・母・兄・妹の4人家族がたびたび登場している。もしかするとこれこそがタイにとっての理想的な家族構成であり，近年の少子化政策の進展により，現実の家族構成もこれに近づきつつあるとも考えられる。

　タイでは，家族計画が国連の協力の下に，1970年代以降本格的に実施され，少子化が急速に進んでいる（坂元，1996）。たとえば，合計特殊出生率をみると，1960年代の6人から1970年代の3〜4人台を経て，1980年代には2人台，1990年代より先進国並みの1人台に至り，2000年の国勢調査では1.88人にまで減少している。

　2000年の国勢調査によると，タイにおける家族構成は，①核家族60.3%，②直系家族23.9%，③単独家族10.1%，④合同家族4.0%，⑤直系・合同家族1.8%の順になっている。核家族が3分の2以上を占めているが，その比率は1980年の70.6%から60.3%へと減少傾向を示している。このようにタイには核家族が多いように見えるが，実は屋敷地共住集団内に形成された生家周辺の世帯も統計上は核家族となるため，その扱いには注意が必要である。したがって実際にも，核家族以外の構成としては単独家族よりも，むしろ直系家族や合同家族といった複雑な親族構成を示す家族形態が存続しているといえるだろう。

3）タイの「幸せ」な家族像

　タイの理想的家族像は，以下の教科書の記述によく表れている。すなわち，2000年版の『幸せな家』（3年生上）では，「お父さんは子どもたち二人に一生懸命勉強することと勉強の大切さを教えました。子どもは両親のいいつけをよく守ります。それで，両親は二人のことをとても大事に思っています。二人はよい子なので，両親は幸せです。よい子がいる家庭や，子どもが両親を愛して

　8　ただしタイの1960年発行の教科書で分析対象となった家族数は9件であるため，その少なさから統計的な数値に関しては今後検討の余地があることを書き添えておく。

いる家庭，また両親も子どもを愛している家庭は幸せな家庭です」と描かれている。

このように2人程度の子どもで家族が構成され，また両親のあたたかい愛情のもとで，両親のいいつけをよく守る子どもが健やかに成長していくことが，タイの理想的家族の情景である。教科書に描かれた家族の姿は，その象徴として子どもたちに提示されているといえよう。

6　バングラデシュの家族像の変容

1）人口抑制政策とその影響

バングラデシュでは1972年版，2000年版の教科書共に，他国の教科書とは異なり，主人公以外の家族の姿が明確に登場する作品は少ない。その理由の1つとして，作品の形式上の違いがあげられる。第2章でバングラデシュの教科書の特徴にも述べたように，バングラデシュの教科書には詩の形式の作品が多い。そこで数字上で平均値を比較するよりも，教科書の実際の作品の内容や実際の家族形態，そして家族を取りまく実社会の変容とを併せて総合的に考察した方がよりよいと考え，両年代間の数字上の比較について他国ほどには大きく取り上げないことを断っておく。

バングラデシュは，14万3998平方kmに約1億3千万人が暮らす，世界一の人口過密国である。独立直後1974年の人口増加率は2.48倍であり，女性が一生のうちに産む子どもの数は平均6.43人であった。1974年に約7,640万人だった人口は，この約30年間で，倍の数に跳ね上がる（Bangladesh Bureau of Statistics, 2002）。この爆発的な人口増加を抑えるために，政府や，また80年代後半からはNGOも，「家族計画（Family Planning）」の推進に従事してきた。以来，村には女性の「家族計画」普及員が置かれた。村の女性に対して，多産がもたらす女性の身体への負担や出生児の栄養不良の問題，避妊の必要性について啓発し，無料で避妊具を配っている。バングラデシュの「家族計画」は，他の途上国に比べると比較的成功しているといわれ，1998年の出生率は2.24人にまで下がっている。こうした女性のリプロダクティブ・ヘルスや子どもの栄養の観点，また生産性に対する人口許容の問題から，「多産多死」であった子どもは，「多産少死」を経て「少産少死」が求められるようになる。そのことは，

家庭における子どもの位置づけにも変化をもたらしている。

2) 子ども数の減少

子どもの数は，何人くらいが理想とされ，実際にはどのくらいなのだろうか。1972年版の教科書には，詩人で有名なタゴールのきょうだいが15人として登場するが，2000年版のバングラデシュの教科書では，家族の人数は平均3.06人，うち子どもの数は1.46人という結果がみられた。つまり，家庭に1人か2人の子どもがいるのが理想ということである。これは，現在の実社会と，それほど大きくは異ならないだろう。現代のバングラデシュは，都市と農村の相違は大きいが，都市では核家族化が進み，子どもの数は，1～3人くらいが妥当である。農村でも，1970年代から80年代にかけて生まれたと思われる人々の間では，まだ6,7人きょうだいも珍しくないが，最近では2,3人になりつつある。ただし，父系社会であるベンガルムスリムの社会では，特に農村において，将来的な労働力の確保や相続の理由から，男児優位の思想が色濃くみられる。女児誕生が続くと，何とか男児を授かるまで生み続けるというケースも稀に見られる。教科書にきょうだいで登場する場合，「兄と妹」という場面をよく目にするのは，そうした性別の重要性も考慮された上であると思われる。

3) 「バリ」としての家族

子どもを取りまく家族の構成員はどうか。先に断っておくと，ここで「家族」という場合は，ベンガル語で「ポリバール」と言い，世帯単位を示す。世帯単位のレベルでの「家族」は，父母と，本人，きょうだいということになる。しかし，伝統的には，父系親族の世帯が中庭を囲むように集まって形成する「バリ」が生活機能単位である。バリでは父方祖父母やオジオバ[9]が住んでおり，さらにイトコ[10]がきょうだい同然に生活空間を共有している。

教科書に登場する家族は，父親と母親が一般的であるが，1972年版では，父親と母親の出現回数は，ほぼ同じであった。ところが，2000年版になると，母親が全体の67.6%を占めるようになり，父親の出現は3割程度になる。母親の

---

9 オジには伯父叔父，オバには伯母叔母が含まれる。父方伯父/叔父，父方オバ（伯母叔母），母方オジ（伯父叔父），母方オバ（伯母叔母）で総称が異なるため「オジオバ」とカタカナ書きにした。

10 イトコには従兄弟従姉妹が含まれ，オジオバに準じてそれぞれ総称が異なるため「イトコ」とカタカナ書きにした。

第2節　各国の「理想の家族像」の変容　89

出現が偏って多い傾向は，他国と比較すると，日本に続く2番目の値である。これは，育児行動の内容に関係するところであり，詳しくは第3章で述べる。

　関連事項として，本書では対象外ではあるが，社会科の教科書における家族の記述を少し参照してみたい。3年生の社会科の教科書には，「家族」に関する単元があり，そこでは母親，父親，続いて父方祖父母，父方オジオバ，年上のきょうだい，年下のきょうだい，さらに，「家の手伝い人」に関する記述がある。その記述の中では，母親は「日常的な世話をしてくれる，語り尽くせぬ愛情をもつ存在である」とされ，父親については，「外で働いてお金を稼いできてくれることで，子どもたちの服や本を買うことができる」とされる。また，「年上の人が言ったことには必ず従わなければならない」とされ，年下のきょうだいに対しては「可愛がるように」とされている。家の手伝い人にも，「態度よく接しなければならない」と記される。

　以上のことから，バングラデシュの家族は，世帯としては核家族が中心であるが，世帯集団である「バリ」が生活機能を果たしていることから，家族は「バリ」によって支えられ，子どもを取りまく日常としては，祖父母やオジオバの存在も大きいものと思われる。バングラデシュの教科書にしばしば祖父母やオジが登場するのは，そうした家族のあり方に関係しているものと思われる。しかし，都市を中心に進む核家族化は，「家族」を収縮させつつある。それによって，子どもが日常的に接する大人は，今後大きく異なることになり，併せて親の役割にも将来的には変化が生じることになると思われる。

7　今後の「理想の家族像」

　第3章では，教科書に描かれた「家族」に焦点をあて，家族の構成人数や子ども数，祖父母の数などについて分析を行った。その結果，次世代に伝えられる家族数や家族の顔ぶれは，国によってさまざまであった。また理想と現実とが大きく異なっている国もあれば，あまり大きく異なっていない国もあった。

　「家族」や「出産」自体は私的な営みではあるが，実はその中に国の施策や社会の状況が大きく反映している。中国やバングラデシュのように，現在でも少子化を奨励する施策を出している国もあれば，反対にかつては少子化を奨励していたが，今では子どもの数を増やそうとしてさまざまな施策を試みている国

もある。日本をはじめとして，これらの政策が必ずしも大きな効果を上げているとは限らないが，教科書に描かれた理想の「家族像」には，個人の思いに制約をかける社会・経済状況が映し出されている。現在日本でも将来推計ではじき出された出生数はことごとく予想を外している。抜本的な改革がなされない限り，今後も少子化はますます進んでいくであろう。このような現実に対して，教科書に描かれる理想像がどう変化していくのか，今後の動向を引き続き見守りたい。

4 次世代に伝える「いい親」の姿

第1節 現代のアジア6カ国の理想の親役割と性役割

1 親に期待された育児行動

　親に期待された親役割や育児行動における性役割を，各国の大人たちはどのように次世代に伝達しようとしているのだろうか。教科書に描かれた家族を家事分担の面から分析した研究として佐藤（1978），伊東・大脇・紙子・吉岡（1991）などがあげられるが，親の育児行動に特に焦点をあてた教科書分析研究はほとんどみられない。また親役割と性役割を組み合わせた分析もなされていない。育児雑誌を分析対象として研究されたものがある程度である（恒吉・ブーコック，1997）。育児雑誌は，成人して現在親になっている，またはこれからごく近い将来親になることが確定している者を対象にしているところに特徴がある。だが子どもという，次世代を担う立場にある者の教育を対象とした読み物である教科書を分析材料として，親役割や育児行動における性役割に関する内容分析を行った研究は多くない。さらにアジア内での異文化間比較の観点から教科書に描かれた親の育児行動を分析した研究はみられない。

　そこで本書では日本，韓国，台湾，中国，タイ，バングラデシュという比較的近隣同士の6カ国を取り上げて，アジア内での比較を行った。それぞれの国の教科書に登場する親の育児行動を分析し，そこに反映された親役割観や育児における性役割観を比較することによって，各国・社会が次世代に伝達しようとしている価値観を検討した。

　何をすれば親としての義務を果たしているとみなされるのか，また父母のどちらが，どのような育児をすることが周囲から期待されているか，さらに息子

と娘はそれぞれどのような育児を受けることが理想とされているのだろうか。第1節では，特に現代のアジア6カ国の教科書に描かれた育児行動に焦点をあてる。さらに第2節では，各国・社会の1960年代（一部1970年代）と2000年の教科書を分析することによって，各国内での親役割や性役割の変化について考える。

2　教科書に描かれた親役割・性役割の研究方法

分析に使用したのは第2章でも示したように，1960年代（一部1970年代）と2000年発行の小学校1～3年生用の国語教科書である。その中でも特に親の「育児行動」について書かれている文章に注目した。ここでいう親の「育児行動」とは，「子どもの生命や現在の生活を維持したり，精神的援助を行ったり，子どもの将来のより良い生活を保障するために，親が子どもに対して行う行動」のことを指す。このように定義した親の育児行動を，①実際的な世話，②しつけ，③知識の授与，④心理的な世話の大きく4種類に分類した（表4-1）。

表4-1　育児行動の分類基準

育児行動の種類	定　　　義	行　動　例
実際的な世話	子どもの生命や現在の生活を維持するために親が行う世話。	食事を作る。子どもを運ぶ。病気やけがの介護。寝かしつける。
し　つ　け	対人関係のルールや倫理観など，生活面で守らなければならない行動を教える教育的行為。	静かにするよう注意する。自分の物を片づけるように言う。友人を大切にするように言う。
知識の授与	科学的知識，知恵，技，言い伝えなどを与える教育的行為。	自然界の事象や物質の成分について教える。辞書の使用法を教える。
心理的な世話	子どもへの精神的受容，期待・愛情表明，子どもの相談にのるといった心理的側面での育児。	ほめる。慰める。成長を願う。励ます。生活態度，精神状態，病状を心配する。愛情を表現する。

分析対象作品の選択基準や育児行動に関する分析基準の細則
(1)　分析対象作品に関する選択基準
　①親の子どもに対する育児行動が描かれている作品を対象とする。
　②1つの作品として必ずしも完結していない作品でも，2行以上の文章になっていれば分析対象とする。
　③練習問題や説明文（例えば動植物の生態などに関する文章）は対象外とする。

(2) 育児行動の分析基準に関する細則

①両親で同時に同じ行動をしている場合には，出現頻度を2倍にして考え，1つの文章を2単位として計算する。さらに父親と母親の行動にそれぞれ1単位ずつ振り分ける。

②1人の親が2人以上の子どもに対して同時に，または1つの文章の中で1人の親が2人以上の子どもに対して同じ育児行動をした場合，その親の行動は子どもの人数分カウントする。但し人数を特定できない行動の場合には1単位とする。

③親の性が特定できない場合には，父母間の比較をする際に欠損値扱いとして処理する。

④1つの文章の中に，親が子ども以外の他者（例えば母親が父親）に対する言葉と，子どもに対する言葉の両方が含まれていた場合には，子どもに対する言葉のみを1単位として算出する。

⑤1つの文章の中で，1人の親が2種類以上の育児行動を行っている場合には，2単位として算出する。

⑥親が子どもに対して単に頷いたり，呼びかけたりする行動は分析対象としない。

⑦親が子どもと共にしている行動（例えば一緒に買い物に行く）であっても，親が親自身のためだけにしている行動，親自身が自分の仕事としている行動，子どもが親を手伝うためにしている行動は分析対象としない。但し，親が自分自身のためにしている行動であっても，同時に子どものためにしている行動が含まれていれば分析対象とする。

⑧子どもやその他の家族に対して親がしている行動（例えば食事を用意する）の場合には，親がしている行動の対象者に子どもが明確に含まれていれば，その子どもの人数分カウントする。

⑨子どもの性別が確定できないときには，挿し絵から判断したり，対象となっている子どもの名前が一般的に男女どちらに用いられるものであるかによって判断する。但し育児行動を受けている子どもの性別が不明な場合には（例えば，愛称などが用いられたり，両性に使われる名前であったり，動物の子どもや不特定多数の一般的な子どもにあてた表現など）では不明であると判断し欠損値扱いとする。

⑩「親」とは子どもと必ずしも血縁関係がある者に限定しない。

これらの一定の基準に沿って2000年版の教科書に描かれた親の育児行動を取り上げた結果，日本149件，韓国114件，台湾331件，中国62件，タイ206件，バングラデシュ80件の育児行動が分析対象となった。また第2節で取り上げる1960年版の教科書では，日本577件，中国49件，台湾84件，タイ49件の親の育児行動が分析対象となっている。そして1963年と1964年版の韓国の教科書からは130件，1972年版のバングラデシュの教科書からは15件が分析対象となっている。

第1節では特に2000年版の教科書に焦点をあて，これらの教科書に描かれた親の育児行動の種類，親の性，子どもの性の違いによるそれぞれの分析，及びそれらを組み合わせた分析の結果について述べる。なお育児行動総数があまりにも少なかったり，統計上問題がある場合には，傾向程度にとどめて考察することを断っておく。

94　第4章　次世代に伝える「いい親」の姿

3　理想の親役割についての6カ国間比較

1）国によって異なる望ましい親役割

　親はどのような役割を担ったら「いい親」だと考えられているのだろうか。6カ国の「親役割」について比較したところ、どんな親役割を重視するかは国によって異なっていた（図4-1）。したがって親とはどのようなことをすべきだと期待されているかは、近隣のアジア諸国間においてさえ異なっているといえる。さらに育児の種類ごとにみていくと、「実際の世話」の出現率が最も高いのは日本であり、「しつけ」ではタイである。「知識の授与」ではバングラデシュが最も高く、「心理的な世話」では韓国が最も高い。

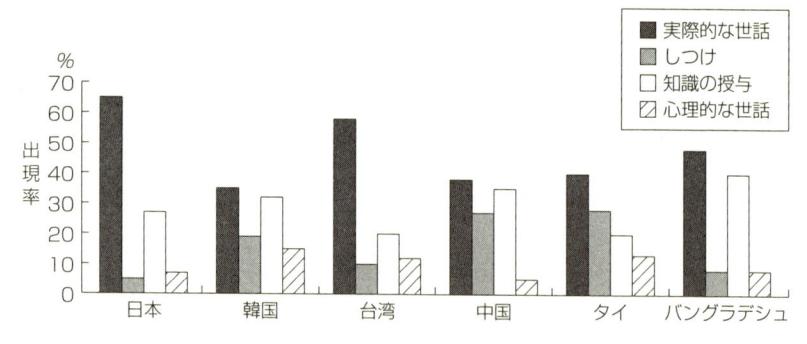

図4-1　各国の育児行動の種類

2）こまごまと世話をする日本と台湾の親

　6カ国間比較の以上の結果を、各国内での4種類の育児行動の出現率とも併せて考えてみよう。そうすると各国の親役割の特徴がさらに浮かび上がってくる。たとえば、日本では国内における4種類の育児行動の中でも、「しつけ」の出現率は最も低く、さらに他国と比べても低い。それに対して日本の親に最も多くみられるのは「実際的な世話」である。すなわち日本では近隣アジア諸国に比べて、「こまごまとした身の回りの世話をすること」が、親の務めだと強く期待されているといえよう。その一方で、子どもに「しつけ」をすることは、日本の親にはあまり期待されていないようである。

　また台湾でも、「実際的な世話」に関して日本と同様の傾向がみられる。国

内における4種類の育児行動の中でも，他国との比較においても「実際的な世話」の出現率は高い。台湾の親も日本と同様に，「実際的な世話」をすることが親の役割として期待されていると考えられる。しかし，「しつけ」への期待に関しては日本ほど低くはない。最も低い日本と比べても「しつけ」の出現率は有意に高い[1]。したがって台湾の親には，こまごまとした身の回りの世話をすることと同時に，子どもをしつけることも，日本の親よりは期待されているようである。

3) 知識を与える韓国と中国の親

日本や台湾と異なる様相を見せるのは韓国である。韓国でも4種類の育児行動の中で，確かに「実際的な世話」が最も高い。しかしそれとともに，「知識の授与」も高い。相対的に「実際的な世話」の割合が低くなっているほどである。また他国との比較においても，「知識の授与」は3番目に高く，韓国の教育熱の高さを反映しているといえるだろう。さらに韓国内では最も低いものの，「心理的な世話」の頻度が他国に比べて比較的高いのも特徴的である。韓国では実際にこまごまと世話を焼くことも重視するが，科学的な知識を子どもに与えたり，精神的なサポートをしたりすることも，親の役割として重視されているようだ。

中国も韓国と同様，「知識の授与」の出現率が高い。中国でも子どもに高い教育を与えることが親の務めだと考えられているようである。また他と比べて中国の親に特徴的にみられるのは，「実際的な世話」の出現率が低いことである。中国の親は日本の親に比べると，こまごまと世話をすることは親の役割として重視されていない傾向がここからうかがえる[2]。このような傾向は実際の育児においてもみられ，中国では「全托」（全托班）という24時間子どもを

1　6カ国間比較により有意差が出たため，日本と台湾を取り出して，まず4種類の育児行動について日本と台湾の比較検定をおこなった。その結果，有意差が出たため，「しつけ」と「しつけ以外の育児行動」にまとめ，日本と台湾間の比較検定をおこなった（$\chi^2 = (1, N = 478) = 6.83, p < .01$）。

2　6カ国間比較により有意差が出たため，日本と中国を取り出して，まず4種類の育児行動について日本と中国の比較検定をおこなった。その結果，有意差が出たため，「実際的な世話」と「実際的な世話以外の育児行動」にまとめ，日本と中国間の比較検定をおこなった（$\chi^2 = (1, N = 208) = 14.22, p < .01$）。

預ける保育施設が存在する。幼児期の子どもが親のいる家に帰ってくるのは週末のみ，または週の半ばと週末のみであり，その他の時間は保育施設で生活する（塘・高・童，2003）。もちろん中国の親も子どもに愛情をもって世話をしているであろうし，週末に親が子どもを保育施設から引き取ると，子どもを必要以上に甘やかすという光景は実際にもみられる。しかし日常的にこまごまと世話をすることが，他国に比べて親の役割としてそれほど重視されてはいないようである。「3歳までは母の手で」という母性神話がいまだに存在する日本とは，異なる価値観のもとで親役割が形成されていると考えられ，そのような価値観が教科書を通して次世代にも伝達される。

ここでさらに韓国と中国の「実際的な世話」の出現率について検討してみよう。他国に比べて両国とも「実際的な世話」の出現率が同様に低い。現象としては同じだが，この「出現率の低さ」の意味は韓国と中国との間では異なっている。中国では前述したように，「実の親が必ずしも育児を担当しなくても良い」，それも「別に母親でなくても良い」という価値観が背景にあると考えられる。しかし韓国では後述する分析結果にもみられるように，「母親が育児を担当しなくても良い」との考えが背景にあるのではない。父親と母親の「実際的な世話」の担当配分を検討すると，韓国では父親より母親の方が圧倒的に多く担当しており，他国に比べてもその傾向は顕著である。韓国の「実際的な世話」に関する出現率の低さは，中国とは異なる理由によると考えられ，そこには性役割による育児内容の分業があると推測される。

4）しつけを重視するタイと，知識を重視するバングラデシュ

以上のような東アジアの国々に比べて，タイ，バングラデシュといった東南・南アジアの国々ではどうだろうか。タイでも他の国々と同様，「実際的な世話」が最も多い。しかし他国と比較すると「しつけ」や「心理的な世話」が重視される傾向がある。それに対して他国と比較する限りにおいては，「知識の授与」はあまり重視されてはいない。タイでは日本とは異なり，子どもにしつけをすることが，親役割として特に社会から期待されていると考えられる。

またバングラデシュでも他国と同様，4種類の育児の中では「実際的な世話」が最も多い。しかしこの国で特徴的にみられるのは「知識の授与」である。他国と比べて最も出現率が高く，さらに国内における他の育児行動と比べても，

「実際的な世話」に次いで高い出現率を示している。それに比べて「しつけ」については，タイとは異なりさほど重視されてはいないようである。したがってバングラデシュでは，知識を与えることが，親の役割として社会から期待されていると考えられる。ただしバングラデシュの実際の就学率からみても，親に知識を授与する役割を期待することは，特に社会・経済的に低い階層者にとっては無理であろう。したがってバングラデシュの教科書に登場する「親」とは，実際に大人たちが理想像として描いている親の姿というよりは，そこに「国家」が投影された姿ではないだろうか。つまり国家の価値観や役割を，児童期の子どもにより親しみやすい形で提示するために「親」を登場させたのではないかとも考えられる。バングラデシュにとって国をさらに発展させるためには，とにかく「知識」や「技術」が重要であるという姿勢が，教科書に描かれた「親」を通して感じることができる。

以上みてきたように，確かに「実際的な世話」が，親の最も重要な育児となる点は6カ国とも同じである。これは分析対象となった教科書が，6～9歳児用であることも一つの要因としてあげられるかもしれない。しかし「実際的な世話」が最も重要な育児であることは共通であっても，「実際的な世話」を「親役割」としてどの程度重視するかは国によって異なる。さらに2番目に重視する育児行動の種類も国によって違う。親に期待されている親役割は国によって異なり，また異なる親役割を次世代に伝達しようとしている姿が以上の結果から浮かび上がってくる。

4　理想の性役割についての6カ国間比較

1）国や社会によって異なる母親の育児量

アジアの6カ国においては，父母のどちらがより多く育児を担当しているのだろうか。4種類の育児行動を合計し6カ国間で比較したところ（図4-2），父親に比べて母親が育児を担当している割合が高いのは，バングラデシュや日本である。この2カ国では母親の方が父親に比べて1.5倍以上の育児をこなしているが，タイや韓国ではむしろ父親の方が母親より多く育児を行っている。一方，中国や台湾では，同等程度の育児を母親が負担している。このようにアジア内の隣国との間においてさえ，どちらの親がどの程度多く育児をすることが

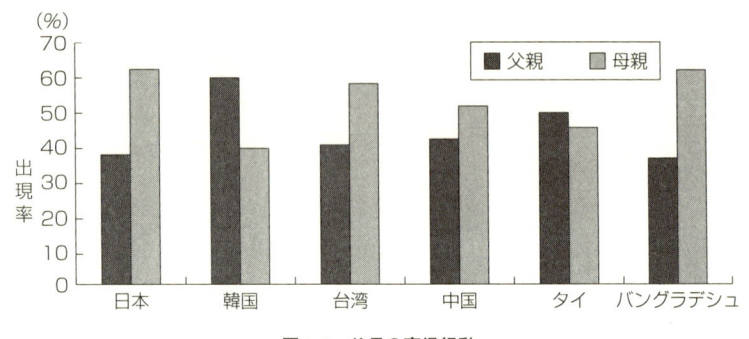

図4-2 父母の育児行動
($\chi^2=(5, N=940)20.77, p<.01$)

期待されているかは異なっているのである。

2) **日本の母親に期待される過重な「実際的な世話」**

各国の両親が行う育児内容について検討してみよう。4種類の育児行動の出現率を各国内の父母間さらには父親母親別に6カ国間で比較すると，両親の育児行動を合計し4種類の育児内容を6カ国間で比較した前述の結果（図4-1）と様相は少し異なってくる（表4-2）。

日本では，母親が「実際的な世話」を多くしているのに対して，父親では「実際的な世話」もさることながら，「知識の授与」が多くみられた。母親に比べて，「知識の授与」を行うことが，父親役割として日本では期待されているようである。

日本の教科書には子どもの食事を用意したり，子どもの送り迎えをしたりと，こまごまと世話を焼く母親の姿がよく出てくる。母親のみに焦点をあてて他国と比べても，特に日本では「実際的な世話」の割合が高く，日本の母親の育児行動の中で70％以上を占める。それに対して中国の母親の「実際的な世話」の割合は約30％ほどである。これほどまでに日本の母親には，こまごまと子どもの世話をすることが期待されていると考えられる。そして，このような社会からの期待が高ければ高いほど，他の人に子どもを長時間預けて働いたり，母親自身が自己実現のために自分の手で子育てをしないといった行動が，他国に比べて非難されやすくなる。日本の母親が置かれたこのような現状をも教科書は反映していると考えられる。

3）実際的な世話を期待されている台湾の父親

 台湾では父母共に「実際的な世話」が育児行動の約半分以上を占めている。子どもと共に掃除をしたり，子どもを外に遊びに連れて行ったりする父親の姿が，台湾の教科書には描かれている。父親に特に焦点をあてて6カ国間比較を行ってみても，台湾の父親の「実際的な世話」の割合が最も高い。ただし，日本ほどではないが，父親の方が母親に比べて「知識の授与」を行う割合は有意に高く，父親には「実際的な世話」と共に，「知識の授与」を行うことが期待されていると考えられる[3]。

 また母親も日本ほどではないが「実際的な世話」を行っている割合は，他国と比べても高く，両親ともに子どもにこまごまと世話を焼くことが，台湾の親には期待されているようである。

4）性役割分業が明確化している韓国

 韓国では日本と同様，父親には「知識の授与」が，母親には「実際的な世話」という傾向が多くみられた。図4-2の育児全体の総数の結果では，韓国では父親の方が母親よりも育児を多くするよう期待されているが，育児行動の中身を見てみると，日常的な育児役割を担っているのは母親である。実際にこまごまと世話をするのは母親に期待されており，父親は知識を与えるという形で育児を担当することが望まれているようだ。また父親に特に焦点化して6カ国間比較を行っても，他国に比べて「知識の授与」の割合が高い。たとえば，1年生の教科書には，父親が辞書の使い方を娘に教えている様子が描かれている。

 一方，韓国の母親では，息子のためにごちそうを作っている姿が描かれている。日本ほど高くはないが，韓国の母親の「実際的な世話」の占める割合は，育児行動全体の中でも高い。韓国ではどのような育児をするかが両親の性によって明確に分かれていると考えられる。

5）母親に「しつけ」が期待される中国

 以上の3カ国では，父親が「知識の授与」，母親が「実際的な世話」という形で育児を行う傾向がみられたが，特に母親に関してそれとは異なる傾向を示す国もある。中国では，父親には「知識の授与」が多くみられ，これは他国の父

3　4種類の育児行動で父母間に有意差が出たため，「知識の授与」と「知識の授与以外の育児行動」に分け，比較検定を行った（$\chi^2 = (1, N = 331) = 4.08, p < .05$）。

親と比べても高い割合を示している。その意味で，日本や韓国の父親と同様，知識を子どもに与える形で育児をすることが，中国の父親にも期待されていると言えよう。

一方，母親には「しつけ」が多くみられる傾向があり，これは他国の母親と比べても高い割合を示している。きちんとしつけをする母親が良い親であると認識されていると思われる。それと同時に他国の母親と比べて中国の母親に多くみられるのは「知識の授与」である。こまごまと世話をすることもさることながら，しつけや知識の授与も同時に行うことが中国の母親には期待されているようである。

このように父母共にそれぞれの「実際的な世話」と同程度かやや多く，他の種類の育児が行われている。小学校低学年用の教科書を扱ったという特性も考え併せると，幼児期から児童期という幼少の子どもの親として，「実際的な世話」はどちらの親にも，そしてどの国においてもある程度期待される項目であろう。しかしそれとともに，他国と比べて異なる点は，「実際的な世話」と同等か，それ以上に重視されている親役割が，父母共に中国には存在することである。

6）両親とも「しつけ」が期待されるタイ

タイでは，父親には「心理的な世話」を除く3つの育児行動がほぼ同じ割合で見られた。しかし父親に特に焦点化して6カ国間比較を行ってみると，他国に比べてタイの父親は「しつけ」を多く期待されているようである。

またこのような「しつけ」を期待される傾向は母親も同様であり，他国に比べて両親ともにきちんとしつけをすることが親役割として期待されている。タイの母親も他国と同様，「実際的な世話」は育児行動の約半分を占める。しかし「実際的な世話」や「しつけ」に加えて，他国と比較してみると，「心理的な世話」もタイの母親には期待されている。タイではこまごまと子どもの世話をし，それに加えてやさしく精神面もケアーしながら，子どものしつけもきちんとする母親が「いい母親」であると認識されていると思われる。

7）知識の授与が母親に期待されるバングラデシュ

バングラデシュでは，父母ともに育児行動全体の中では「実際的な世話」が最も多くみられた。しかし特に母親のみに焦点化して他国と比較すると，「知

第1節 現代のアジア6カ国の理想の親役割と性役割

表4-2 各国内の育児行動の種類についての父母間の比較　　（　）内は%

国	種類		実際的な世話	しつけ	知識の授与	心理的な世話	合　計
日　本		父親	28 (50.00)	0 (0.00)	25 (44.64)	3 (5.36)	56 (100.00)
		母親	67 (73.63)	5 (5.49)	13 (14.29)	6 (6.59)	91 (100.00)
		合計	95 (64.63)	5 (3.40)	38 (25.85)	9 (6.12)	147 (100.00)
台　湾		父親	82 (59.85)	11 (8.03)	35 (25.55)	9 (6.57)	137 (100.00)
		母親	107 (55.15)	24 (12.37)	32 (16.49)	31 (15.98)	194 (100.00)
		合計	189 (57.10)	35 (10.57)	67 (20.24)	40 (12.08)	331 (100.00)
韓　国		父親	11 (16.18)	12 (17.65)	32 (47.06)	13 (19.12)	68 (100.00)
		母親	28 (60.87)	10 (21.74)	4 (8.70)	4 (8.70)	46 (100.00)
		合計	39 (34.21)	22 (19.30)	36 (31.58)	17 (14.91)	114 (100.00)
中　国		父親	11 (40.74)	3 (11.11)	13 (48.15)	0 (0.00)	27 (100.00)
		母親	11 (32.35)	13 (38.24)	8 (23.53)	2 (5.88)	34 (100.00)
		合計	22 (36.07)	16 (26.23)	21 (34.43)	2 (3.28)	61 (100.00)
タ　イ		父親	33 (30.84)	34 (31.78)	32 (29.91)	8 (7.48)	107 (100.00)
		母親	50 (51.02)	23 (23.47)	7 (7.14)	18 (18.37)	98 (100.00)
		合計	83 (40.49)	57 (27.80)	39 (19.02)	26 (12.68)	205 (100.00)
バングラデシュ		父親	15 (50.00)	3 (10.00)	10 (33.33)	2 (6.67)	30 (100.00)
		母親	23 (46.00)	2 (4.00)	22 (44.00)	3 (6.00)	50 (100.00)
		合計	38 (47.50)	5 (6.25)	32 (40.00)	5 (6.25)	80 (100.00)

欠損値：中国1　バングラデシュ1

識の授与」が他国に比べて母親の役割として重視されている。しかし母親にこの役割を担わせることは現実的には難しい面もある点について前にもふれた。今後女性の就学率が上がるにつれて，実質を伴った役割となっていくかもしれない。

以上の結果を整理すると以下の4点にまとめることができる。第1に，育児行動に性役割分業が存在している点は6カ国共通であるが，父母どちらが何を担当するよう期待されているかは国によって異なっている。

第2に，父親の育児行動は「実際的な世話」か「知識の授与」の2種類に集約されるが，国によってどちらを重視するかは異なっている。

第3に，母親はほぼどの国でも「実際的な世話」という形で，育児に関わることが期待されている。ただし中国では他の5カ国に比べて，母親に「実際的な世話」をすることを強く期待してはいない。また細かくみていくと，母親にどの程度「実際的な世話」を期待するかは国によって異なる。日本，台湾，韓国では，特にこまごまと世話をする母親がよしとされる。しかし中国ではしつけや知識を与えることも重視され，タイでは物心両面にわたって子どもの世話をすることが母親に期待されるのである。

第4に，日本，韓国，台湾では，父親は「知識の授与」，母親は「実際的な世話」という傾向がみられ，同じ中国語圏でも台湾と中国との間には，育児における性役割観に関して異なる傾向がみられる。

5　息子と娘に関わる親の育児の違い

1）国によって異なる息子と娘への育児量

今までの分析では，子どもの性別を無視して，親の性別のみに焦点をあててきた。しかし，親世代の性役割観が次世代にどう伝達されるかをみていくためには，子どもの性別をも視野に入れて分析していくことが必要であろう。したがってここでは，親が息子と娘のどちらにどのような育児をしているかについて分析を行う。各国の親は子どもたちに自分たちと同様の性役割観を伝達しようとしているのだろうか。それともまったく異なる性役割観を伝達しようとしているのだろうか。

まず父母が息子と娘にどの程度多くの育児を行っているかについて，4種類

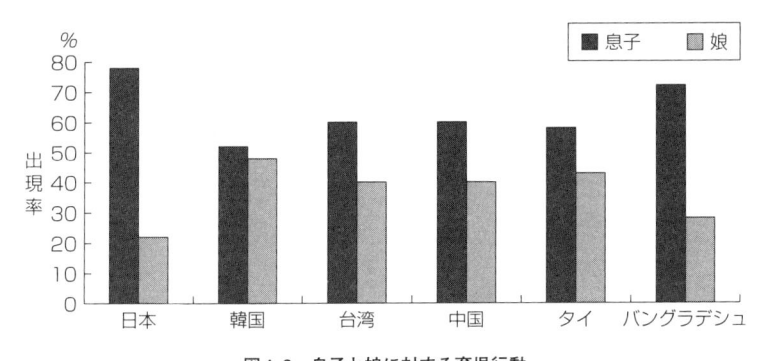

第1節 現代のアジア6ヵ国の理想の親役割と性役割　103

図4-3　息子と娘に対する育児行動
($\chi^2=(5, N=812)=24.37, p<.01$)

の育児行動の総量に関する国家間の比較を行ったところ，娘より息子に対して父母共に多く関わっている国の第1位は日本であった（図4-3）。どの国も息子の方により多くの育児が行われている点では同じだが，その割合は国によって異なる。6ヵ国の中でも日本では，娘よりも息子に対して3倍以上の育児行動が見られる。第3章の家族分析の中で行った一家族内に登場する日本の息子と娘の出現数には有意差がないことを考えると，日本の息子は娘よりも両親からより手をかけて育てられていると推測できる。逆に韓国では，娘に対しても息子とほぼ同じくらいの育児行動量がみられた。

次に，各国内で父母それぞれが，息子と娘にどの程度関わっているかについてみてみよう（表4-3）。日本では父母共に，娘より息子に対して有意に多く関わっており，また台湾でも日本と同様に父母共に息子により多く関わっている。しかし台湾では父母間で異なる傾向がみられ，父親は息子により多く関わるが，母親は息子，娘に対して同程度量関わっている。一方，韓国では父親は娘に，母親は息子に有意に多く関わっていた。そして中国とタイでは，父母共に息子と娘に同程度の割合で関わっていた。バングラデシュでは，台湾とは逆に，父親では子どもの性の違いによって関わる量に有意差はみられなかったが，母親は息子により多く関わる傾向がみられた。このように両親が息子と娘にどの程度関わるかについても，国によって異なっているといえるだろう。

2）息子への育児内容

どのような育児を息子はより多く受ける傾向があるのだろうか。父母の育児

表4-3 各国内における親と子どもの性の違いによる育児行動の総数

( )内は%

国	子の性	息　子	娘	合　計	
日　本	父親	39 (73.58)	14 (26.42)	53 (100.00)	x^2=0.93 n.s.
	母親	59 (80.82)	14 (19.18)	73 (100.00)	
	合計	98 (77.78)	28 (22.22)	126 (100.00)	
韓　国	父親	28 (41.79)	39 (58.21)	67 (100.00)	x^2=8.09**
	母親	25 (71.43)	10 (28.57)	35 (100.00)	
	合計	53 (51.96)	49 (48.04)	102 (100.00)	
台　湾	父親	89 (68.46)	41 (31.54)	130 (100.00)	x^2=6.86**
	母親	87 (53.37)	76 (46.63)	163 (100.00)	
	合計	176 (60.07)	117 (39.93)	293 (100.00)	
中　国	父親	14 (51.85)	13 (48.15)	27 (100.00)	x^2=1.87 n.s.
	母親	13 (72.22)	5 (27.78)	18 (100.00)	
	合計	27 (60.00)	18 (40.00)	45 (100.00)	
タ　イ	父親	54 (56.84)	41 (43.16)	95 (100.00)	x^2=0.001 n.s.
	母親	43 (56.58)	33 (43.42)	76 (100.00)	
	合計	97 (56.73)	74 (43.27)	171 (100.00)	
バングラデシュ	父親	16 (53.33)	14 (46.67)	30 (100.00)	x^2=10.23**
	母親	39 (86.67)	6 (13.33)	45 (100.00)	
	合計	55 (73.33)	20 (26.67)	75 (100.00)	

**p<.01

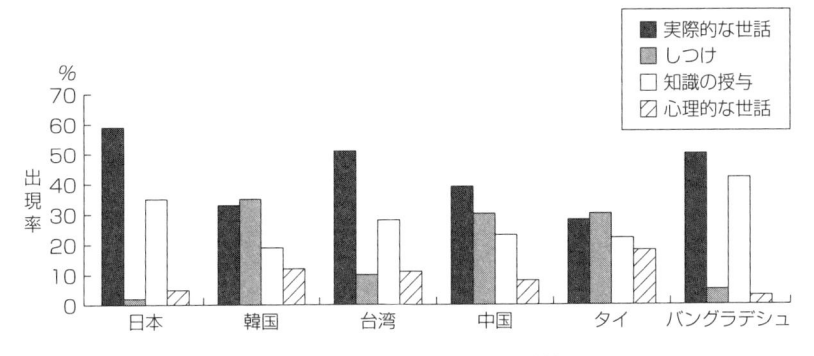

図4-4 息子が受ける育児行動の種類

行動を前述の4種類に分けて，息子に対して両親が行う育児内容について検討した（図4-4）。6カ国間で，「実際的な世話」を最も多く受けているのは日本の息子である。この結果からも，特に日本の息子は他国に比べて，こまごまと世話を焼かれる存在であると推測される。それに対して「しつけ」を受けることはあまりなく，「知識の授与」は他国と比べると多く受けているといえよう。また台湾の息子は「実際的な世話」と「心理的な世話」を比較的多く受けており，物心両面でこまごまとした世話を受けているといえる。

韓国の息子が他国と比べて特徴的な点は，「しつけ」を多く受けていることである。たとえば韓国の教科書の中には，「父親が息子に対して姿勢を正して本を読むように」との注意をしている事例がみられる。それに対して日本に特徴的にみられた「実際的な世話」や「知識の授与」の割合は，韓国においては少ない。韓国では伝統的な家制度を男児，特に長男が支えていくことが必要とされる。したがってこまごまと世話を受けることよりも，「家」を継いでいくために必要なしきたりを教えたり，他者との人間関係を円滑にさせるためのしつけを，他国に比べて親は息子により多く行っているのかもしれない。

タイでも「しつけ」が他国より強調されるが，「心理的な世話」も同様に息子への育児では期待されているようだ。さらにバングラデシュでは，息子に対する「知識の授与」が強調されている。

以上みてきたように，息子にどのような育児をするかは国によって異なる。男児をどのように養育していきたいか，そして将来どのような父親像を形成す

ることを子どもに期待するかが，そこに映し出されていると言えるだろう。

3）娘への育児内容

娘が両親から受ける育児についてはどうだろうか（図4-5）。「実際的な世話」に関しては，日本の娘が他国より多く受けているかのようにみえる。しかし前述の4種類の育児行動を合計した分析結果と併せて考えてみると，日本の娘は息子に比べて両親から受ける育児行動の総量も少なく，それに加えてさまざまな種類の育児も受けていないと考えることができる。前述の分析結果にも示したように，日本の教科書に登場する親は，両親共に息子により手をかけて世話をしており，それに対して娘にはあまり手をかけて育児をしていない。また日本の娘が受ける「しつけ」は他国と比べても，さらに娘が受ける他の育児行動と比べても，非常に低い割合を占めている。したがって日本の娘は息子より手をかけて育てられていないばかりではなく，「しつけ」も両親からほとんど受けていないと考えられる。

台湾でも日本と同様の傾向が，娘の「しつけ」に関してみられる。他の育児に比べて「実際的な世話」を，親は娘に対して行っているものの，「しつけ」は他国と比べても，さらに国内の他の育児行動と比べても低い割合である。

一方，韓国では日本や台湾とは異なった傾向を見せる。「実際的な世話」よりも「知識の授与」を，親は娘に多くしており，また他国と比べて「心理的な世話」も多く行っている。娘に対しても高い知識をもつことを韓国の親は期待していると推測される。

中国では娘が受ける育児行動量が少ないため，確実なことはいえないが，「実際的な世話」「しつけ」「知識の授与」がほぼ同程度の割合を占め，さまざまな育児を娘に対して行っていると考えられる。

タイの娘は「実際的な世話」と共に，「しつけ」を他国よりも強調して育てられており，教科書の中にも両親や祖父母に挨拶をする姿がよく出てくる。学校に行く前や帰宅後，わざわざ祖父母の所に出向き，あいさつをする様子が国語の教科書に描かれている。このような挨拶に象徴されるように，「しつけ」がタイの娘に対する育児の中で重要な位置を占めているのではないかと思われる。

バングラデシュでは，国内の他の育児と比べても他国と比べても，息子と同

様に，娘に対しても「知識の授与」が高い割合を示している。しかしこの場合の知識とは，韓国でみられるように，父親が娘に対して辞書の引き方を教えるという知識ではない。観光地における建物の説明など一般的な知識が主となっている。しかし息子に対してはそれより高度な専門的な知識，たとえばバングラデシュの独立の歴史などが教えられる。もちろん現実的には娘にも教えられるであろうが，息子により高い質の知識を与えようとする親の姿が，象徴的な形で教科書の記述から浮かび上がってくる。そして韓国などと比べると，より高い教育を受けるために必要な知識というよりは，女児に対しては常識的な知識の授与の範囲にとどまるといえるだろう。またバングラデシュの育児で興味深い点は，父母だけではなく，叔父や祖父母が積極的に育児に関わっていることである。この点に関しては後述のバングラデシュの育児行動の変容で，さらに詳しく取り上げる。

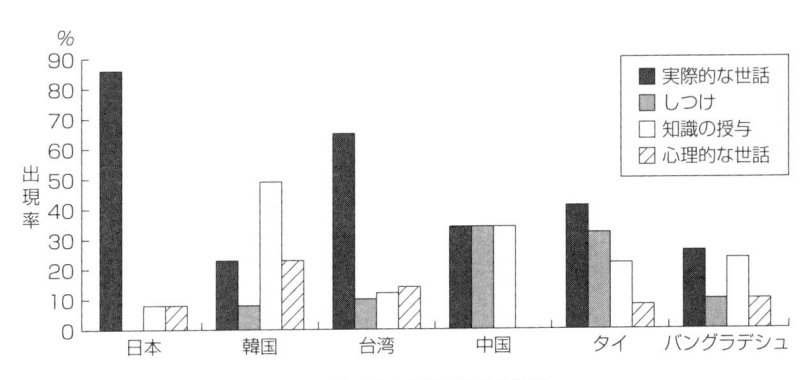

図4-5 娘が受ける育児行動の種類

4）息子と娘に伝達される親の性役割観

息子と娘への親の育児行動の内容について，さらに詳しくみていこう。父親が息子と娘に対してどのように接しているか，母親はどうであるかとの点に関して，父親，母親別々に，息子と娘に対する育児行動の種類を分析した。

日本の父親は，息子に対しては「知識の授与」を，娘に対しては「実際的な世話」を行う傾向がみられる。しかし母親には，子どもの性の違いによって育

表4-4 日本の親が息子と娘に与える育児行動の種類　　　（　）内は％

		実際的な世話	しつけ	知識の授与	心理的な世話	合　計
父親	息子	15 (38.46)	0 (0.00)	22 (56.41)	2 (5.13)	39 (100.00)
	娘	12 (85.71)	0 (0.00)	2 (14.29)	0 (0.00)	14 (100.00)
	合計	27 (50.94)	0 (0.00)	24 (45.28)	2 (3.77)	53 (100.00)
母親	息子	43 (72.88)	1 (1.69)	12 (20.34)	3 (5.08)	59 (100.00)
	娘	12 (85.71)	0 (0.00)	0 (0.00)	2 (14.29)	14 (100.00)
	合計	55 (75.34)	1 (1.37)	12 (16.44)	5 (6.85)	73 (100.00)

欠損値：父親3　母親18

表4-5 台湾の親が息子と娘に与える育児行動の種類　　　（　）内は％

		実際的な世話	しつけ	知識の授与	心理的な世話	合　計
父親	息子	45 (50.56)	9 (10.11)	29 (32.58)	6 (6.74)	89 (100.00)
	娘	31 (75.61)	1 (2.44)	6 (14.63)	3 (7.32)	41 (100.00)
	合計	76 (58.46)	10 (7.69)	35 (26.92)	9 (6.92)	130 (100.00)
母親	息子	45 (51.72)	9 (10.34)	19 (21.84)	14 (16.09)	87 (100.00)
	娘	45 (59.21)	10 (13.16)	8 (10.53)	13 (17.11)	76 (100.00)
	合計	90 (55.21)	19 (11.66)	27 (16.56)	27 (16.56)	163 (100.00)

欠損値：父親7　母親31

児行動の内容に大きな違いはみられず，息子に対しても娘に対しても「実際的な世話」を行う割合が高い（表4-4）。

　台湾の父親に関しては，息子娘両方に対して「実際的な世話」が最も多い一方で，息子に対しては「知識の授与」が多く，娘に対しては「実際的な世話」が多い（表4-5）。この点では日本の父親と似た特徴をもっている。また母親

でも日本と同様，子どもの性の違いによって育児内容に大きな違いはみられず，息子，娘両方に対して「実際的な世話」を行う割合が高い。

　韓国の父親では，息子には「しつけ」を，娘には「知識の授与」を他の育児より多く行っていた（表4-6）。ここで日本や台湾と異なるのは，韓国の父親は，息子ではなく娘に対して「知識の授与」を多く行っている点である。しかもここで授与される知識とは，「説明書を読むことは必要」「国語辞書の引き方」など，より高度な知識を得るために必要な知識である。もし父親が自分たちの世代と同様に，男性が知識をもつものであると考え，そのような親世代の性役割観を子どもにも継承しようとするのであれば，息子に対して「知識の授与」をより多く行うと思われる。しかし韓国の教科書に描かれた父親は，息子ではなく娘を「知識の授与」の対象者として選択していた。これは次世代には自分たちとは異なる性役割観を伝達しようという考えがあるのではないかと推測される。それと共に，最近では少子化傾向で女児も「価値あるもの」とみなされるようになってきたために，女児に知識を与えようという意識が高くなってきたことも1つの原因であろう。ただし，このような傾向は父親のみに認められ，母親では日本と同様，子どもの性の違いによって育児内容に大きな違いはみられず，息子，娘両方に対して「実際的な世話」を行う韓国の母親の姿が

表4-6　韓国の親が息子と娘に与える育児行動の種類　　　（　）内は％

		実際的な世話	しつけ	知識の授与	心理的な世話	合　計
父　親	息子	5 (17.86)	10 (35.71)	8 (28.57)	5 (17.86)	28 (100.00)
	娘	5 (12.82)	2 (5.13)	24 (61.54)	8 (20.51)	39 (100.00)
	合計	10 (14.93)	12 (17.91)	32 (47.76)	13 (19.40)	67 (100.00)
母　親	息子	13 (52.00)	9 (36.00)	2 (8.00)	1 (4.00)	25 (100.00)
	娘	6 (60.00)	1 (10.00)	0 (0.00)	3 (30.00)	10 (100.00)
	合計	19 (54.29)	10 (28.57)	2 (5.71)	4 (11.43)	35 (100.00)

欠損値：父親1　母親11

描かれている。

　中国では前述の3カ国とは異なる。母親のみならず父親も，相手が息子でも娘でも育児内容を有意に変える傾向はみられなかった（表4-7）。ただし，中国に関しては，全体の出現数も低い点を留意しながら考察したい。また母親に関しても「しつけ」が息子，娘両方に対して最も多くみられるが，これも全体の出現数が低いために他の育児内容に比べて有意に多いという結論は避けたい。

表4-7　中国の親が息子と娘に与える育児行動の種類　　（　）内は%

		実際的な世話	しつけ	知識の授与	心理的な世話	合　計
父　親	息子	6 (46.15)	1 (7.69)	6 (46.15)	0 (0.00)	13 (100.00)
	娘	5 (38.46)	2 (15.38)	6 (46.15)	0 (0.00)	13 (100.00)
	合計	11 (42.31)	3 (11.54)	12 (46.15)	0 (0.00)	26 (100.00)
母　親	息子	4 (30.77)	7 (53.85)	0 (0.00)	2 (15.38)	13 (100.00)
	娘	1 (20.00)	4 (80.00)	0 (0.00)	0 (0.00)	5 (100.00)
	合計	5 (27.78)	11 (61.11)	0 (0.00)	2 (11.11)	18 (100.00)

欠損値：父親2　母親11

　タイでも中国と同様に，母親のみならず父親も相手が息子でも娘でも育児内容を有意に変える傾向は見られなかった（表4-8）。すなわち息子だから，娘だからという理由で，父母が異なる育児を行うのではなく，子どもの性に関わりなく，息子にも娘にもほぼ同じ内容の育児を行うよう，父親，母親両方に期待されていると考えられる。

　しかし，バングラデシュではタイと異なる様相を示す（表4-9）。父親は息子に対しては「実際的な世話」を主として行うが，娘に対しては「知識の授与」が多い。母親は息子に対しては「知識の授与」が，娘には「実際的な世話」が多い。このように父親と母親では息子と娘に対して正反対の育児を行っている。この点に関しては，後述のバングラデシュの育児の変容のところで，実情も踏まえて再度検討する。

表4-8 タイの親が息子と娘に与える育児行動の種類　　　（　）内は％

		実際的な世話	しつけ	知識の授与	心理的な世話	合計
父親	息子	13 (24.07)	17 (31.48)	19 (35.19)	5 (9.26)	54 (100.00)
	娘	11 (27.50)	15 (37.50)	13 (32.50)	1 (2.50)	40 (100.00)
	合計	24 (25.53)	32 (34.04)	32 (34.04)	6 (6.38)	94 (100.00)
母親	息子	15 (34.88)	13 (30.23)	3 (6.98)	12 (27.91)	43 (100.00)
	娘	18 (54.55)	8 (24.24)	3 (9.09)	4 (12.12)	33 (100.00)
	合計	33 (43.42)	21 (27.63)	6 (7.89)	16 (21.05)	76 (100.00)

欠損値：父親14　母親22

表4-9 バングラデシュの親が息子と娘に与える育児行動の種類　　　（　）内は％

		実際的な世話	しつけ	知識の授与	心理的な世話	合計
父親	息子	13 (81.25)	2 (12.50)	1 (6.25)	0 (0.00)	16 (100.00)
	娘	2 (14.29)	1 (7.14)	9 (64.29)	2 (14.29)	14 (100.00)
	合計	15 (50.00)	3 (10.00)	10 (33.33)	2 (6.67)	30 (100.00)
母親	息子	15 (38.46)	1 (2.56)	22 (56.41)	1 (2.56)	39 (100.00)
	娘	3 (50.00)	1 (16.67)	0 (0.00)	2 (33.33)	6 (100.00)
	合計	18 (40.00)	2 (4.44)	22 (48.89)	3 (6.67)	45 (100.00)

欠損値：母親5

5）カギとなる父親の子どもへの接し方

　以上6カ国の結果をまとめてみよう。父母が関わる子どもの性別によって分析すると，母親ではバングラデシュを除くどの国でも，各育児行動において息子と娘への関わり方に大きな違いはみられなかった。しかし父親では国によりその傾向が異なる。中国，タイの父親には，6カ国の母親と同様の傾向がみら

れ，育児の内容を子どもの性の違いによって変えることはなかった。一方，日本，台湾，韓国の父親には，それらの国々とは異なる傾向がみられた。日本や台湾の父親は，息子に対して「知識の授与」を他の育児に比べて多くしており，娘には「実際的な世話」を行うことが多かった。それとは逆に，韓国の父親は息子には「しつけ」を，娘には「知識の授与」を他の育児に比べてそれぞれ多く行っていた。バングラデシュについては後述する。

　前述の分析と併せて考えてみよう。息子と娘への育児行動数を合計した父親の育児行動分析の結果では，日本，台湾，韓国の父親は，母親に比べて「知識の授与」を子どもに対して多く行っていた。その点では3カ国とも共通している。しかし子どもの性の違いによって，どのように関わり方を変えるかとの点では3カ国間で異なっていた。すなわち日本や台湾の父親は，息子には「知識の授与」，娘には「実際的な世話」というように，自分たちの世代と同じ性役割観を子どもにも伝達しようとしている。それに対して，韓国の父親は，自分たちの世代とは異なる性役割観を伝達しようとしていると考えられる。特に娘に対して，韓国の父親が日本や台湾の父親とは異なる関わり方をする理由については，さらに検討する必要があるだろう。しかし少なくとも子どもの性の違いで父母の関わり方が異なり，また親世代の性役割観を次世代にどう伝達していくかについては，アジアの近隣諸国間においてさえ異なっているという点は是非強調しておきたい。

6　現代の親役割と性役割に関するまとめ

　第1節では2000年版の教科書に反映された「親役割」「性役割」を6カ国間で比較することにより，国や社会が次世代に伝えようとしている育児像を検討した。その中でも特に日本に注目すると，娘よりも息子に手をかけて育てている両親の姿と，父親は子どもに知識を与え，母親はこまごまとした身の回りの世話をするという特徴が浮かび上がってきた。このように親世代と同じ性役割観を教科書という媒体を通して，次世代にも伝えようとしている姿が浮かび上がってきた。

　しかしこのような性役割観の伝達内容は，隣接するアジア諸国においてさえ必ずしも同じではない。もちろん類似する点はいくつかみられる。しかし「東

洋の性役割観の特徴」と一括りにできない点も示唆された。「いい親」とは何かについての概念も異なるし，親とは何をすべきだと社会や世間から期待されているかも異なる。また父母のどちらがより多く育児を担当すべきと思われているかも異なる。さらに親の性の違いと子どもの性の違いを組み合わせて分析することによって，自分たちの世代の性役割観を息子と娘にどう伝えるかも，国や社会によって異なっていることがわかるであろう。

それでは育児に関わるこのような類似点や相違点はどのように生み出されるのだろうか。第2節では，30～40年間における各国内の育児行動の変化を分析しながら，育児行動を取りまく社会の諸要因，たとえば女性の高等教育進学率，職業継続率，合計特殊出生率，子どもを知人や保育機関に預ける時間数，さらには「親」自身の生活スタイルや「親」を取りまく社会構造の変化についても検討しながら，次世代に伝えようとしている各国の育児観を考えていく。

第2節　各国の理想の親役割・性役割の変容

時代によって変わる育児行動とは何だろうか。またどの時代にも共通してみられるその国特有のものとして，世代を超えて受け継がれていく育児観とはどのようなものだろうか。第2節では，各国・社会内での年代間の比較を行うことによって，次世代に伝えようとする親の育児行動がどのように変化したか，また変化しなかった点は何かについて検討する。

1　日本の親役割・性役割の変容

1）父親に見られる育児行動の変容

日本の教科書にみられる大きな特徴として，40年たっても相変わらず「育児は母親の役目」という考え方が存在することである。両年代とも約60％の育児を母親が行っている。また育児の中身についても母親では40年間に変化がみられず，相変わらず「実際的な世話」が母親の育児量の約70％を占めている。しかし父親では，4種類の育児内容について変化がみられた（図4-6）。「実際的な世話」の割合が減少し，「知識の授与」の割合が増加したのである。すなわちこの40年間で，父親に対してはより教育的な役割をとるよう期待されてき

たと考えられる。

なぜこのように父親に期待される役割が変化したのだろうか。その理由の1つとして，父親の高学歴化があげられる。高等教育進学率が増加し，教師でなくても親が専門的な知識を子どもに与えることができるようになった。また自分たちの子どもに対する高学歴化への期待も併せて高まり，子どもの高学歴化を進める環境づくりが，教師だけではなく親からもなされるようになってきた。このように親が子どもに知識を与えることができるようになったことや，子どもの高学歴化に対する親世代の強い期待が，父親の親役割を変化させた1つの理由と考えることができるだろう。

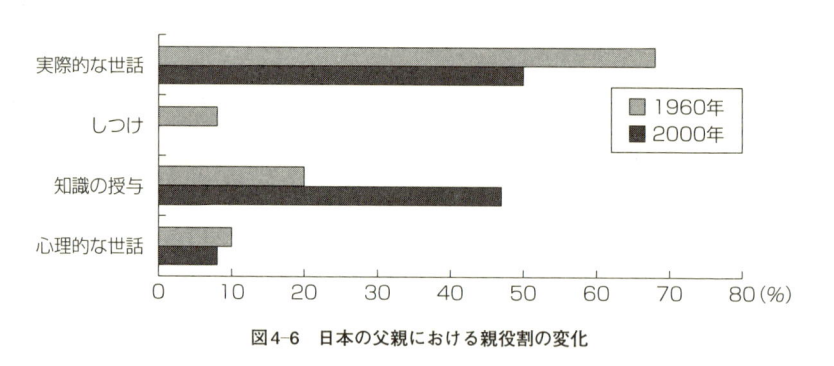

図4-6 日本の父親における親役割の変化

しかし父親において「知識の授与」が増加した一方で，「実際的な世話」の割合が相対的に減少している。これは教科書の実際の作品中でどのように描かれているのだろうか。1960年版には父親が子どもを山に連れて行ったり（2年2『ケーブルカー』日本書籍，1960；3年上『子どもの日』光村図書，1960），薪拾いの作業の合間に子どもに箸を作ってやったりする場面が出てくる（2年下『たきぎ切り』学校図書，1960）。また食事の支度をするのは母親であっても，子どもと一緒に夕食をとり，その後で影絵遊びにつきあう父親の姿が描かれている（3年1『たんじょう日』東京書籍，1960）。また息子とすもうをとる父親や（1年3『すもう』日本書籍，1960），子どもの学芸会で紙芝居をする父親の姿（2年2『学げい会』大日本図書，1960）も描かれている。

確かに育児行動総量では，1960年段階でも母親の方が多い。しかし育児内容を細かくみてみると，1960年版の父親は，2000年版に比べて日常的な場面でよ

り多く子どもと関わっている。また1960年段階でも，実際にこまごまとした世話をするのは母親であったとしても，第3章の「理想の家族像」でも述べたように，父親が家族の一員として現在以上に重視されていたと推測される。たとえば，1960年版の作品の中には，「お腹がすいたから早く夕食を」とせがむ子どもに対して，「食事はお父さんが帰ってきてから」と母親が子どもをなだめる作品がみられる（1年中『ごはん』中教出版，1960）。すなわち父親が家族と一緒に日常的に夕食を取るという形で子どもと関わるだけでなく，家族の中での父親の居場所も確保されていたと考えられる。

> 『ごはん』（中教出版1年中）
> おいしいごちそうのにおいがします。「おかあさん，ごちそうはなんですか。」「あなたのすきなおさかなですよ。」けんちゃんがいいました。「はやくごはんにしてください。」「すこしおまちなさい。すぐおとうさんがおかえりになりますよ。」

　現実の社会の中では，父親の「育児参加」がより叫ばれるようになってきたにもかかわらず，なぜこのように教科書に描かれる父親の「実際的な世話」の割合は減少したのだろうか。その理由の1つとして，父親の労働形態の変化と通勤時間の増加による子どもへの接触時間の減少があげられる。1960年の小学1年生の教科書には，子どもたちの登校風景に父親の出勤する姿も描かれていた。しかし職場と住居の距離が離れるにつれて父親の通勤時間が増加し，子どもの登校と同じ時間帯に出勤することは不可能となった。また1960年頃を境として年間総労働時間は減少し，1960年の約2,500時間に対して2000年には1,970時間となっているが，その一方で，1日の労働時間はさほど変化してはいない（厚生労働省，2002）。しかも郊外のベッドタウンから大都市の中心部への通勤が一般的となり，通勤時間は長時間化した。結果として，むしろ父親が子どもと一緒に過ごす時間は以前に比べて減少したと考えられる（厚生労働省，2003）。現実の社会においても，父親が「実際的な世話」に関与することが困難となり，その姿が教科書に反映されたと考えられる。

　いま1つの理由として，工業化による産業構造の変化があげられる。父親が農業や漁業のような第1次産業に関わることが少なくなり，第2次及び第3次

産業に従事することが多くなった。その結果，父親が家で仕事をすることが少なくなり，子どもが父親の仕事を間近かで見たり実際に手伝ったりすることも少なくなった。1960年版には子どもが牛の乳搾りの手伝いをしたり，稲刈りの際に鎌の使い方を父親から教えてもらったり，父親と一緒に漁に出る姿が描かれている。しかし2000年版になると，父親の仕事を手伝ったり父親とともに仕事をしたりする子どもの姿は極端に減少する。

　しかしその一方で，現実の社会の中では「父親不在」が問題となり，「父親の育児参加」がより期待されるようになってきた。このような社会全体の期待の中で，教科書だけが父親の育児参加を減少させるわけにはいかない。だが実際には産業構造などの変化により，父親と子どもの接触時間は減少している。そこで「こまごまと実際の世話」をしたり，子どもと身体を使って一緒に遊んだりという比較的時間や手間のかかる育児の代わりに，「知識の授与」という形で短時間の接触で済む父親の姿を教科書に登場させたのではないだろうか。知識を子どもたちに与えるという行動を父親がとることで，父親に「育児」の義務を結果的に補填させて，新たな父親役割を作り出していったと考えられる。ライフスタイルの変化，産業構造の変化が，父親の育児役割に対する社会的期待をも変化させたと言えるだろう。「親役割」は，時代の要請によって変化をする。以上の結果は，それを示した1つの例だと考えられる。

2) 40年間変わらぬ母親のこまごまとした育児

　それでは40年たっても変わらない日本の育児の特徴とは何だろうか。1つは前述したように母親のこまごまとした「実際的な世話」の多さである。これは依然として母親により多く期待されている。中国のように育児を保育施設や親戚に分散させることを許容している社会とは異なり，日本では育児は家庭に求められる傾向がある。文部科学省は「家庭教育はすべての教育の出発点」として，家庭での教育力をあげようという試みをしている（文部科学省編，2004）。もちろん家庭での教育力を上昇させることは重要であろう。しかしその一方で，家庭に教育の質が強く求められれば求められるほど，従来から多くの育児を担っていた母親は，子どもを保育施設に長時間預けることをためらうようになってしまう。地域からのサポートを政府がいくら強調したとしても，しょせんは「サポート」であり，育児の主体は親であることを暗に示しているのであ

る。母親をとりまくこのような社会の期待も，母親の育児内容を大きく変容させない1つの要因になっているのではないか。さらに日本では祖父母が孫の世話を担う割合が，タイや韓国などと比べても少ない（総務庁，1998）。すなわち日本の母親は，他のアジア諸国のように，親族などの身近な子育てネットワークすらも利用しにくい環境で子育てを行っているといえるだろう。

3）ますますしつけをしなくなった日本の親

もう1つの日本の育児の特徴として，他国と比べても最も出現率の低い「しつけ」があげられる。日本において「しつけ」が少ない理由として，日本では親が直接子どもと対峙してしつけをするのではなく，他者を引き合いに出して，他者の気持ちを通して親がしつけを行うとの特徴が背景にあると考えられる（東，1994；守屋，1997；山添，2000）。たとえば泣いている子どもに「お兄ちゃんなのにおかしいな。ほら，小さい子が笑っているよ」と言ってなだめたり，ご飯を残す子どもに対して「お百姓さんがせっかく作ってくれたのに」などと他者の気持ちを推測させることによって，しつけをしたい当事者である親が子どもと対峙せずに，子どもの行動を是正するのである。

しつけが少ない傾向は1960年版，2000年版共に見られ，もしかするとその背景には以上のような日本の親子関係が影響しているとも考えられる。しかし少ない数値ではあったが，まだ1960年版では親によるしつけは行われていた。数値的には母親の方が多くしつけを行っており，父親のしつけの割合が5.61%という低い数値ではあるが，1960年版ではしつけを多少なりとも父親も行っていた。それが2000年版では父親がしつけを行う姿は1件もみられなくなった。友達感覚の親が多くなったとよくいわれるが，教科書に描かれる理想像のレベルでも，親子関係はタテの関係からヨコの関係へ，より友達感覚の関係へと変化をしているようである。

4）息子と娘への育児内容の変化

子どもの性別の違いによる親の育児行動の変化についてはどうだろうか。両年代とも息子が娘より育児を受ける割合が高い点は同じである。しかし40年前に比べて2000年版の親は，息子にさらに手をかけて育児を行うようになっている（表4-10）。

この結果，娘は親の育児を受ける機会が相対的に息子より減少した。すなわ

表4-10 日本の子どもが受ける育児行動量に関する変化

（　）内は％

子の性 年代	息子	娘	合計	
1960年	345 (64.49)	190 (35.51)	535 (100.00)	$\chi^2=8.15$** df=1
2000年	98 (77.78)	28 (22.22)	126 (100.00)	
合計	443 (67.02)	218 (32.98)	661 (100.00)	

**p＜.01

ち娘の自由度はかつて以上に増してきたとも考えられる。親の目が娘へとさらにいかなくなったことにより，娘が親の束縛を受けずに生活する機会は増えてきたのかもしれない。それに対して息子は親からさらに多くの世話を受けるようになり，親の強い期待からますます逃れられなくなったと考えられる。しかもより多く息子に関わるようになったのは母親であった。父親が息子に接している割合は40年間で大きく変化してはいない。一方で，母親の息子に対する育児量はさらに増加したのである（表4-11）。40年間で母親と息子の関係はより緊密なものになっていったのではないだろうか。

　以上見てきたように，他国とは異なり，日本では父親に対する「実際的な世話」への期待はこの40年間でさらに減少し，日常的な育児はますます母親の肩にかかってくるようになった。その上，母親の目はさらに息子に向けられ，母と息子の関係はかつて以上に緊密なものとなった。また女性の高等教育進学率

表4-11 日本の子どもが母親から受ける育児行動量に関する変化

（　）内は％

子の性 年代	息子	娘	合計	
1960年	199 (60.67)	129 (39.33)	328 (100.00)	$\chi^2=10.57$** df=1
2000年	59 (80.82)	14 (19.18)	73 (100.00)	
合計	285 (64.34)	143 (35.66)	401 (100.00)	

**p＜.01

が急速に上がっていき，就業率も上がる一方で，女性には相変わらず育児負担が重くかかっていることを日本の教科書は映し出している。

　児童期からこのような母親の姿が教科書を通して教育され，さらに教科書を使う教師や子育てをする母親が次世代にこのような価値観を伝達していけば，教科書に反映された育児観は，次世代にそのまま受け継がれていくことになる。これら一連の過程の中で，子どもを自分の手で世話をせず他者に預けることに対して，母親自身が罪悪感をもちやすい構造が作られ，さらにそれが次世代でも再生産されていくのではないかと予測される。性役割に関する価値観は，世代や学歴によっても大きく異なることが指摘されている（柏木，1992）。しかし，日本の母親の育児行動についての教科書に記述されたこのような特徴は，現実の母親自身の価値観にも何らかの影響を与えていると考えられる。さらに次世代にもある一定の価値観を伝達する1つの材料となっていることは考えておくべきではないだろうか。

2　韓国の親役割・性役割の変容

1）子どもに教育と心を注ぐ変わらぬ親の姿

　韓国も日本と同様，戦後大きな経済発展を遂げた。韓国でも女性の社会進出が，この40～50年間で少しずつ進んできた。それに伴って親役割や育児に関する性役割はどのように変化してきたのだろうか。

　2000年版教科書にみられる親の育児行動の種類は，「実際的な世話」と「知識の授与」がそれぞれ約3割以上を占め，「心理的な世話」については14.9％を占めるに過ぎないものの，6カ国中では最も高かった。この傾向は1960年代の教科書から大きな変化なく，受け継がれてきたものである。「知識の授与」が重視されてきたのはいかにも韓国らしい価値観を示しているといえる。

　1960年代中頃には小学校の就学率は95％を超えた（国立教育評価院，1992）。1960年代後半から70年代にかけては中学校が急速に普及していく時期であるが，この時期に小学生の子どもをもつ親は解放[4]から朝鮮戦争という激動の時期に学齢期を過ごしたと考えられる。これらの親たちは，子ども時代に決して満足

4　日本の敗戦によって当時の朝鮮半島地域は解放を迎えたが，この日のことを韓国では「光復節」と呼んでいる。

な学校教育を受けられたとはいえないにもかかわらず，自己の学歴に関係なく，子どもに教養を身につけさせようとする親の姿が教科書では描かれ続けている。

「心理的な世話」の例としては，『お母さんの願い』（2年生下）において，健康に過ごそうと思えば家に帰ってきたら手足を洗うなどの良い生活習慣を身につけるよう「しつけ」を述べたあとに，「お母さんのいちばん大きな願いはお前が健康に育つことなんだよ」として，自分の子どもを案じている様子が示されている。いずれの国や社会でも自分の子に対する親の思いは，表現するに余りあるものがあると思われるが，そのような感情を教科書に文字化して描いている場面が多いことが韓国の教科書の特徴である。子に対する親の思いを如実に表しているといえるのではないだろうか。

2）教科書に描かれた変わらぬ性役割分業

次に，性役割の変容について述べる。1960年代と2000年版の「親役割」を比較したところ，父母の育児行動を合計した分析では有意差はみられなかった。父母別の分析では父親の「親役割」については変化がみられず，母親の場合は40年間で「しつけ」が有意に増加していたものの[5]，両年代の教科書共に「実際的な世話」が母親の「親役割」の60％以上を占めていた。すなわち韓国では，父親は「知識の授与」，母親は「実際的な世話」という性別分業的な親役割が40年間固定されており，その関係性は大きく変化しなかったと考えられる。

3）変わりつつある現実の女性の地位と意識

固定的な性役割分業が指摘されるものの，実際の人々の生活にまったく変化がみられなかったわけではない。かつて女性の地位は今以上に低かった。伝統的な直系家族のもとでは，嫁の地位は低く，息子の出産や姑への忠誠などが重視され，夫婦関係は二次的なものでしかなかった（李，1978）。儒教の伝統にもとづき，「女性は差別の対象であったというよりも，領域的にもはっきりと男性と区分された存在だった」のである（瀬地山，1996）。しかし，近年都市化の進展や，戦後民主主義教育を受けた世代が増加することによって，価値観に変化がみられ，この40年間で女性の経済活動参加率は少しずつだが高くなっている。

---

5 「しつけ」としつけ以外の育児行動を「その他の育児」にまとめ，2×2のχ^2検定を行ったところ年代間で「しつけ」についての有意差がみられた（$\chi^2 = (1, N = 128) = 5.60, p < .05$）。

価値観の変化の根底に関連していると思われる進学率の上昇についてみてみたい。1970年の中学への就学率は男子が43.0％，女子が29.7％であったが，その後，年を追うごとにその差は減少し，1990年には男子91.2％に対し，女子92.0％と若干ではあるが男子を上回っている（教育人的資源部・韓国教育開発院，2003）。また，女子の高等教育への進学率は1970年時点ですでに全体平均に肉薄していた。家庭内で進学が最も重視されるのは長男であり，経済的余裕が増加するにしたがって他の息子，そして娘にも教育投資が行われるようになるといわれる。韓国が経済的に豊かになった結果，女子の進学率が上昇し，意識の変化にも影響を与えていると思われる。

この意識の変化は離婚件数の増加にも表れている。以前韓国では離婚に対する否定的価値観が非常に強く，結婚後の女性に我慢を強いてきた（佐々木，2000）。しかし近年離婚件数が増加しており，1,000名あたりの離婚率は1992年の1.2から2002年には3.0と，10年間に2.5倍に増加している（統計庁，2003b）。しかも，女性からの請求による裁判離婚が非常に増えているという（佐々木，2000）。このような離婚率の増加は人々の価値観の変化を表しているといえよう。

女性の経済活動参加率[6]については1963年時点で37.0％であったのが，90年代には40％台後半までに上昇し，2003年には48.9％となっている。ちなみに，1963年，及び2003年の男性全体の経済参加率はそれぞれ78.4％，74.6％である。女性ほど大きな変化はみられないことから（統計庁，各年：統計庁統計情報サービスwebサイト），相対的にみて女性の社会進出が少しずつではあるが，進展してきたことがわかる。また，年齢階層別経済参加率をみると，1980年では25歳から29歳で急激に減少する曲線を描くが，年度を経るごとにその形は落ちる部分がなだらかになってくる（図4-7）[7]。それとともに，落ち込み部分が30代前半に後退してきている。この落ち込み部分の後退には，出産率の低下や出産年齢の高齢化などが関係していると思われる。また結婚退職者のこと

---

[6] 経済活動参加率は満15歳以上の人口の中で経済活動人口が占める割合を示す。経済活動人口は就業者と失業者を含めた数であり，社会が実際に生産活動で活用できる人力規模を表している（統計庁，2000）。

[7] 『経済活動人口年報』では70年代までは満14歳以上を経済活動人口として算出しているが，80年代以降は満15歳以上に変更されている。そのため，『経済活動人口年報』と併せて統計庁統計情報サービスのサイト提供のデータも参照した。

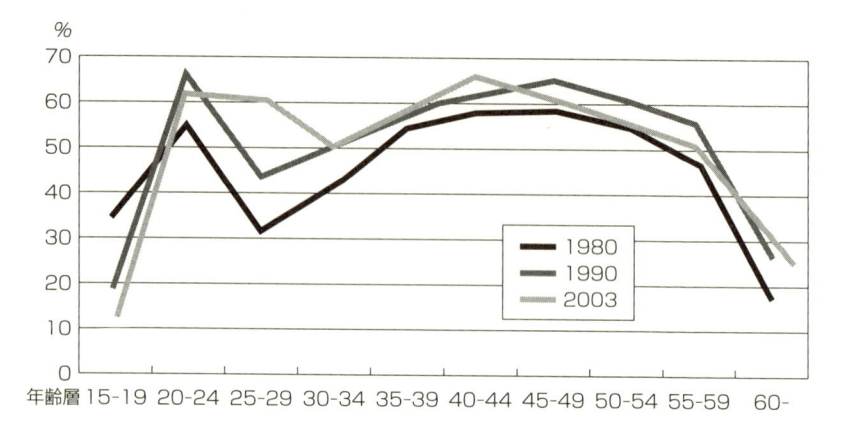

図4-7　年齢階層別女性の経済活動参加率の推移（10年周期）
註：統計庁統計情報サービスwebサイト（http://kosis.nso.go.kr/）掲出のデータより作成。瀬地山（1996）も参考にした。

を勘案すれば，この約10年間に初婚平均年齢が上昇したことも要因として考えられる。女性の初婚年齢は90年では24.8歳であったが，2002年では27.0歳と晩婚化が進んでいる（統計庁，2003a）。

4）性役割をめぐる現実と理想像の矛盾

以上のことから鑑みるとき，全体として女性の社会進出は進んでいるといえる。しかし，女性が働きながら子どもを産み，育てる環境がまだ不十分であるという現実が存在することも同時に確認できる。たとえば賃金上昇率においても，依然として男女の不平等性はみえてくる。20～24歳の賃金を100としたとき女性が最も上昇するのは30～34歳の138.4で，その後下降するのに対し，男性で最も上昇するのは45～49歳の214.4である（労働部，2002）。女性の上昇が最も高い年齢はちょうど経済活動参加率が急降下する時期に重複していることから，出産による休業が認められるかどうかが，女性の社会進出の大きなかぎを握っているものと考えられる。「男女雇用平等法」（1987年制定，2001年全面改定）などの法律が，実際の各職場でどの程度遵守されるかが今後重要となっていくであろう[8]。

さらに依然として女性に重くかかってくる家事労働も，女性の社会進出を阻む要因となっている。家事分担の実態調査によると，公平に分担しているとい

う回答は9.1%にしかすぎず，妻が中心に行っているとする夫婦が全体の88.9%にも達している（統計庁，2003b）。また，家事分担の見解をたずねた調査結果では，公平に分担しなければならないと考える人は全体の3割にとどまり，男女差はあるものの，妻が主にすべきという意見が全体の65.9%にも達している（統計庁，2003b）。

しかしその一方で，意識の変化の兆しもわずかながらみられる。家事分担の見解をたずねた上の調査において，妻が主に家事をしていると答えた人の中でも，58.7%が夫も家事労働を分担すべきだと考えている。その考えは男性だけでも61.4%にのぼっていることから，家事はすべて女性の仕事という意識は，僅かながらも薄らいでいるようではある（統計庁，2003b）。女性就業に対する見解をたずねた調査結果でも，結婚や第1子出産まで就業するのがよいと回答した数は，1998年時の調査から2002年の調査にかけて減少し，2002年調査では「家庭のこと」に関係なく就業するとの回答が35.4%と，1998年調査に比べて8.6%増加している。女性だけに限ればその値は40.2%にものぼる（統計庁，2003a）。他の調査からみても社会的役割における男女平等意識は少しずつではあるが行き渡りつつある。

韓国の女性の立たされたこうした現状は，1960年代と2000年版の教科書でみられる母親の育児行動の変化にも如実に反映されているといえよう。2000年版では父母が行う育児全体の中で，父親が育児を負担する割合は相対的に有意に増加している（表4-12）。2000年版の教科書に掲載されている『ユソクの一日』（2年生下）では，朝早く両親とも会社に出勤していき，ユソクという子どもが一人で学校に出かける様子が描かれている。このように父親と同様に母親の会社勤めが描かれている2000年版の教科書の中で，父親の育児に関わる割合が増加しているのである。これは男女平等思想にもとづいた理想像を，子どもたちに示そうという1つの表れであると推測することができる。

---

8 瀬地山（1996）の研究によれば，女性の場合，低学歴であるほど就労率が高くなり，逆に高学歴の者ほど就労率が下がり，「韓国の女子労働力が低学歴層中心である」として，学歴の上昇が労働力率の上昇をもたらさないことを明らかにしている。また，初任給でも男性との差が顕著で，結婚退職も依然として一般的な現象であり，女性の社会進出が進むことはある程度続くものの，韓国は「主婦の地位が下がっていくメカニズムが働きにくい社会」であると論じている。

表4-12 韓国の親の育児行動量の変化　　（　）内は％

年代＼親の性	父親	母親	合計	
1960年	47 (36.15)	83 (63.85)	130 (100.00)	
2000年	68 (59.65)	46 (40.35)	114 (100.00)	$x^2=13.46**$ df=1
合計	115 (47.13)	129 (52.87)	244 (100.00)	

$**p<.01$

　その一方で前述したように，40年間変わらぬ性別役割分業も同時に教科書の中では提示されている。「チプ」の継承をするかもしれない息子に対してご飯を作ってあげるという「実際的な世話」は，母親の役目であることに変化はない。これは，外で仕事をするようになっても家事から解放されない女性の現実を象徴しているとみることができる。瀬地山は，韓国における強固な性別役割分業は変化の兆しをみせてはいるものの，依然根強く韓国社会で受け入れられていると指摘している（瀬地山，1996）。

　韓国の教科書には女性の社会進出を後押しする価値観と共に，こまごまと子どもの世話をする育児役割を求めるという2つの価値観が同時に描かれている。女性を取りまく規範や現実との矛盾や葛藤も，国語教科書は子どもたちに伝えていると言えるだろう。

3　台湾の親役割・性役割の変容

1）父親の育児における「実際的な世話」の増加

　台湾では1960年代から既に女性の高等教育進学率は高く，その知識を活かして女性も就業してきた。現在では共働きの生活スタイルが，人々の中にかなり根づいてきている。1979年より実施されている「婦女婚育與就業調査」（行政院主計處普查局，2004）[9]によると，2003年では15〜64歳までの既婚女性の

9　この調査は，15歳以上の台湾の市民権を獲得している女性を対象に行われたものだが，軍関係に勤務している者や刑執行中により監獄に捕らえられている者は対象外である。20,000世帯を対象に面接法によって行われた。

50.54％は就業しており，そのうち53.93％は結婚前からの仕事を辞めることなく継続している。これは既婚女性全体の27.26％にあたる。また既婚女性で第1子出産のために離職した割合は24.0％であり，平均7年程度で48.3％の者が復職している。さらに日本や韓国で高学歴の専業主婦が多いのに対して，台湾では高学歴であるほど女性でも就業すべきであるとの考えも存在する。

　このような現実の女性の就業と子育てをサポートするための1つの理想像が，教科書には反映されている。台湾の1960年版と2000年版の教科書に描かれた父母の4種類の育児行動の変化についてみてみると，母親では大きな変化は見られないが，父親では「実際的な世話」の割合が，父親の育児行動全体の30.43％から59.85％へと有意に増加してきた。その結果，1960年段階ではどちらかと言えば母親の役割であった「実際的な世話」が，2000年段階では父親の役割としても大きく期待されるようになってきたのである。

　教科書の作品の内容からみてみよう。母親では，どちらの年代でも「実際的な世話」をする姿が母親の育児行動全体の約60％を占めており，しかも年代間で大差はみられない。1960年版の教科書には，母親が新しい服を作ってくれたり（1年生第1冊『お母さんが新しい服を作る』），晩御飯のときチンゲンサイの料理と大根の料理を持ってきた（2年生第3冊『野菜が大きくなった』）というように，母親がこまごまと子どもの世話をする様子が描かれている。

　だからといって父親の「実際的な世話」をする姿がまったく描かれていないわけではない。それどころか，1960年版の父親もかなり活躍をしている。子どもに鉛筆を買ってきてやったり（1年生第2冊『弟が馬を書く』），なぞなぞ遊びをしたり（3年生第5冊『リンゴが取れた』），子どものために薬をとってきてやる姿（2年生第4冊「お腹が痛くなった」）が，1960年版にも描かれており，その当時から父親も積極的に育児に参加している様子が描かれている。

　しかし2000年版にはそれ以上にこまごまと子どもの世話をやく父親の姿が描かれているのである。お話をねだる子どもに対して父親は怪談話をしてやったり（1年生上冊『明かりの下でのお話』國立編譯館主編），子どもたちを連れてハイキングに出かけたり（1年生下冊『竹山に遊びに行く』國立編譯館主編），リビングで眠ってしまった男児を父親がベッドまで運んだり（1年生下冊『私の家族』國立編譯館主編），子どもと一緒に泥遊びをし，馬になって一緒に

遊ぶ（1年生下冊『ぼくのお父さん』南一書局企業股份有限公司）といった父親の姿が，2000年版には1960年版以上にさらに多く登場する。生活，遊びなど広範囲にわたって育児を担当する父親の行動が強調されているといえるだろう。

2) 台湾に存在するさまざまな育児支援

1972年には既婚女性の32.06％だった就業率も，2003年には50.54％となり，約半数の既婚女性が働くようになった（行政院主計處普査局，2004）。女性の就業をさらに支援するために，2002年には性別による職業差別を禁止した「男女就労平等法（両性工作平等法）」が施行された。生理休暇，男女双方の育児休暇，授乳時間の確保，結婚・出産等の理由による解雇禁止，被雇用者数250名以上の企業に託児施設の設置が義務づけられるなど，女性の就業はこの法律により公に支援を受けることとなった。

このような法律がどの程度実際に効力を持つかは別にしても，今後も高等教育を受けた女性の就業率はさらに上がり続けるであろう。その女性の就業を支え続けるために，台湾では法律だけではなく，さまざまな育児支援が存在する。0歳児から祖父母に子どもを預けることは一般化しているし，また近所の褓姆[10]といわれる人に産休明けから子どもを勤務時間中預かってもらうというシステムもある。通常は8:00～18:00に預かってもらう程度だが，ときには24時間子どもを預け，親が子どもの様子をときどき見に行くという，日本ではあまり一般的ではない育児支援システムも存在する。その他，専業主婦が近所の子どもを預かったり，仕事をもたない祖父母世代が自分の孫以外にも近所の子どもを預かるなどといった，育児に関する地域ネットワークが日本以上に機能し

---

10 祖父母に育児を頼むことができない母親は，産休明けから職場復帰をする際に，近所で信頼できる人，または地域の口コミで子どもの世話をしてくれる人に「褓姆（バァウム）」になってもらい，子どもを預ける。以前は近所の子育て経験のある女性が多かったが，最近では子育ての質が重視されるようになり，「褓姆」の資格（免許）が要求されるようになってきた。特に都会では，近所の人との付き合いも少なくなっているため，産婦人科などの病院や「家扶中心」（家庭相談所）などで「褓姆」の資格を持ち登録している人を紹介してもらうことも多い。また何か不都合が生じた場合には，家庭相談所などに申し出して，注意してもらうか別の褓姆を紹介してもらうこととなっている。また褓姆は主として0歳児から託児所入所（通常は2歳）や幼稚園入園（通常は4歳）までの育児支援者である。

ている。就業継続を希望する女性は，妊娠すると周囲の人の信頼できる情報や地域の産婦人科，家庭相談所からの情報をもとに，養育者探しを始めるという。

　また中国のような24時間子どもを預かる全托幼児園は台湾では一般的ではないが，私立幼稚園では7:00〜19:00過ぎまで子どもを預かり，しかも希望者には朝，昼，晩の食事も提供するところが多い。さらに私立幼稚園では英語はもちろんピアノ，バレー，バイオリン，陶芸，絵などのお稽古ごとなども提供している。前述の「婦女婚育與就業調査」の中の0〜5歳児の養育形態に関する既婚女性への調査でも，自分で養育している人は69.65％，親戚のサポートを受けて子育てをしている人は22.35％，ベビーシッターに預けている人は7.41％である。ただし自分で養育していると回答した人の中にも，前述のような長時間保育機関を利用している人は多い。1979年の時点では，自分で養育していた人が84.71％を占めていたことを考えると，育児の外注化傾向が急激に進んでいることがわかるであろう。

　このような育児の外注化も，女性の就業を支えるためには大事な要素であるが，それとともに父親の協力も重要な要素となってくる。そのために，政府は教育現場での「カリキュラム・教材・教育実践」の中に，「学校は性別平等教育をカリキュラムに取り入れ，性別教育に関する授業科目を広く開設し，性別平等教育の実践を行うよう法的に定める」（第17条）という目標を掲げている。前述した父親の「実際的な世話」の増加は，この点も反映された結果なのかもしれない。家庭内の育児力を高めるためには，母親が育児をする姿だけではなく，育児を担う父親の姿をも，次世代に対して強調して提示する必要がある。そんな政府や大人の思惑も，台湾の教科書には見え隠れしている。

3）高学歴の母親に期待される知識の授与

　台湾の教科書に描かれた育児におけるもう1つの大きな特徴は，1960年時点で既に，女性の教育水準の高さが教科書に反映されている点である。1960年版に描かれた母親の4種類の育児行動の中で，「知識の授与」が占める割合は26.32％であった。その当時，日本の教科書に描かれた母親ではその割合が7.03％でしかなかったことを考えると，台湾では1960年当時から母親にも科学的な知識を子どもに教える役割が，期待されていたと考えることができる。教科書の作品の中には，乳歯がとれてしまった女児が，母親に「年を取ったから

歯が取れたの」と不安そうに聞き，母親はそうでないことを伝える場面が出てくる。その際，「子どもは7，8歳になると，古い歯が取れて，新しい歯が生えてくる」などの客観的な知識を，母親は子どもに与えながら返答している（2年生第3冊『年をとったの？』）。

このような母親の態度は日本の2000年版の教科書とは対照的である。日本では子どもの質問に対して，母親が子どもに客観的で科学的な知識を与えるというよりは，むしろ情緒的な接し方をしているのである。たとえば『ウーフはおしっこでできてるか』（2年下 日本書籍）では，次々と両親に向かって質問をする子どもに対して，父親は「ステンレスという金でできているよ」「パンは小麦粉でできているのさ」というように，科学的知識を与える答え方をしているが，それに対して母親は「あらら，たいへんだ。ポンとわって，たまごの中からマッチが出てきたら，ウーフの朝のごはんはどうしましょう」と答えている。このような両親の答え方に象徴されているように，高等教育を受けた女性が多くなったとはいえ，家庭の中では依然として，客観的な知識を子どもに与えるよりも情緒的な接し方が，日本の母親には期待されていると考えられる。以上のような日本の母親と比較すると，台湾ではこまごまとした世話が期待される一方で，教育的な役割をも担うことが，すでに1960年代から母親に期待されてきたといえるであろう。

4　中国の親役割・性役割の変容

1）知識の授与を期待されてきた親

現在中国は急激な経済発展を遂げている。また育児に関わる政策として「一人っ子政策」も効果をあげてきた。中国の内外の社会・経済的な状況や政策は，中国の子育てのあり方をどのように変容させてきたのだろうか。

まず，1960年と2000年版の教科書に描かれた育児行動を4種類に分類し，父母の育児行動を合計して年代間で比較したところ，「知識の授与」が他の育児行動に比べ，2000年版の方が増加していた（図4-8）。

中国では1950年代後半から，教育と生産労働の結びつきが強調されるようになり，社会主義的な人間を養成するためには，単に知識だけでなく肉体労働をも重視し，必要とあれば軍人として国を守るような多面的な人間像が掲げら

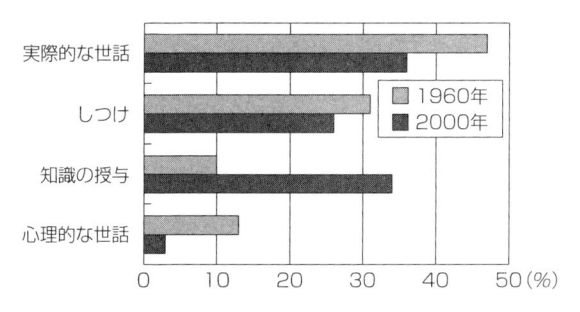

図4-8 中国における親役割の変化（父母合計）

れた（横山，1991）。それには，当時の社会状況では社会主義国家建設は，膨大な人的労働力によって，生産成果を上げざるを得ない厳しい背景があったと推測される。一方，文化大革命終了後，改革開放政策が打ち出され，計画経済に取って代わり，競争原理にもとづく市場経済が導入され始めた。その結果，社会全体が高い技術力を求め，さまざまな分野においてより優れた人材が必要とされ始めた。それに伴い，技術を持つ人間や優れた人材は高収入を得るようになり，サクセスストーリーのヒーローになったわけである。このような社会背景の中，80年代以降には専門教育や高学歴への需要と憧れが急激に膨らんできた。

つまり，国家の建設や発展という同じ目的でも，1960年では人的労働性が重視されたのに対して，2000年では科学技術性や効率性が重要となったのである。この実社会における変化や需要は教科書レベルにおいて，学校の中だけではなく，家庭でも子どもにより多くの知識を与えるような親の姿に反映されていると考えられる。

一方，現代中国の家庭問題を取り上げた書籍では，上海交通大学家庭教育相談センターが行った調査結果を引用し，共働きの家庭で父親と子どもの過ごす時間の少なさについて指摘し，問題視している（程，2002）。それによれば，都会部の父親は子どもと一緒に遊んだり，その学習の指導をしたりする時間が平均して平日8分間，週末13分間しかなく，母親の平均毎日11分間より短いという。このように共働きの中国家庭では，現実レベルで子どもと遊んだり，子どもの勉強を指導したりする時間は，父親も母親も決して多くないと思われる。それゆえ子どもと一緒に過ごすことへの意識を高めるために，せめて教科書と

いう理想のレベルだけにでも，子育てをする親の姿を盛り込み，「知識の授与」という両親の姿を子どもたちに印象づけようとしたのではないだろうか。

またこのような子育ての意識を高めるメッセージは，「知識の授与」だけにみられるわけではない。有意差はないものの，父親に関しては「知識の授与」とともに，「実際的な世話」の育児行動も1960年版に比べて多くなっている。母親も働くことが当たり前と考えられている社会で，今さら母親の育児時間をさらに多くすることはできない。そこでせめて父親に対して「実際的な世話」を多くし，育児参加をさらに求めるメッセージを，政府は教科書を通して次世代に対して行っているとも考えられる。

2) 実際に育児を担っているのは誰か

母親の親役割に関して，特に「実際的な世話」が他の育児行動に比べ減少していた（図4-9）。これは他の国にはみられない傾向である。実際の教科書でも，1960年版には母親が子どもの服を作ってやるという姿が描かれていたが（1年第1冊『綿入りの上着を作る』），2000年ではもはやそのような母親の姿は描かれていない。

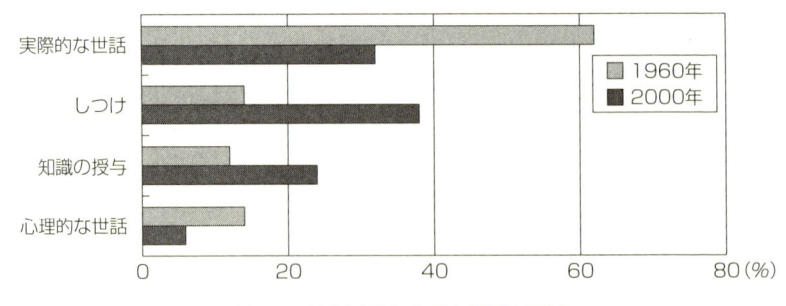

図4-9 中国の母親における親役割の変化

この結果はどのように理解されるのだろうか。まず，保育施設の状況からみていくことにする。1952年に中国幼児教育について発表された文献（張，1952）では，当時全国には762カ所の幼児園と3,517クラスの小学校付属幼児班が開設され，入園児が38万人あまりいたと記されている。当時の幼児教育の問題点として，数の少なさや分布の不均等などの他に，在園時間は母親の仕事時間の都合を考慮していないことがあげられている。それゆえ，働く女性の要

求に応えていないとの指摘がなされていた。今後実施すべき方針として，幼児の教養を高めると同時に，「母親の育児の負担を軽減する」ことを目指すと明記されていた。

　一方，教育部が発表した2000年のデータからは，全国の幼児園は17万カ所あまりで，入園児は1,500万人を超すことがわかっている（中国教育部発展規劃司編，2001）。このような幼児園数の拡大に加え，月曜から金曜まで寄宿するタイプ（全托幼児園）の全寮制保育クラスも併設され，フルタイムで働く母親たちには，平日の仕事の間だけでも育児から解放される育児環境が選択できるというわけである。このような保育スタイルに対して，驚きを隠せない日本人も多いだろうが，わが子を全寮制のクラスに預ける中国の母親に対して高が聞いた限りでは，「仕事をしながら毎日の送迎や育児で慌しく過ごし，ストレスが溜まるより，土日だけゆったりと子どもに接したほうが精神的にも良い。その上，しっかりとした教育が受けられる」と答えるケースもあり，積極的な利用姿勢がうかがえる。

　次に，母親も仕事をしながら子どもを昼間だけ幼児園へ通わせる家庭ではどのように育児や家事などが分担されているのだろうか。教科書の年代間の比較によると，相対的に母親が担う育児割合は1960年の73.47％から2000年の54.84％へと減少している。しかし父親が母親の代わりにすべての育児を担うようになったかというと，実際にはそうでもないらしい。前述したように調査結果によると，父親が子どもと接触する時間はわずかに8分しかない。それでは実際に誰が育児を担っているのだろうか。

　中国では競争原理にもとづく市場経済が導入されて以来，深刻かつ複雑な失業問題を抱えるようになった。都市部に戸籍をもち，仕事を失い収入源を失った失業者数は近年増え続けている。全国調査によれば，都市部とその周辺に住む人で仕事場を離れざるを得ない者（下崗者）や求職者（待業者）を含めた推定失業率は10.4％に上るという（陸，2002）。そこで職を失った特に50代以降の人々は孫や親戚の子どもの世話に専念するケースも現れる。また，中華文化では年を取るとその子どもや孫と同居して，子どもに親孝行や扶養をしてもらい，家族の団欒を楽しむ考え方が基本的である。9割以上の子どもたちが親の老後の面倒をみるという調査結果もある（李，1997）。高が1999年に広州市内

の幼児園で行った調査では，祖父母三代で暮らす大家族が40.7%との結果が得られ，登園時に祖父もしくは祖母が孫を連れてくるケースも非常に多かった（高，2004）。また，同居していなくても，どちらかの祖父母が市内や近くに住んでおり，行き来が頻繁に行われる場合も多いようである。手の空いた祖父母に育児を手伝ってもらうというように，子育て中の母親は育児支援を身近なところで確実に得ているといえよう。

さらに，全国で経済格差が広がり，1995年の都市部と農村部の実際収入の差はなんと4倍もある（趙，2000）。都市部の家庭に住み込んでホームヘルパー（保姆）として地方から出稼ぎに来る者も増え続けている。共働きの家庭で，祖父母が近くに住んでいないなど，その助けが得られにくかったり，年老いた祖父母が病弱だったりする場合には，ホームヘルパーを雇って母親の負担を軽減する家庭も多く見受けられる。

このように，保育施設の充実といった国による育児環境の整備や，祖父母・ホームヘルパーの活用といった中国ならではの子育てネットワークなどによって，現実のレベルでは，母親は実際に子どもへかける世話をさまざまなチャンネルに変換できると思われる。そういう意味では，教科書に描かれた母親の「実際的な世話」が1960年から減少したのは，現実をそのまま反映した結果であると言えよう。

3) 息子の価値の変化

教科書に描かれた息子の「価値」についてはどのように変化したのだろうか。特に中国では1979年1月から「一人っ子政策」を導入した。儒教思想の強い中国では男児が選好される傾向がある。教科書に描かれた親も，日本と同様に息子には手をかけて多くの世話を行うという傾向がみられるのだろうか。年代間の比較の結果，母親では変化がみられなかったものの，父親では娘に関わる割合が1960年の8.33%から2000年の48.15%へと，この40年間で有意に多くなったという傾向がみられた。

一人しか子どもをもつことができなくなった現在，息子だけではなく娘をも大事にしていこうという意識が，ここに反映されたのではないかと考えられる。もしくは教科書という特性から考えると，一般的な人々の意識の反映というよりは，政府の意図的なメッセージであるのかもしれない。このメッセージ

5 タイの親役割・性役割の変容

1) タイにおける育児の現実

タイにおいては，育児は男性と女性の共同参加が原則と考えられている。家事や育児における夫婦の参加について調べたアジア3カ国の国際比較調査によると，夫婦が共同で育児を担当していると回答したのは，日本（福岡）が28.1%にとどまるのに対し，タイ（バンコク）では過半数の52.9%に達している（Amara, Naruemol, & Shinozaki, 1993）。ただし，タイでも現実には女性の負担が重く，2001年では，1日の家事平均時間は女性が2.6時間に対し男性が1.4時間，育児平均時間は女性が2.7時間に対し，男性が1.6時間となっている（National Statistical Office, 2002）。教科書の中では1960年版には26.53%であった父親の育児行動が2000年版には45.16%になるなど有意な増加がみられるが，現実的にはいまだ母親の育児負担が多いようである。

2) 実用的価値としての子ども

タイの育児に対する意識については，総務庁青少年対策本部が6カ国（日本，アメリカ，イギリス，フランス，韓国，タイ）を対象に行った母親の子育てに対する調査が参考となる。それによると，タイの親（母親）が子育てをする意味として上位5項目にあげているのが，①家の存続のため，②老後の面倒をみてもらう，③家族の結びつきを強める，④自分の意志を継いでくれる後継者をつくる，⑤子どもは働き手として必要である，となっている。この結果を各国平均と比較した場合に，他国と比べて高い割合を示しているのが上位から順に，①家の存続のため，②老後の面倒をみてもらう，③子どもは働き手として重要である，という3項目である（総務庁青少年対策本部編，1987）。

この調査から，タイの親は子どもに対し家を存続していくことを強く望み，老後の面倒や経済的な働き手として，物心両面での援助を期待していることがうかがえる。こうした子育て意識の社会的背景には，タイにおける年金制度の問題がある。タイの老齢年金制度は，主に公務員（政府年金基金など）と一般

企業従業員（被雇用者社会保障制度など）に対しての制度が用意されているが，農林水産業従事者やインフォーマルセクターに対する年金制度はない。これらの層が高齢化した場合，一般には家族の扶養に依存することとなる。

3）恩返し思想

こうした子育て意識を支えている価値規範として重要なのが，カタンユー（恩返し）という考え方である。カタンユーとは，この世に産んでくれ，苦労して大きくなるまで育ててくれた親や親族に対して恩返しをすることであり，小さい頃から教えられ，自然に身につけていくものとされるが，教科書にもしばしばカタンユーにむすびつく話が登場する。たとえば2000年の『年輩の親族のお世話をする』（3年生下）には年長者の大切さを語る話が出てくる。

> 『年輩の親族のお世話をする』（3年生下）
>
> おじいさんやおばあさん，お父さんやお母さんの兄弟姉妹は私たちが敬意を払わなければならない親族の中の年長者です。どの人も私たちを思ってくれ，私たちに恩恵を与えてくれます。私たちがよい人間になるようにしつけをしてくれたり，小さいときには世話をしてくれたりする人もいます。親族の中の年長者が年をとり，私たちが大きくなったら，そうした人たちのことを気遣い世話をするべきです。（中略）タイの家族の中で昔から継承されてきたのは，親族の中の年長者を大切にすることです。このような年長者に対する接し方は，タイの文化習慣です。

カタンユーの考え方とも関連して，タイではしつけが重視されている。第1節に示した2000年版6カ国教科書比較分析においても，「しつけ」の出現率はタイが27.8％と最も高く，出現率が最も低い日本の3.4％とは大きな差を示している（前出図4-1）。しつけの内容について吟味すると，①人に対して攻撃的な言葉や言動をつつしむこと，②目上の者や権威ある者に対して敬意を表すこと，③感謝の心や忠誠心をもつこと，④親切心や寛容な心をもつこと，が重視されており，ワイと呼ばれる目上の者に対する挨拶をはじめとして，礼儀作法などの行動規範も家庭や学校を問わず，生活のさまざまな場面で教え込まれている（日本総合研究所，1987）。たとえば，2000年版の『エークの約束』（3年生下）という作品にはワイに関してそのやり方が丁寧に記載されている。

> 『エーックの約束』（3年生下）
> 　『こんにちは，おばあちゃん。』エーックは，かばんを置いて床に座り，きれいに美しいしぐさでワイ（手を合わせてあいさつすること）をし，おばあさんにあいさつをしました。『こんにちは』と，おばあさんも手を合わせてワイを返し，エーックにほほえみかけました。エーックは礼儀正しい子どもです。おばあさんが行儀作法や丁寧な言葉を使うようしつけたからです。おばあさんはエーックに目上の人に対して丁寧にワイをするよう教えました。おばあさんは，ワイはみんなが守っていかなければならないタイの文化に基づいた敬意表現なのだとエーックにいいました。目上の人にワイの礼をする時には，胸のあたりに手を合わせて頭を下げるときれいなワイができます。そして，目上の人が床に座っていたら，子どもはまず座ってからワイをしなくてはなりません。

　さらにタイ人研究者によると，タイの育児に際して伝統的に重視される要素として，丁寧さ，いいつけを聞くこと，大人を尊敬すること，時と場をわきまえること，お手伝い，勤勉，倹約，正直，清潔といった要素があげられると指摘されており，教科書にもこれらの要素が数多く盛り込まれている（Tisana, 1993）。

　以上の点からタイの親が子育てに報恩や援助を期待していることがうかがえるが，その期待される援助の内容については，男児と女児とでは異なり，男児の場合は家計への責任の共有が最も期待され，女児の場合は，家庭内の家事への期待が圧倒的に強いという傾向がみられる（坂元，1996）。実際に教科書でも，「男の人は田んぼで働き，女の人は家事」をする光景が頻繁に登場している。

4）高まる「知識の授与」

　育児に関しては，教育熱も看過できない現象である。タイでは義務教育が6年から9年に延長され，実際に前期中等教育の粗就学率も1990年の37.19%から2001年の82.19%へと飛躍的に向上している（Ministry of Education, 1991; 2002）。こうした状況の中で，進学は都市－地方や男女を問わず子育ての重要な目的となってきている。教科書においても，1960年版と2000年版とを比較

した場合，父母合計の育児行動においても（図4-10），父親の育児行動においても，「知識の授与」の割合は増加している。

母親では「実際的な世話」が減少し「知識の授与」が増加する傾向がみられた。いずれにしても父母共に，「知識の授与」がこの40年間で親役割として大きく期待されるようになったことが示唆されている。実際の教科書の作品にあたってみると，たとえば2000年版の『勉強する人は賢い人』（2年生上）では，知識の重要性についての記述がみられる。

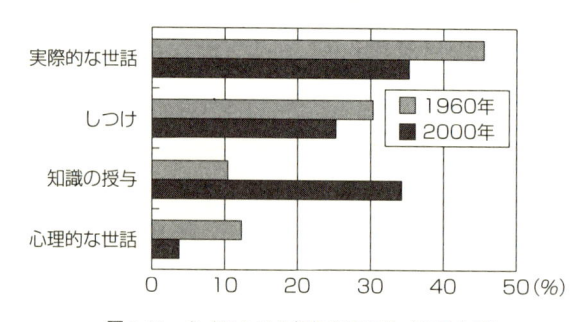

図4-10 タイにおける親役割の変化（父母合計）

『勉強する人は賢い人』（2年生上）

　みんなは賢くなりたかったら，学校に行って一生懸命勉強しなければなりません。読み書きを練習して，一生懸命に勉強したら，いろいろな知識が身につきます。知識があれば何かを考えたり，何かをしたりするときにうまくできます。みんながそうできれば，大きくなったときに立派な知識のある人になって，仕事に就くことができます。そうすると両親はとても嬉しく思います。

このようにタイの育児においては，子どもに一生懸命勉強させ，将来よい仕事に就いて高い収入を得させることによって，老後の面倒をみてもらうことを期待しているのが特徴的だといえよう。

6 バングラデシュの親役割・性役割の変容

1) バングラデシュの実像と教科書の記述の特性

　第3章でも述べたように，現代のバングラデシュの家族は，都市と農村では大きな違いがある。都市では核家族化が進む一方で，農村では「バリ」と呼ばれる父系親族で構成される世帯集団で生活するのが一般的で，父方の祖父母やオジオバ，イトコが身近な存在として生活を共にする。また子どもにとっての行動範囲，生活空間も，都市と農村では非常に異なる。そうした違いは，育児における親の役割，子どもたちが日常的に接する大人にも違いをもたらすことは必然である。その中で，バングラデシュの教科書に描き出される親の役割，育児のあり方は，どのような社会を伝えているのだろうか。実生活の様子と照らし合わせながら，また，根底にある文化を探りながら，検討してみたい。

　1972年のバングラデシュの教科書「チョヨニカ」は，詩とお話から構成された読み物的要素が非常に強い教科書であることは，先に述べた。そこにみられる親の育児行動は，他国の教科書では「実際的な世話」が最も多いのに対して，バングラデシュでは「心理的な世話」が最も多い。これらは，たとえば，「子どもの成長を願う」とか「子どもに愛情を注ぐ」という内容である。それに対して，「実際的な世話」や「知識の授与」はバングラデシュでは非常に少ない。これは，教科書の傾向に寄るところが大きい。文字の読み書きを学ぶ基礎教育の目的，また第2章で述べたように，ベンガルの豊かな詩の文化を背景とした「知識」のあり方は，読み物的で，非常に観念的な教科書を生み出した。そこに描かれる親の姿は，実際的な世話をしたり，知識を教授するよりむしろ，心理的な側面で，子どもに愛情を注ぎ，子どもにも親が注ぐ愛情に感謝することの方が強調される。

2) 減少した「心理的な世話」

　2000年版になると，上記のような親の行動に大きな変化がみられる。1972年版の総数が15件，2000年版の総数が80件となっており，特に1972年版の総数が少ないために，全体的な傾向という程度にとどめておきたいが，1972年版の教科書ではわずか13.33％であった「実際的な世話」が，2000年版の教科書では47.5％にまで増えている。また，「知識の授与」も，全体の4割を占めるまで

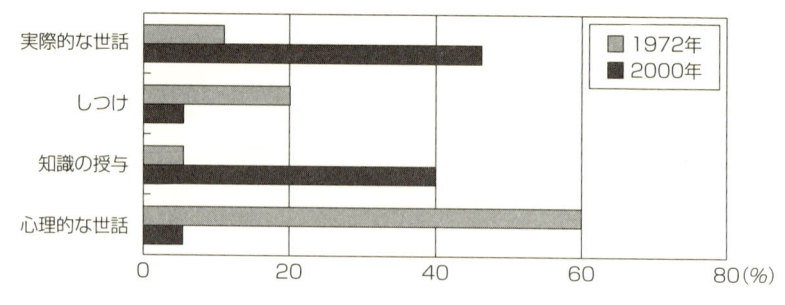

138　第4章　次世代に伝える「いい親」の姿

図4-11　バングラデシュにおける親役割の変化（父母合計）

に増す。そして，1972年版には全体の6割を占めていた「心理的な世話」が，2000年版には1割にも満たないまでに減少する（図4-11）。

「実際的な世話」が最も多くを占め，続いて「知識の授与」が強調される状況は，日本，台湾，韓国や中国と共通する。その背景には，おそらくバングラデシュの教育のあり方における変化，さらに子どもを取りまく社会状況の変化が関係しているものと考える。独立以降，近代化を基盤とした経済開発を目指すバングラデシュは，教育もその担い手養成のものとして位置付けられ，近代公教育の側面を強くする。教育は，文字の読み書きだけでなく，近代知識の教授を目的とし，教育によって日常生活のより具体的な側面が「改善」されることを目指す。親の愛情表現も，より具体的な行動によって示されるようになる。

また，子どもたちが得る楽しみも，1972年当時は昔話や伝承遊びがほとんどであったが，今では農村でもテレビやラジオをもつ家が登場し，子どもたちの娯楽も変化しつつある。心理的な側面は，そうした近代の産物によって満たされるようになり，親は生活の中で愛情を表現するより，実際的な世話をすることが，役割として強調される。

3）息子と娘への両親の接触の違い

父親と母親，息子と娘の性役割の違いはどうか。父母の出現率に関しては年代による有意な変化は見られないが，息子と娘が受ける育児量には有意な変化がみられた。

1972年版では，父親も母親も娘より息子への育児行動の方が多くみられる。2000年版では，父親は，息子と娘にほぼ同じ割合で関わるようになるが，母親

は，息子への関わりが娘の6倍以上の割合で出現する。この母から息子への関わりに注目したい。1960年代から80年代にかけてバングラデシュで先駆的なフィールド調査を行った原（1986）は，バングラデシュの女性の行動範囲が非常に限られていることから，息子が8,9歳にもなれば母親の行動範囲を超え，すでに目が行き届かなくなることを示している。現在でもその状況はほとんど変わっておらず，女性は日常的にはバリと呼ばれる世帯集団が生活範囲で，集落から出ることはほとんどなく，また男子は小学校3年生にもなれば，村外に遊びに行くこともしばしばある。このように教科書に描かれる息子に対する母親の関わりと実際との間にはギャップがあるように思われる。しかし，育児行動の内容に注目すると，新たな見解がみえてくる。

　第1節の表4-9に示されるように，母親が息子に与える育児行動で最も多いのは「知識の授与」である。反対に，娘に対しては母親からは一切なく，代わりに父親の娘に対する関わりでは「知識の授与」が最も多い。それに対して，「実際的な世話」を見ると，父親から息子へ，母親から娘に与えられるケースが最も多い。つまり，知識に関しては異性の子どもに，実際的な世話に関しては同性の子どもに対してなされる。このことは，性による行動範囲の違いを説明しうる。日常の実際的な世話は同性の親によってなされ，意識的になされる行動範囲の限界に関係のない知識の授与は，異性の親によって行われるのである。

4）多様な人々の育児参加

　バングラデシュの育児に興味深い点として，父母だけでなく，オジや祖父母も育児に関わっていることを付け加えておきたい。たとえば，オジが子どもを動物園に連れて行って，動物の名前や生態を教えたり（2年生『動物園』），町に連れ出して交通ルールを教えたりする（3年生『信号のことを教えて』）。この場合の「オジ」は，母方伯父・叔父を指しており，バングラデシュの伝統的な社会では，母方オジが子どもの成長に重要な役割を果たし，子どもにとって怖くもあり最も自分のことを理解してくれる存在とされる。そうした文化的背景も，教科書に出てくる育児行動に関係し，子どもがどのような大人の中で育つかという社会のあり方を描き出しているといえよう。

7　親役割や性役割に差異や変化をもたらす要因

　第1節では主として現代の教科書の6カ国間比較を中心に検討してきた。第2節では各国の育児における親役割と性役割の変化を中心に，各国の育児を取りまく事情や特徴について検討した。ここではそれらをまとめて，特に2つの点から親役割と性役割に差異や変化をもたらす要因を考察する。1つは産業構造の変化と，それに伴う家族内における子どもの役割についての変化である。これまで親の側からの育児を検討してきたが，育児を受ける側の子どもの家族内での役割についても，ここで検討しておく必要があるだろう。育児は親から子どもへの一方的な行為ではなく，子どもの家族内での地位や役割によっても，変わる可能性をもっているものだからである。

　もう1つは，女性を取りまく子育て支援環境の要因との関係である。各国とも女性の出産や就労に関して国の何らかの施策が存在し，また女性の高学歴化も進んできているという点では同じである。しかし有形無形の子育て支援環境の違いによって，各国の育児内容には差異がもたらされたと思われる。特に女性の就労と育児への支援に焦点をあてて考える。

1）産業構造の変化と家族内における子どもの「お手伝い」の変化
①日本に見るお手伝い

　親の育児行動に影響を与えると思われる家族内での子どもの役割についてみてみよう。子どもは家族や親に対してどのような役割を果たしているのだろうか。第1章でも述べたように，子どもの価値は国や文化によって異なると共に，同じ国の中でも年代によって変化をする。たとえば日本ではこの40年間で，子どもの価値は実用的なものから精神的なものへと移行してきた。これは教科書に描かれた子どもの役割の変化にも表れている。1960年版の日本の教科書には，子どもが稲刈りの手伝いをしたり，牛馬の世話をしたり，弟妹の子守をする姿がよく登場する。「お手伝い」の行動が描かれた作品は，1960年版の教科書で子どもが登場する全作品の19.93％（116件）を占める。この当時の子どもの労働力は一家の生活を支えるために不可欠なものとして描かれている。一方，2000年版の日本の教科書には，子どもが登場する全作品の約9.09％（14件）しか「お手伝い」が描かれていない。しかも子どもの手助けがなけれ

ば家族の生活に大きな支障をきたすという種類の「お手伝い」ではない。母親の卵焼きを作る手伝いをしたり，お風呂を洗ったりという簡単なものが多くみられる。

さらに1960年版の「お手伝い」が客観的に見て辛い労働であったというだけではなく，子ども自身も「お手伝い」を主観的に辛いものと認知している。たとえば，初めて桑つみの体験をした男児は「ゆびがいたくなったので，おじいさんにほうたいをしてもらいました。(中略)あつくて，せなかがあせでびっしょりになりました」と述べている（2年上『森下先生へ』信濃教育出版，1960）。この作品が掲載されているのは，2年上の教科書である。わずか7，8歳の子どもが家族の中で1つの役割を与えられて仕事をしているのである。また「松葉かき」をしている際に「松葉がちくちくして重かったが，がんばった」という表記があるが，これは1年中の教科書の作品（『まつばかき』学校図書，1960）である。『おつかい』（2年下 学校図書，1960）という作品の中には，母親に頼まれて買い物に出かけた女児が，一緒についてきた妹をなだめて，目的の買い物を果たす様子が描かれている。『おかあさんをまつ』（2年上 東京書籍，1960）でも泣きやまない赤ちゃんを，母親の代わりに小学生の姉があやして世話をするという記述が出てくる。『車のあとおし』（3年2 日本書籍）の中には，父親が台車を引っ張るのを後ろで支えて，坂道を上がる男児の様子が描かれている。自分が力を緩めたことによって，台車は後ろに下がってしまった。自分の力も少しは役に立っていると男児は気づく。このような体験を通して，辛い労働ではあるが，自分の力が親のために役立っていることを，子どもは共感しながら教科書を通して理解していったのであろう。

『車のあとおし』（3年2 日本書籍）
ヨイショ。ヨイショ。
とうげの坂みち。
ぼくは 車のあとおしだ。
おとうさんの シャツに，
あせが にじんでいる。
ぼくが，ちょっと

> おすのを やめたら,
> 車が少し あともどりした。
> おとうさんが
> うしろを 向いた。
> やっぱり,
> ぼくの力も
> やくに たっているのだな。

> 『おかあさんをまつ』（2年上 東京書籍）
> おかあさんは まだ かえらない。
> もう くらく なっているのに
> 赤ちゃんが なくのに,
> まだ かえらない。
> おかあさんは,
> じょそうきを おしているのだろう。
> 「まんま,まんま。」と なく 赤ちゃんを だいて,
> わたしは おもてへ 出た。
> 外は,雨が,
> しょぼしょぼ ふっている。
> 赤ちゃんは なきやまない。

　また各国の教科書にも一家を支える子どもの「お手伝い」の姿が描かれている。なおバングラデシュでは，実際には今でもかなり子どもの労働は重要であるとされているであろうが，詩が多いという教科書記述の特性上，「お手伝い」に関する具体的な記述がされておらず，ここでは分析の対象としていない。バングラデシュを除く他国に登場する「お手伝い」の話を取り上げる。
　②韓国に見るお手伝い
　韓国の1960年版の教科書には，おじさんとマクワウリの収穫に行く子ども（1年生1『ミョンスクの話』，1960），おばさんの家に兄妹がバスに乗ってお使

いに行く様子（1年生2『お使い』，1960），田植えの時に皆の食事を作る姉を手伝って食器を拭いたり，下の子どもを背負いながら手伝いをする女児の様子（2年1『田植え』，1960），父親の果樹園の手伝いをしたご褒美に自分の梨の木を12本持っている子どもの話（3年1『青い鳥』，1960），子どもたちが共同で弟妹の面倒を見るために，自分たち独自で保育システムを作る話（3年1『子どもの遊び場』，1960）など，子どもの労働はちょっとした「お手伝い」の範囲を超えて，家族にとって必要なものとなっている様子が描かれている。

『子どもの遊び場』（3年1）
　皆さん！私が住んでいる村には子どもの遊び場があります。子どもの遊び場は私たちの弟妹のために作った遊び場です。これから私たちが遊び場を作った理由を話します。
　ある日，キスン（女児）が学校から帰って来たら昼寝をしていた弟が起きて泣いていました。お父さんもお母さんもお兄さんも皆は田畑に出て家には誰もいませんでした。お母さんは乳を飲ませるために戻るまで寝ているだろうと思って，出かけたみたいです。ところが，弟は目が覚めて泣いていました。キスンは弟をおんぶして涼しい川に行きました。
　涼しい空気をすいながら，立っていた時に，ヨンチョル（男児）が妹を連れて川に来ました。
　「キスンちゃん，きみも赤ちゃんの面倒をみているの」
　ヨンチョルが聞くと，
　「そうよ，誰もいないのに弟が起きて1人で泣いていたの」
　とキスンが答えました。
　（中略）
　「ねーねー，ここに子どもの遊び場を作ろう，そうすると弟や妹が楽しく遊べるだろう」
　「そうしよう。そうすると，田畑で仕事をしているお母さんたちも遠い家まで戻らなくても赤ちゃんに乳を飲ませられるからね」
　キスンも賛成しました。
　「我々が当番を決めて何人かは子どもの面倒をみて，何人かは勉強もできる」

> 　　ミスク（女児）も良いと言いました。ヨンチョルは村に戻って弟や妹の面倒を見ている友だちにこういう話をしました。話を聞いて弟や妹をつれて来た，友だちが全部で9人です。
> 　私たちはすぐ遊び場を作り始めました。
> 　（中略）
> 　家で持って来た絵本をみる子もいます。私たちは二組に分かれて一組は子どもの面倒をみて，もう一組は勉強することにしました。田や畑でお仕事をしていたお母さんとお父さんたちが時々この遊び場に来ました。キスンのお母さんが鎌をおいて，キスンの弟に乳を飲ませました。
> 　「この遊び場はとてもいいね」と言いながら楽しく遊んでいる子どもたちをみていました。夕方にヨンチョルのお父さんが寄りました。
> 　「おい，これはまるで保育園みたいだな！先生もやさしくて，子どもたちもいい子にしているな」と言いながら柿をたくさん下さいました。
> 　（中略）
> 　私たちの遊び場は私たちが作った村の誇りの1つになるでしょう。

③中国に見るお手伝い

　中国の1960年版にも，一家の労働力としての子どもの姿が描かれている。母親が仕事で遅く帰ってきたので，母親の代わりにニワトリに餌をやる女児（2年生第3冊『寧ちゃん』，1960），一家の生活を支えるために地主の家で子守や家事をする女児（2年生第4冊『李春花の話』，1960）が作品の中に登場する。

> 　『李春花の話』（2年第4冊）
> 　昔，我が家は貧しくて常にお腹一杯になることが出来ず，一家全員栄養失調になっていました。
> 　ある日，私はお腹が空いて泣いていました。
> 　母が「春花，泣かないで！お母さんが，野菜を採りに行ってきて食べさせてあげましょう！」と言って母も泣き出しました。
> 　私が10歳の年に，我が家では畑の利子を返済できず，仕方なく私が地主の家へ仕事をしに行くことになりました。

私は地主の家で子守りをしたり，洗濯をしたり，家事をしました。

毎日明るくならないうちに起きて，夜中に寝て，疲れ切っていたので頭もまっすぐにすることができなかったのに，それでも常に叱られ，ぶたれていました。

ある日，私は家へ飛んで帰って，母に「もう嫌だ。」と言いました。

母が「春花，やはり（地主の家に）戻ってちょうだい！お母さんに打つ手があれば行かさなかったのよ！」

私は涙ぐんで再び地主の家へ向いました。

共産党がやってきて，地主を倒したので，私たちにも土地が分け与えられました。

貧乏人はもはや食べることにも着るものにも悩まされることがなく，日に日に良い生活を送るようになりました。

ある日，母が私を学校へ通わせると言いました。

私は喜んで飛び跳ねました。

昔を振り返ると，学校なんて地主の子どもでなければ行くことは出来なかったのに。

私は小学校を終えたら農業公社で働くようになりました。

公社が作られ，父は畑仕事に就き，母は食堂で調理し，弟は幼稚園へ通い，私は牽引車の運転を習いました。

私は心から党と毛主席に感謝し，必ず（国のために）一所懸命働きます。

④台湾に見るお手伝い

台湾の1960年版の教科書にも，日本，韓国，中国ほど多くはないが，一家を支える子どもの様子が描かれている。たとえば麦畑で麦を打つ父親の手伝いをする兄弟（1年第2冊『麦を打つ』，1960），野菜を植える父親の手伝いをする男児（2年第3冊『野菜を植える』，1960）が作品の中に登場する。またそれらの作品と併せて，子どもに「お手伝い」の重要性を意識的に教えようとする大人側の意図が反映されたと思われる作品も，台湾の教科書にはみられる。たとえば『勤勉なる蔣介石総統』（2年第4冊，1960）では，蔣介石がいかに勤勉で，母親の手伝いをしながら勉強してきたかが描かれている。台湾ではすでに1960年頃から高等教育への進学率も上昇しだし，特に都市部の子どもたちに

とっては，家の仕事よりも勉強の方が重要になりつつあったと思われる。そこであえて有名な人物を引き合いに出し，知的な部分だけではなく実生活上での勤勉性をも強調するような作品を，子どもたちに提示したのではないだろうか。このような傾向は現在の教科書にもみられ，登場人物は代わっても勤勉さを強調する話は引き継がれていく。

『勤勉なる蒋介石総統』（2年第4冊）
蒋介石総統は幼いときから勤勉でした。
彼は毎日必ず掃除するだけでなく，お母さんのお手伝いもします。
ご飯の後，自分で皿洗いをします。
家のお手伝いさんがいないとき，彼はお母さんと一緒に菜園で野菜を植えます。
お母さんが布を織るときには彼は横で読書をします。
蒋介石総統は幼いときから勤勉の習慣を身につけたからこそ，大きくなってから苦労に耐えて国を救う仕事に捧げることができたのです。

---

⑤タイに見るお手伝い

以上の国々とは異なり，タイの教科書では，2000年版のものにも「お手伝い」の様子は描かれている。売るための卵を拾い集める兄妹（1年1『草むらの中のたまご』，2000）の話が登場する。また農家の子として農作業を見習ったり空模様や雨の見方を訓練しなくてはならないと父親から諭され，稲を刈ったり，魚を捕ったり，たきぎを自ら集める男児の様子（1年2『農家の子』，2000）が描かれている。労働の大切さを教えようとする大人側の意図もそこには感じられ，別の作品では形を変えてさらにそれが明確化される。たとえば「ほしかったら，お金を貯めなくちゃね。」と父親から言われ，自ら稼いだお金でほしい物を買うという男児の姿（2年1『サマイの電車』，2000）が，タイの2000年版には描かれている。「自分でまじめにお金を稼ぐということやそれを貯めるということを知っていれば，自分がほしいものを手に入れることができるんだよ」という母親の言葉でその作品は締めくくられている。子どもの労働が現実性をもたなくなりつつある一方で，勤労の大切さを強調していこうとする大人側の姿勢が，これらの作品には反映されていると考えられる。

> 『農家の子』(1年2)
>
> 私は農家の子です。
>
> お父さんは前に「農家の子なんだから農作業を見習ったり，空模様や雨の見方を訓練しなくてはならないよ。」と言ったことがあります。
>
> だから私は空模様や雨のことがわかるし，農作業のやり方も知っています。
>
> 私は田んぼに愛情を持っているし，雨季も好きです。
>
> (中略)
>
> 私はお父さんが田んぼで稲を刈るのを手伝います。
>
> (中略)
>
> お父さんは私に「農家の子に生まれたんだから我慢強くならなくてはいけません。自立自存を知らなくてはいけません。」と教えたことがあります。
>
> それで，私はお父さんの仕事を手伝って，稲を刈ったり，魚を捕ったり，野菜を取ったり，たきぎを集めたりしています。
>
> 私は農家の子に生まれることができてうれしいです。
>
> 農家はお金持ちではありませんが心が幸せです。

⑥子どもの労働の場をどう創り出すか

各国の「お手伝い」の様子をみてきたが，これらに共通していることは，大人の仕事場が子どもの生活範囲内の目に見えるところにある場合には，子どもは一家の労働力として期待されていることである。そして子どもも自分が家族の役に立っているという実感を持ちながら，大人の仕事を手伝っていることである。日本，韓国，中国の1960年時点では，実社会の中でも農業や漁業などを営む家族の一員として，かなりの子どもが労働力を提供していた。そして本来親の役割である乳幼児の世話やしつけも，児童期の子どもが担っていた。しかし親の仕事場と生活の場が切り離され，さらに生活が電化されていくにつれて，子どもの力が必要とされる機会が家庭の中から消えていった。

どの国の教科書でも，親の育児の中で「知識の授与」の割合がこの30～40年間で高くなっている。子どもが実生活の労働から切り離され，子どもへの知的な教育が重視されていくのと同時に，親の育児役割も変化していったことが，

教科書には如実に表れている。親と子を取りまく生活空間が変化したことは，家族内の子どもの役割をも変化させた。そしてその子どもの役割の変化は，親の育児のあり方や親子の関係性を変えていった1つの要因になるのではないだろうか。

　近代化の中で子どもは一方的に育児を受ける側にまわり，子ども自身が家族に自分の労働力を提供したり，自分より幼い子どもの育児に関わる経験をしなくなっていった。その結果，子どもの「生きる力」や自尊感情はリアリティをもたなくなっていく。子どもへの教育の重要性が叫ばれ，子どもの価値が精神的なものに大きく傾きつつあるアジア諸国において，子どもの「お手伝い」や労働の場は今後もさらに少なくなっていくであろう。そのような中で，子どもの知的な発達の部分だけではなく，実生活の場でのコミュニケーション能力の発達をどう支援していけばよいのだろうか。近代的な生活の場を昔に逆戻りさせるのは不可能な話であろう。それならば子どもが他者に貢献したという実感がもてるような労働を，どう教育の場で設定していくかが今後の課題になると思われる。

2）女性に対する子育て支援のあり方
①変わらない日本と韓国の価値観

　育児行動における親役割や性役割に影響を与えるもう1つの要因として，女性に対する子育て支援のあり方があげられる。この子育て支援とは，単に乳幼児医療費の補助や保育施設の設置など，目に見える形の支援だけを指しているのではない。両親だけが子育てをするのではなく，保育施設や他の人に育児を任せるという「育児の外注化」に対する価値観を組み替えていくといったような，目に見えない形での支援のあり方をも含んでいる。育児の外注化に対する価値観は，国によってどのように異なるのだろうか。

　6カ国すべてにおいて，女性の高等教育の進学率が上昇し，女性の就労と育児を支援する法律も，この40年間で制定され整備されつつある。それに伴い，多くの女性が社会で活躍するようになった。しかし相変わらず育児に対して母親の労働力が期待される国と，それほどではない国がみられる。ここでは特に東アジアの4カ国に焦点をあててみてみよう。このような違いの1つの要因となっているのは，子育て支援体制の中でも子育ての外注化に対する価値観の違

いであると考えられる。すなわち長時間保育施設や親戚，近所の人に子どもを預けるか，さらに子どもに与える食事，しつけ，教育をどの程度両親以外の人や施設に任せるかという点である。日本では女性の高等教育進学率が上がっても，依然として教科書の中に描かれる母親像は，40年間大きく変わってはいない。知識の授与は父親に任せ甲斐甲斐しく子どもの世話をし，優しく情緒的な接し方をする親として表現される。現実でも家事・育児は女性の仕事になっており，1週間の家事・介護・看護・育児・買い物を合計した家事関連時間は，有業男性27分に対して，有業女性3時間というように，かなりの男女差が現在でも存在する（総務省統計局，2002）。甲斐甲斐しく子どもの世話を焼くことが理想の姿として期待されている母親にとって，周囲の人はもちろん母親自身にとっても，子育ての外注化の実現は，精神的になかなか至難の業であるようだ。「3歳までは母の手で」という母性神話をもつ母親が都市部でも約70％いるという（ベネッセ教育研究所編，1998）。したがって子どもを長時間保育施設に預けた場合，自分の仕事や自己実現のための勉強を子育てよりも優先させたという一種の罪悪感をもつ日本の母親も多いと推測される。

また韓国でも日本以上に学歴社会である。親の学歴にもよるが，多くの親が息子だけではなく娘にも大学以上の学歴を望んでいる[11]（統計庁，1995）。しかし同時に韓国では家系を絶やさないことも重要な課題として女性に課されており，結婚し出産すること，そして子どもを「良い」学校に入れるために惜しみない母親の努力が求められる。女性が「良い」大学に入るのは男性と同等に稼いでいける仕事を見つけるためというよりは，「良い」結婚相手を見つけるためという意識が，高等教育を受けた女性の中にも存在する。このような価値観に取り囲まれている中で，教育の外注化だけではなく，子どもの生活レベルでの外注化を実現するのは難しそうである。

②育児の外注化が進む台湾と中国

一方中国や台湾では，育児の外注化が進んでいる。台湾では中国のような全托施設は一般的ではない。しかし「褓姆」などのシステムや，朝・昼・晩の食事付きの長時間保育，幼稚園の中でのお稽古ごとの提供，そして祖父母や親戚

11　息子には86.5％，娘には79.4％もの世帯主（主として父親）が大学（大学院を含む）進学率を期待している。

の人の育児支援が台湾には存在する。さらに中国では24時間子どもを預かる全托の保育施設が存在し，北京の約1割の親が全托の保育施設を利用している。この背景にあるのは，保育施設などの物質的な充実だけではない。母親だけが子育てをするのではなく，子育てを周囲の人に分散させても良いという価値観である。東京，上海，ソウル，ロンドン，ニューヨークで行った調査によると，上海では92.1％の母親がフルタイムで働いているという（福武書店教育研究所編，1994）。

　このような高いフルタイム就業形態は，もちろん単なる価値観だけではなく，目に見える形での育児支援もあってのことだろう。中国では一人っ子政策があるため，以下のような調査の対象にはならないが，フランス，ドイツ，イタリア，オランダ，ノルウェーなどの国々を対象とした調査では，女性の就業状態と出生率には相関関係があるという。すなわち女性にとって仕事と子育てを両立できる環境整備が進んでいる国ほど，高い出生率を維持しているという（厚生労働省大臣官房国際課，2003）。養育手当や託児所の整備など，経済的にも物質的にも子育てを支援することが，女性の就業と育児を同時に可能にするであろうという予測がそこに表れている。

　③心の育児支援

　以上のような環境整備がいくら進んだとしても，人々が相変わらず「子育ては母親の仕事」という価値観をもち続けている限り，出生率は上がらないであろうし，真の育児支援にはならないであろう。中国における女性の高いフルタイム就業率を側面から支えるのは，子育ての外注化を許容する社会全体の価値観であると考えられる。子育てをすべて外注化することが良いかどうかという問題は残るものの，子育てに関する価値観をも含めた子育て支援は，母親自身の子どもに対する接し方や感情，そして母親だけではなく，父親の生き方をも左右していく。したがって単に目に見える形の育児支援だけではなく，目に見えなくても心を縛っている価値観を変えていく取り組みが，今後教育の場では必要とされるであろう。子どもとは誰の手でどのように育つことが，子どもにとっても親にとっても良いのかとの観点から，今後の育児支援を考えることが必要であろう。教科書に描かれた各国の育児の違いや変化は，さまざまな育児支援のあり方の可能性をも提示しているといえるかもしれない。

5 次世代に伝えるいい子像

第1節　現代のアジア6カ国の理想の「いい子」像

1 「いい子」とは何か

　子どもは自分の生まれ育った文化の中で，身近な大人の価値観や，周囲のさまざまな評価を受けながら，何が重要で，何が周囲から期待された行動かを学習していく。その結果，文化が異なれば，そこで生活する人間の行動，たとえば他者との間の衝突を回避したり解決したりする方法は異なる。すでに子ども時代から，どのような行動をしたら「いい子」だと認められるかという行動の方向づけがなされており，その行動の方向づけの延長線上に，大人になったときの「望ましい行動」があると考えられる。

　こういった子ども時代に方向づけられる「いい子」像は，さまざまな点からとらえることができるだろう。たとえばお行儀がよいとはどんな子か，大人の言うことをどの程度聞く子がいい子か，友人をどの程度手助けできる子がいい子かなど。しかし本書では，これらの「いい子」像すべてをとらえているわけではない。相手や周囲の状況と自分の欲求や行動が異なっていたときに，どのように折り合いをつけるかという点に焦点をあて，この点から「いい子」像をとらえようとした。

　たとえば欧米社会，特にアメリカでは，相手と異なった意見をもっている場合には，相手に対して自分の意見をはっきりと表明することが子どもにも期待される。そして自分が正しいと思えば，一般的に相手の意見を変えることによって問題解決を行う傾向が強い。一方，日本では正面切って相手と対立しようとはせず（中山，1988；熊山1991），自らのやり方を変えて相手や周囲の環

境に合わせる子どもが「いい子」と見なされる。学校内でも「皆のことを考えて行動しなさい」「クラスや班の皆に迷惑になるでしょう」という注意がよくなされる。たとえ自分が正しくてもその正しさを真正面から主張するのではなく，あるときは全面的に相手に合わせ，あるときは少しずつ時間をかけて微調整をしながら周囲に合わせるという行動が，子どものときから期待されるのである。

ワイツら（Rothbaum, Weisz & Snyder, 1982; Weisz, Rothbaum & Blackburn, 1984）によると，アメリカ社会では他者との間で何らかの意見や行動が食い違った場合，プライマリーコントロール（primary control）といって，相手のやり方を変えることにより，両者間の問題を解決しようとする傾向がみられるという。しかし日本社会ではセカンダリーコントロール（secondary control）といって，自分自身のやり方を変えることにより，相手との間の問題を解決したり，周囲の状況を改善する傾向がより強いという。アメリカとの比較においてみられた日本のこのような問題解決のやり方は，他のアジア諸国でも同様にみられるのだろうか。第5章ではこのワイツらの仮説を参考にしながら，アジアの6カ国に焦点をあて，各国内の「いい子」像について検討する。

2　「いい子」像の研究方法

1）作品の選定

本章で分析対象となった教科書についてはすでに第2章で説明した。その中でも，説明文や単に状況を説明している詩などは除き，起承転結を持つ作品を分析対象として取り上げた。一定の基準に従い教科書選定を行った結果，2000年版の教科書では，日本154編，韓国135編，台湾290編，中国88編，タイ125編，バングラデシュ51編の作品が分析対象となった。また1960年版の教科書では，日本583編，台湾108編，中国73編，タイ24編が分析対象となった。そして1963年と1964年版の韓国の教科書からは83編，1972年版のバングラデシュの教科書からは21編の作品が分析対象となった。

なお，まったく同じ内容でも異なる出版社に掲載されている作品であれば，その作品の重要度を分析に加味するために，算出の際には別々の作品として扱った。以上の作品選択に関しては心理，教育，文学の領域の研究者が分析を行い，評定不一致の際には研究統括責任者と，それぞれ分担している国の担当

者が話し合って，分析対象とする作品の採択を決定した。

2) 作品内の分析対象場面と主人公の選定

前述したように，国語教科書の中から一定の基準を用いて作品を選択したが，分析する際には選択した作品のすべての内容を扱っているわけではない。分析対象となる部分を，1つの作品につき2場面取り出して分析している。この場面選択については，作品の中で主人公の最後の行動に最も影響を与えたと考えられる事柄が起こる場面と，主人公がその事柄に対してどのように対処するかを描いている場面を，それぞれの国を担当する複数の評定者がそれぞれ独立に選択して決定した。また国によっては，研究統括責任者が評定したものを，研究協力者が再評定するというやり方で行った。評定者間に不一致が生じた際には，作品の題名の意味により近く，より文章数[1]の多い場面を分析対象場面として選んだ。また教科書のなかに描かれている挿絵なども，各国の文化の特徴を表していると思われるが，「いい子」像の研究では文章のみを分析対象とした。そしてできる限り推測ではなく，表記されている内容を重視して分析した。

さらに各作品の中で最も登場回数の多い人物を主人公と設定し，この人物を作品ごとに1人選んだ。主人公は必ずしも人間である必要はなく，動植物が擬人化されている場合にもその対象となった。また主人公の選定にあたっては，人物の登場回数のみではなく作品の題名をも考慮した。

3) 全体的な分析基準

本書では，ワイツらのプライマリー・セカンダリーコントロールの仮説を援用して，教科書の作品に登場する主人公の行動を分析している。ただし主人公が相手と自分の行動をどのようにコントロールしていくかは，主人公の行動の継続や要求に影響を与える周囲の状況や他者の行動によっても異なるであろう。そこでトラブルの際の対処行動のみならず，相手の行動，そして周囲の状況の内容や方向性をも併せて取り上げる。本書ではこのような「相手や周囲の状況」を総称して「外的刺激」と呼び，「外的刺激」に対する主人公の行動を「対処行動」と呼ぶが，外的刺激の行動とそれに対する主人公の対処行動とい

1　1つの文章（センテンス）とは，句点から句点まで，またはピリオドからピリオドまでの範囲を指す。

う2つの行動の組み合わせによって，「いい子」像を分析した。外的刺激と外的刺激に対する主人公の対処行動について，分類基準と分析基準細目の一覧を，表5-1に示した。

なお，外的刺激及び主人公の対処行動に関するいずれの分類においても，分類の際に評定者間で意見が最後まで分かれ，どちらにも決められない場合に

表5-1 分類基準
A 外的刺激

外的刺激の種類	①他者	外的刺激の主体が人間または動物などの生物体による行動や発話を意味し，例えば「先生」「親」「友だち」などを指す。
	②状況	災害のような自然状態や戦争状態，偶然に起こった事象，そして主人公の周囲の状況などを意味し，例えば「台風」「戦争」「ハプニング」などを指す。
外的刺激の意図の有無 但し，「外的刺激の種類」で「状況」と評定されたものはすべて「②なし」として評定する。	①意図あり	外的刺激が主人公の行動を変容させようとする意図があったと解釈できるものを指す。
	②意図なし	外的刺激が主人公の行動を変容させようという意図はなかったものを指し，具体的には「わざと」「故意に」主人公の行動を変えようとしたのではないことを意味する。
外的刺激の方向性	①同方向	援助，促進といった同方向の形で，外的刺激が主人公の要求や，現状の維持・継続に対して影響を与えることを意味する。例えば助けたり，慰めたり，有益な知識を教授したり，励ましたりといった行動である。
	②逆方向	阻止・対立といった逆方向の形で，外的刺激が主人公の要求や，現状の維持・継続に対して影響を与えることを意味する。例えば主人公を叱ったり，異議を唱えたり，嫌な気持ちにさせたりといった行動である。

B 主人公の対処行動

主人公の行動レベルでの受容の有無	①受容あり	外的刺激の行動や内容を主人公が行動レベルで受け入れることを意味する。
	②受容なし	外的刺激の行動や内容を主人公が行動レベルで受け入れないことを意味する。
主人公の行動レベルでの反応形態	①積極的	主人公の外的刺激に対する受容の有無に関わらず，行動レベルで外的刺激に対して，能動的・積極的に反応することを意味する。例えば，積極的に受け入れ，感謝の意を示したり，逆に積極的に反発して，異議を唱える態度を示すことを指す。

	②消極的	主人公の外的刺激に対して、行動レベルで受動的・消極的に反応することを意味する。例えば、外的刺激を受け入れる際にも、主人公の積極的な反応が見られず、同方向の外的刺激を何も言わず静かに受け入れたり、自分の意に沿わないことに対しても、消極的な反対を示すことである。
主人公の対処行動後の外的刺激の変化の有無	①変化あり	外的刺激から逆方向の刺激を受けた場合に、主人公が外的刺激の行動や要求を変化させることを意味する。
	②変化なし	外的刺激から逆方向の刺激を受けた場合に、主人公が外的刺激の行動や要求を変化させないことを意味する。
	③表記なし	外的刺激から逆方向の刺激を受けていても、外的刺激に対して主人公の反応が描かれていないことを意味する。

分析基準細目

（1）説明文や詩の作品の中でも、単に状況を説明しているものなどは除き、起承転結を持つ作品を分析対象とする。主人公の外的刺激に対する反応（「結」の部分）が描かれていない作品は対象外とする。但し、行動レベルの対処行動が描かれていなくても、感情レベルの対処行動が描かれている場合には分析対象とする。

（2）単文以外のものは1つの作品と見なす。但し起承転結がない作品は分析対象外とする。同じ内容の作品でも、異なる出版社の作品であれば、その作品の重要度を分析に加味するために、算出の際には別々の作品として扱う。

（3）分析対象となる部分を、1つの作品につき2場面取り上げる。この場面選択については、作品の中で主人公の最後の行動に最も影響を与えたと考えられる事柄が起こる場面と、主人公のその事柄への対処の場面である。

（4）作品の内容が大きく2つに分かれている場合には、原則として後の場面の方を取り上げる。但し、作品の題名や作者の意図をも考慮し、どちらも同程度重要である場合には、2つの異なる作品として扱う。

（5）場面選択に関して評定者間に不一致が生じたときには、作品の題名の意味により近く、より文章（センテンス）数の多い場面を採用する。

（6）各作品の中で最も登場回数の多い人物を主人公と設定し、この人物を作品ごとに1人選ぶ。その際には、人物の登場回数のみではなく作品の題名をも考慮する。2人以上の人物が作品中に同量程度登場し、かつその人物の名前が題名に使用されていた場合には、最初に出てきた者を主人公とする。但し作品の外的刺激に対して異なる対処をする主人公が2人以上存在し、かつ作品にとってどちらも重要である場合には、それぞれ異なる対処行動として別々に算出する。

（7）主人公は必ずしも人間である必要はなく、動植物が擬人化されている場合も対象とする。

（8）教科書のなかに描かれている挿絵や図版は分析対象外とし、文章のみを分析対象とする。

（9）外的刺激及び主人公の対処行動に関するいずれの分類においても、分類の際に評定者間で意見が最後まで分かれ、どちらとも決められない場合には、欠損値扱いとして分析から除外する。

156　第5章　次世代に伝えるいい子像

表5-2　分析事例

国名	作品名	主人公	物語の概要	外的刺激 種類	意図の有無	方向性	受容の有無	反応形態	外的刺激の変化の有無
日本	お母さんの目	せつこ	せつこは母親の黒いひとみの中に小さな自分が写っているのに気づき、それを不思議に思って母親に尋ねると、「美しいものに出会って一生懸命見つめると、それが目ににじんで心に住みつくのよ。」と説明される。せつこはその時その言葉の意味があまりよく分からなかったが、この点についてさらに母親に質問しようとはせず、成長する過程で美しいものに出会うたびに、母親の目を思い出すのだった。	他者（母親）	意図あり	同方向	受容あり	消極的	―
韓国	トトとミミ	トトとミミ	トトとミミは双子の鳥だが、あまりにもうるさく鳴くため、森の他の動物たちから嫌われて、皆に引越されてしまった。友達がいなくなったため、トトとミミは淋しくてしかたがない。自分たちがうるさく鳴くことに原因があったと気づき、ハトやカッコウの鳴き方を聞いて練習し、きれいに鳴くようになって皆に認められた。	他者（森の動物たち）	意図あり	逆方向	受容あり	積極的	―
台湾	お母さんと先生	娘	突然の大雨の中を母親がレインコートを娘のために持ってきてくれた。その場に居合わせた先生が、「お母さんがいつも気にかけて、かわいがってくれるから本当にあなたは幸せね。」とその娘に言うと、その娘は、「先生！ありがとう。親の恩を教えてくれて。」と言って先生に感謝する。	他者（先生）	意図あり	同方向	受容あり	積極的	―
中国	一匹の子羊	バト	バトは迷子の子羊を見つけ、飼い主を捜すために手を尽くし、最後に飼い主を見つけ出して、子羊を飼い主の元に返す。	状況（子羊が迷子になっていること）	意図なし	逆方向	受容なし	積極的	変化あり
タイ	カラスとお母さん鶏	お母さん鶏	お母さん鶏はカラスの親切そうな申し出を受け、自分が餌を探しに行っている間、卵を見張っていてもらおうとした。しかしそれはカラスのたくらみであって、カラスは卵を食べようとした。しかしお母さん鶏は無事に卵を取り戻した。	他者（カラス）	意図あり	逆方向	受容なし	積極的	変化あり

| バングラデシュ | 勝利の記念日 | バングラデシュの人々 | バングラデシュの人々はパキスタンから抑圧と搾取をされていたが、多くの人の犠牲のもとに戦って最後には独立を勝ち取った。 | 他者（パキスタン） | 意図あり | 逆方向 | 受容なし | 積極的 | 変化あり |

は，欠損値扱いとして分析から除外した。また以上の方法で行った分析事例を表5-2に示した。

4) プライマリー・セカンダリーコントロールに関する分析方法

「いい子」像の分析の理論的基盤となるプライマリー・セカンダリーコントロールは，各作品内の外的刺激と主人公の対処行動の組み合わせで構成される。まず，プライマリーコントロールとは，外的刺激の「方向性」が逆方向の際に，主人公の「受容の有無」が「受容なし」で，かつ主人公による外的刺激の「変化の有無」が「変化あり」と評定された主人公の行動に該当する。すなわち本書でのプライマリーコントロールとは，外的刺激が主人公の行動の継続や要求とは異なっていた場合に，主人公がそれを受け入れず，さらに主人公が外的刺激の状況や行動を変化させることを意味している。

次に，セカンダリーコントロールとは，「外的刺激の方向性」が逆方向の際に，主人公の「受容反応の有無」が「受容あり」と評定された主人公の行動に該当する。すなわちここでのセカンダリーコントロールとは，外的刺激が主人公の行動の継続や要求とは異なっている場合でも，主人公はそれを受け入れ，受け入れることによって自分のやり方を変えて外的刺激に合わせることを意味している。

本書では外的刺激，主人公の対処行動，そして外的刺激と主人公の対処行動を組み合わせたプライマリー・セカンダリーコントロールに焦点をあてて，それぞれの出現率を6カ国間で比較した。

3　外的刺激に関する比較分析―どんなきっかけを期待するか―

第1に，外的刺激の種類を「他者」と「状況」に分け，その出現率について6カ国間比較を行ったところ（図5-1），中国が最も「状況」刺激の割合が高

かった。外的刺激の「状況」の出現率とは、主人公を窮地に陥らせたり、援助するきっかけを作る際に、どの程度周囲の状況がそのきっかけの材料となるかを示している。中国では周囲の人が直接主人公の行動を変容させるよりも、状況の力を借りて行動変容をさせることが他国に比べて多いといえるだろう。一方、タイでは状況に頼るよりも、人が主人公に直接影響を与えることが他国より多いと考えられる。

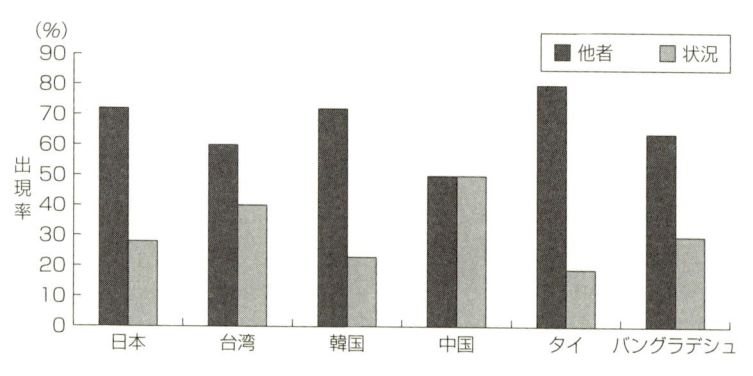

図5-1　外的刺激の種類
($\chi^2 = (5, N=842) = 34.75, p<.01$)

第2に、外的刺激の方向性については、台湾や日本が「同方向」刺激の割合が他国に比べて高く、逆に「逆方向」刺激の割合が最も高いのは中国であった（図5-2）。現実社会でも、他者となるべくぶつからないように生活することを是としている日本の対人関係についての考え方が、教科書にも反映されている

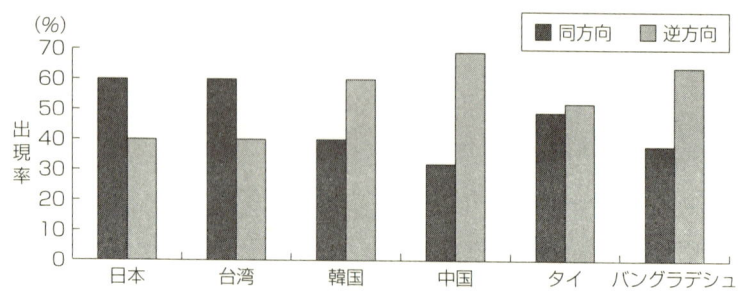

図5-2　外的刺激の方向性
($\chi^2 = (5, N=825) = 37.87, p<.01$)

また同じ中華文化圏内でも中国と台湾では異なる様相をみせており，中国では台湾に比べて相手に「逆方向」刺激を与えることが多い。ただし，人が直接主人公に「逆方向」刺激を与えるというよりは，「困難な状況」といったように何らかの状況の力を借りて行う傾向が中国でも多いことが，分析結果から浮かび上がってくる（図5-3）。それに比べて韓国，タイ，バングラデシュでは，相手に「逆方向」刺激を与えるときでも，「他者」が与えることが多く，状況のせいにせずに人が他者と対峙する場面も多い。タイでは図5-2にも示されているように「同方向」刺激の割合も比較的高く，相手をサポートすることも多い一方で，逆にネガティブな刺激を与えるときには，周囲の状況の力を借りるのではなく，人がそのきっかけを作ることも多いようである。そして特に中国，韓国やバングラデシュでは，単に子どもの行動を支持・援助したりするだけではなく，困難な課題を要求したり，困難な状況を設定することが多い。これらの国々では，試練を与えることが子どもの成長に必要であると，他国よりも強く考えているのではないだろうか。

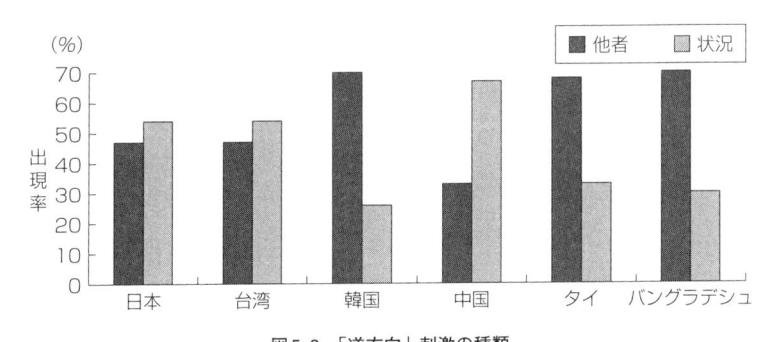

図5-3　「逆方向」刺激の種類
($\chi^2 = (5, N=410) = 35.11, p < .01$)

　第3に，「他者」と分類された外的刺激に対してのみ，外的刺激の意図の有無を「意図あり」と「意図なし」に分け，その出現率について比較を行ったが，6カ国間に有意な違いは認められなかった。
　また外的刺激の方向性別に意図の有無を検討しても，「同方向」「逆方向」刺激共に6カ国間に有意差は認められなかった。以前行った日英比較研究（塘・

真島・野本, 1998) によると,「逆方向」刺激を与える場合には, イギリスに比べて日本では意図せずに行う割合が高かった。しかし今回のアジア諸国間での比較においては, 逆刺激の際に日本が特に「意図なし」が高いとはいえなかった。他者と対立しなければならないときにでも, 故意にしたのではないと相手に示そうとする特徴は, もしかするとアジア諸国に共通にみられることなのかもしれない。ただしこの点については, 今後とも慎重に研究結果を重ねて検討していく必要があるだろう。

4 「同方向」刺激に対する主人公の対処行動—他者の好意をどう受け取るか—

主人公の対処行動は, 外的刺激の方向性と関係があるため, 外的刺激の方向性ごとに主人公の対処行動を検討する。ここでは特に外的刺激が同方向の場合についてみてみよう。まず主人公の受容の有無を「受容あり」と「受容なし」に分け, その出現率について6カ国間で比較したが, 特に有意差はみられず, すべての国で「受容あり」が90％以上を占めていた。すなわちどの国でも, 周囲の状況や他者が援助の手を差し伸べた場合には, それらを素直に受け入れることが子どもには期待されているといえる。これらの教科書を使用しているのが児童期前期だという年齢的な特性もここには考慮されていると思われる。また教科書という特性上, 子どもが手にする教科書以外の物語や漫画などに比べて, 特にアジアの国々では, 大人の期待する子ども像がより望ましい方向へ誇張されて描かれていることも関係している。しかしいずれにせよ, この年齢の子どもたちに対して, 援助されたときにみせる行動反応への大人の期待は, アジア6カ国間では大きく異なってはいないようである。

次に, 外的刺激が同方向の場合の主人公の反応形態について検討する (図5-4)。「同方向」刺激を受容した場合には, 6カ国中で, バングラデシュが最も「積極的」に反応する割合が高い。それに対して「積極的」反応が最も低かったのは日本である。日本では他国に比べて大げさに喜びを表現しない主人公の反応が多かった。

教科書に描かれた事例から見てみよう。まずは日本の教科書だが, 他者の援助を受け入れたとしても「心の中で」「ひそかに」感謝する主人公の行動例が, 2000年版の日本の教科書には登場する。『えんそく』(1年下 大阪書籍, 2000)

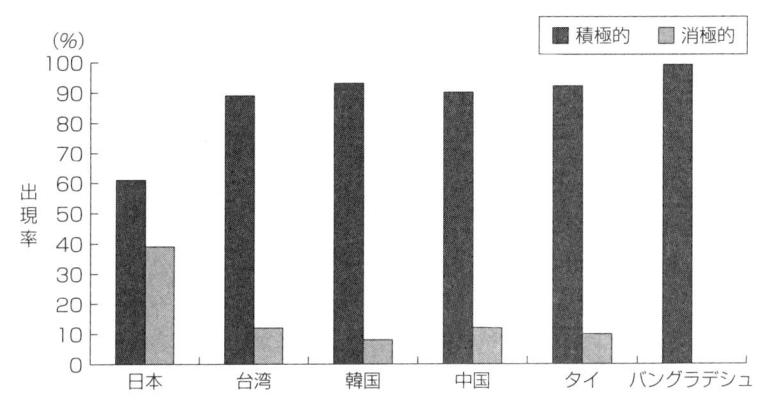

図5-4 「同方向」刺激に対する主人公の反応形態

という作品には，遠足の際に母親が病気のため，父親の作った不格好なおにぎりしか持ってくることができず，他の子どもたちから「へんなおにぎり」と言われて気持ちがふさいでいる女児に対して，先生が自分の不格好なおにぎりを見せて女児を励ましてやるという場面が出てくる。その先生の励ましに女児は気持ちを変えて，自分の不格好なおにぎりを喜んで食べる。ただし先生に対しては感謝の言葉を述べるというような積極的な反応はみられない。喜んで食べるという行動で，先生に対して感謝の意を間接的に表すのである。

『たぬきの糸車』（1年下 光村図書，2000）という作品では，たぬきが毎晩のように木こりの家にやってきていたずらをするので，木こりの夫婦は罠をしかけるのだが，罠にかかったたぬきを見て，かわいそうに思った木こりのおかみさんはそのたぬきを助けてやる。そのお返しに，たぬきはおかみさんに誰がしたかわからないような形でさまざまなお礼をするのである。このようにたとえ相手に積極的な感謝の気持ちを表すにしても，いかにも感謝しているという態度をとらずに，間接的な感情表現が日本では教科書を通して，子どもたちにも期待されていると思われる。

一方，台湾の教科書（2000年版）では，積極的に反応する女児の姿が描かれている。たとえば『お母さんと先生』（2年下 國立編譯館，2000）という作品の中で，突然大雨が降ってきたので，娘のもとに母親がレインコートを持ってきたという場面がある。ちょうどそこに居合わせた先生が「お母さんがいつも気

にかけて，かわいがってくれるから本当にあなたは幸せね」とその娘に言うと，その娘は，「先生！ありがとう。親の恩を教えてくれて」と積極的にお礼の言葉を先生に対して述べる。

また韓国でも，『愛するヒィジュンへ』（1年上，2000）という作品の中で，母親が子どもの誕生日を祝う言葉と共に，「お母さんはヒィジュンが健康に善良に育ってくれて本当に嬉しいんだよ」という手紙を息子に送っている。それに対して息子は「私がどのようにすればお母さんから愛していただけるのか。これからもっと健康に善良に育たなければいけない。お母さん，愛してます！」という日記を書いている。

さらにタイでは，『赤い家』（1年1，2000）という作品の中で，息子の愛犬のために犬小屋を造っている父親に対して感謝し，「自分も手伝う」と言って積極的に父親の仕事を手伝う子どもの姿が描かれている。最も積極的な反応の割合が高かったバングラデシュの教科書では，『私のネコ』（2年）という作品の中で，愛猫が自分の誘いに応じて膝の上に乗ってきたため「ミニ（猫の名前）はなんてかわいいんだろう」と話しかけている。またバングラデシュの作品の中では，祭りや祈りに対して積極的に感謝する言葉が述べられている。

言語自体に付与された記述表現上の特性は考慮されるべきであろうし，それについてはさらなる分析が必要であろう。しかしこのように相手のサポートや自分が与えられたポジティブな状況に対して，自分の喜びや感謝をどのように表現することが望ましいかという，子どもたちに期待される感情表現は，同じアジアの国においても異なっていると考えられる。

5　「逆方向」刺激に対する主人公の対処行動—困難さにどう対処するか—

「逆方向」の外的刺激に対する主人公の対処行動に関してはどうだろうか。これについては特にプライマリー・セカンダリーコントロールの観点から検討する。

1）プライマリーコントロールに関する比較

プライマリーコントロールとは，「逆方向」の外的刺激に対して主人公がそれを受容せず，さらに外的刺激の状況や，外的刺激の要求・行動を変容させることを意味している。

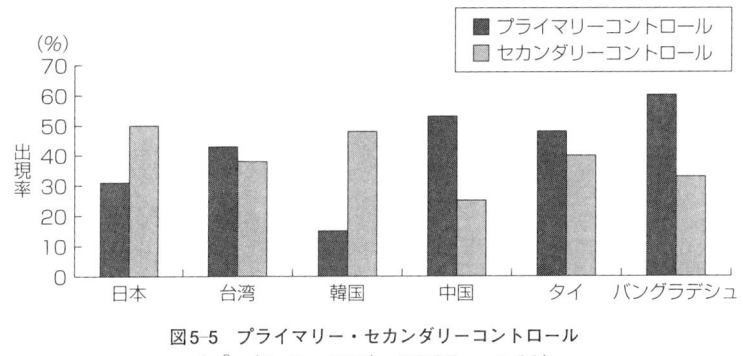

第1節　現代のアジア6カ国の理想の「いい子」像　163

図5-5　プライマリー・セカンダリーコントロール
($\chi^2 = (5, N=277) = 26.07, p < .01$)

　プライマリーコントロールが他国に比べて高いのは，バングラデシュや中国であった（図5-5）[2]。逆に，韓国では最も低く，他者と対立したり困難な状況に陥ったときには，他者の行動や状況を変容させてまで自分の考えを押し通すことはなかった。ただしこの年代の子どもが使用する韓国の教科書では，身近な人々との対人関係が多く取り上げられている。韓国では「ウリ」（我々）意識が強く，身内とそれ以外の人々への対人関係とでは異なるといわれている。したがって外的刺激が身近な人々ではない場合には，今回のものとは異なる結果が得られるかもしれないことを断っておく。また韓国では前述の外的刺激の方向性においての分析で，主人公に逆方向の刺激を与えるときには，「状況」ではなく「他者」によってなされることが多いとの結果が得られた。韓国において得られた以上2つの結果を併せて考えてみると，刺激を与える側と受ける側の年齢差や地位の差が，そこには暗黙の内に想定されているとも推測される。すなわち困難な状況を与えるのは目上の者や大人側であって，それに対して逆らわずに自分自身を変えて，彼らに従うといった構図が韓国の教科書の中には描かれている。自分の意に添わないことであっても，身近な目上の者には従うよう，韓国の子どもには期待されていると考えられる。この点に関しては再度

2　3つのセルに分け，①プライマリーコントロール，②セカンダリーコントロール，③2つのコントロール以外の反応（具体的には欠損値，逆方向の外的刺激を受容しなかった場合に外的刺激を変容しなかった主人公の行動が含まれる）のうち，①と②を取り出してχ^2検定を行った。ただし，出現率は，これら3つのセルの合計数が分母となっている。

「韓国の『いい子』像の変容」のところでも取り上げる。

　プライマリーコントロールの割合が高かった中国とバングラデシュの教科書の作品例をあげておこう。中国の教科書には，『橋を渡る』（1年第1冊，2000）という中国の有名な英雄，雷峰の幼少期のことを描いた作品がある。雷峰が何人かの後輩と一緒に学校に行く途中，川の水があふれそうになっていたので，後輩たちを背負って彼は橋を渡って行った。このように困難な状況に対してもそれを乗り越えようとする姿が，中国の教科書には描かれている。またバングラデシュの教科書には，『勝利の記念日』（3年生，2000）のようにパキスタンからの独立を勝ち取る姿がいくつかの作品の中に描かれている。これらの作品には，困難な状況に負けずにそれを乗り越えてほしいという子どもたちに対する期待が込められていると思われる。

『勝利の記念日』（3年生）

　母は，ミトゥが理解できるように言いました，「今は私たちは独立したバングラデシュの国民よ。でも，かつて私たちの国は自由ではなかったの。この国はパキスタンの一部だったのよ。当時この国の名は，東パキスタンと呼ばれていたの。パキスタンの支配者たちは，この国の人々を，抑圧し，迫害していた。ベンガル人は，全てのあらゆる機会を剥奪された。この不公平と略奪に反対するため，ベンガルの人たちは結束したのよ。ボンゴボンドゥ・シェク・モジブル・ラーマンの指導の下に，国中が団結して運動を始めたの。この運動に，多くの人が殉じたわ。

　1971年3月25日のこと。その日の夜の暗闇の中で，パキスタンの兵士がこの国の人々を襲ったの。そして，彼ら（パキスタン軍）は，ベンガル人たちの最愛のリーダーであるボンゴボンドゥを捕えたの。捕えられる直前の3月26日の夜半すぎ，ボンゴボンドゥはバングラデシュの独立を宣言したのよ。

　そして，独立のための自由解放戦争が始まった。全ての人々が自由のための戦争に加わった。9カ月にわたって，パキスタンに対する戦争は続いた。当時，国中でパキスタンの侵略者たちは，情け容赦なく人々を抑圧し，無差別虐殺を行った。この戦争で，300万人の人々が犠牲となったわ。そして，1971年12月16日，パキスタン軍は完全に敗退したの。12月16日は，私たちの勝利の日なのよ。この日を私たちは勝利の記念日として祝うの。」

2）セカンダリーコントロールに関する比較分析

　セカンダリーコントロールとは，主人公が自分側の要求や行動を変えて，「逆方向」の外的刺激を受容することを意味している。他国と比べてセカンダリーコントロールが最も高かったのは日本であった（前出図5-5）。これはイギリスやドイツとの比較研究の結果（塘・木村，2001）と同様である。したがって欧州の2カ国のみならず他のアジア諸国と比べても，日本では逆方向の刺激を受容する傾向が高いといえる。また日本に次いで韓国もセカンダリーコントロールの割合が高かった。すなわち自分の意に添わなくても，自分のやり方や気持ちを変えて，相手や周囲の状況に合わせるというセカンダリーコントロールは，アジア6カ国の中でも特に日本や韓国においてより多くみられるといえよう。

　具体的な作品例からみてみよう。セカンダリーコントロールの割合が高かった日本の教科書には，『ザーザー』（2年上 学校図書，2000）という作品がある。兄姉から仲間はずれにされた弟が，雨が急に降ってきたのを見て兄姉が困っているだろうと思い，傘を彼らに自発的に届けた。その行為が兄姉の気持ちを変え，兄姉は弟を仲間はずれにしたことを詫びるという作品である。この作品にもみられるように，日本では他者から「逆方向」刺激を与えられても，それで仕返しをしようとはせずに，自分側の気持ちを変えて相手を受け入れ，さらに自発的に相手が望む反応を返してやることが「いい子」の行動であるとされている。

　また韓国の教科書にも，『トトとミミ』（1年上，2000）という作品の中に，同様のセカンダリーコントロールの行動がみられる。双子の鳥であるトトとミミはあまりにもうるさく鳴くため，森の他の動物たちから嫌われており，皆に引っ越されてしまった。友達がいなくなったため，トトとミミは淋しくて仕方がない。皆が自分たちから去っていったのは，自分たちがうるさく鳴くことに原因があったと気づき，ハトやカッコウの鳴き方を聞いて練習し，きれいに鳴けるようになって皆に認められたという話である。このように韓国でも自分側の非を反省して，周りに従うことがこの年齢の子どもには他国より求められているようである。

6 現代のアジアの「いい子」像に関するまとめ

1）アジアのプライマリー・セカンダリーコントロール

　教科書の中で主人公に影響を与える人の行動や状況に対する反応の仕方は，子どもにどのような行動がその文化内で適切かを提示する役割を担っている。もちろん，どの国の教科書も，教科書という特性上，現実社会の行動より理想像を，子どもたちにより多く示している可能性は高い。しかし少なくとも教科書が大人の期待を反映しているものであるならば，他者の意見を受け入れることを重視するか，また他者とは異なる自分の意見を明確に出すことをより重視するかによって，子どもに対する発達期待は異なったものになると考えられる。

　特に本書の「いい子」像は，ワイツのプライマリー・セカンダリーコントロールが分析の理論的枠組みとなっている。これは困難な状況に陥ったときに，どの程度自分の主張を通し，どのように周囲の人や状況を受け入れた方が良いかという価値観と大きく関係している。だが他者との関係はこのように単純ではない。他者と意見が衝突したり，困難に陥ったとき，どちらかのみの方法を選択するというよりは，2つの方法を組み合わせて行動することもあるだろう。つまりある部分は周囲の状況に合わせ，ある部分は自分のやり方を通すという部分修正をして行動を決定する場合もある。100％相手に合わせたり，100％自分の主張のみを通すというのは現実的ではない。プライマリー・セカンダリーコントロール以外の対処行動，すなわち評定者間で議論してもどうしてもこの2つに分類することができなかった行動反応に注目すると，その割合が韓国では最も多く，韓国の全行動反応の中で37.04％にも達していた。すなわち韓国ではセカンダリーコントロールの傾向は他国に比べて強いものの，それだけではなくさまざまな方法を用いて他者との交渉を行っていると考えられる。この点については今後さらに検討を重ねる必要があるだろう。

2）関係性の違いによる対人関係

　もう1つアジアの教科書に描かれた「いい子」像の特徴として，自分と相手との関係性によって選択する行動反応が異なってくる点があげられる。これについては後述する各国の「いい子」像の変容のところでもふれられているが，

他者が自分の目上なのか目下なのか，先生なのか友達なのかなどによって，期待される行動反応は大きく異なってくる。自己と他者の関係性をも含めてとらえるという視点は，欧米との比較研究の中には少なく，自己の行動はどのような他者でも大きく変化しないとの想定で行われてきた。しかし実は他者との関係性を考慮すると，選択する行動反応は大きく異なってくるのである。むしろ行動反応を相手によって上手に変えられることも，「いい子」の1つの条件としてアジアの子どもたちに期待されているのではないだろうか。今後はこの自他間の「関係性」をも含めて分析する必要性があることを，アジアの「いい子」像は示している。

第2節　各国の「いい子」像の変容

　第1節では，日本をはじめとするアジア6カ国で，現在使用されている教科書に描かれた「いい子」像を比較分析した。しかし「いい子」像も，家族像や親の育児と同様に，国や社会によって異なるだけではなく，同じ国の中でも時代により変化すると推測される。第2節では，1960年代（一部1970年代）と2000年の教科書を比較しながら，各国内での年代間の比較を行うことにより，次世代に伝えようとする各国の「いい子」像の変容について検討する。

1　日本の「いい子」像の変容

1）より明確化された個人

　日本では第1の特徴として，教科書に描かれる「他者」の外的刺激が増加した点があげられる（表5-3）。2000年版でも，日本の「他者」刺激の割合は6カ国の中で中程度であったが，1960年版では「他者」刺激が2000年版よりも少なく，状況に依存することが多かった。すなわちこれらの結果は，「誰が主人公に影響を与えることがよいか」との点が，この40年間でより明確化されるようになったことを意味する。誰が影響を与えたかわからないという漠然とした刺激ではなく，影響を与えた個人を明確に特定化し，それに対する個人の反応を重視する方向に，40年間で変わってきていると考えられる。

　この背景の1つとして，「個」に対する重きの置き方の変化が考えられる。集

表5-3 日本の外的刺激の種類に関する変化

（　）内は％

年代＼種類	他者	状況	合計	
1960年	366 (62.89)	216 (37.11)	582 (100.00)	$\chi^2=5.18*$ df=1
2000年	112 (72.73)	42 (27.27)	154 (100.00)	
合計	478 (64.95)	258 (35.05)	736 (100.00)	

$*p<.05$

団よりも個を重視するという傾向が，教育の場でも少しずつ強くなってきた。実際にはクラス対抗や班学習といった集団での授業形態も残ってはいる。しかし子ども一人ひとりを大切にみていこうという考えが，教師たちの間にも強くなってきている。子どもを集団としてみると，影響を与えた個人は集団の中でぼやけた存在になるが，子どもを個人としてみることで，影響を与えた個人も明確化される。このような教育理念の変化が教科書にも反映された結果，2000年版の方が特定化された個人を意味する「他者」刺激が，多くなったのではないかと推測される。

　かつて日本，台湾，ドイツ，イギリスの「いい子」像について，4カ国間比較を行ったことがあった。その際には，4カ国の中で「状況」刺激の割合が最も高いのは日本であった（塘・木村，2001）。このとき分析に使用した教科書は日本では1992年版，台湾では1996年版である。しかし今回の2000年版でのアジア諸国間の比較では，台湾では日本以上に「状況」刺激の割合が高かった。これは後述する台湾と中国の国際関係の変化と共に，以上のような日本国内の「他者」刺激の増加という変化によるものと推測される。このことが2000年版と以前との結果が異なった理由であると考えられ，2000年版では相対的に台湾での「状況」刺激が日本より高くなったことにつながった。このようにどの時点で国家間の比較をしたかによっても出てくる結果は異なる。どのような形で誰が子どもに援助や試練を与えることをよしとするかは，時代によっても少しずつ変化してくると考えられる。

2) 苦労しなくなった子ども

　第2の日本の変化に関する特徴としては,「同方向」刺激が増加したことである (表5-4)。ここに大きく関わってくるのは, 日本の教科書に登場する子どもが, あまり苦労をしなくなったという事実である。第4章でも述べたように, 1960年の日本の教科書には, 子どもが家の手伝いのため辛い労働をする場面が出てくる。重い稲の束を汗水たらして運んだり, なかなか寝てくれない小さな弟妹の子守をしたりといった「逆方向」刺激に該当する事例が, 2000年版に比べてより多く描かれている。

　少子化が急激に進み,「子どもの価値」が変わるとともに, 子どもに課される仕事も変化した。また1人の子どもを大事に育てようとするあまり, 子どもに辛い刺激を与えるよりは, 子どもをサポートしたり, 励ましたりしながら子育てをしようとする傾向が出てきたのではないだろうか。その結果, 教科書に登場する主人公に対しても「同方向」刺激が多く与えられるようになったと推測される。

表5-4　日本の外的刺激の方向性に関する変化

（　）内は%

方向性 年代	同方向	逆方向	合　計	
1960年	227 (39.75)	344 (60.25)	571 (100.00)	$\chi^2=17.93^{**}$ $df=1$
2000年	87 (59.18)	60 (40.82)	147 (100.00)	
合　計	314 (43.73)	404 (56.27)	718 (100.00)	

$^{**}p<.01$

3) 集団の中の多様性への視点

　第3の特徴として, 登場人物の中にさまざまな事情が入り込んでくるようになったことがあげられる。主人公の対処行動に関して, 同方向の刺激を受け入れる割合は40年間で減少した。どちらの年代でも90%以上の主人公が他者のサポートを受け入れているが, この40年間でこのような他者のサポートやポジティブな状況を, 主人公がやや受け入れなくなっているという有意な変化が

みられた。この有意な減少に少し注目してみたい。これは子どもの反抗的な態度が多くなったと解釈してもよいのだろうか。どうもそうではなさそうである。「同方向」刺激を受け入れない場合でも，真っ向から対立するのではなく，主人公の悪気のなさが強調され，しかたなく受け入れられないことが暗にほのめかされている。たとえば『のんびり森のぞうさん』（1年下 日本書籍，2000）という作品では，誕生パーティの招待状の郵便配達を「うさぎ」から頼まれたが，主人公の「ぞうさん」があまりにもゆっくり郵便を配達していたため，招待状が間に合わなくて，他の動物たちがうさぎの誕生祝いの日にやって来ることができなかったという話が描かれている。これも主人公がわざとそうしたのではなく，主人公ののんびり屋という性格特性が原因であることが指摘されている。また『のらねこ』（3年下 教育出版，2000）という作品は，主人公である「のらねこ」が，外的刺激となっているリュウという男児を疑って，男児のやさしさをなかなか受け入れられないという話である。この話の場合にも「のらねこ」はその境遇ゆえに人を信じられないという設定が背景にあり，悪気があって他者のサポートを受け入れないわけではないことが作品の中に描かれている。

　以上のように2000年版の場合でも，基本的には他者のサポートを受け入れることが子どもにも期待される。しかし何らかの受け入れられない事情があることを背景に匂わせて，より複雑な個人の実情を描いているという点で，集団内の個人の多様性にも目を向けるという変化が，日本の中に少しずつみられるようになったと考えられる。

4）積極的に自分を変える「いい子」像

　以上のように時代によって変化する行動がある一方で，変化しない行動もある。それはセカンダリーコントロールの出現率が相変わらず日本では高い点である。たとえば1960年版には，馬を売らなければならない家庭の状況に対して，主人公は何の手だてもなく，ただ馬が「ばくろう」に連れて行かれるのを見送るしかないという話がある（3年下『売られていった馬』学校図書，1960）。

　またこのように消極的に自分の現状を受け入れるだけではなく，約半数の者は自分の辛い状況や，対立する他者を積極的に受け入れている。2000年版の他のアジア諸国でも，セカンダリーコントロールへの反応形態には6カ国間で有意差は見られず，どの国も半数近くまたは半数以上の主人公が，積極的に自分

側を変えて対立する外的刺激を受け入れようとする傾向がみられた。このような傾向が，日本では1960年版にも2000年版にも変わらずみられる。セカンダリーコントロールの反応を示す際に，1960年版では51.46％の主人公が，そして2000年版では64.52％の主人公が，積極的に自分側を変えて相手に合わせるという反応を示していた。両年代間に有意差はみられない。

日本の実際の作品の中にも2000年版では，『ザーザー』（2年上 学校図書，2000）という作品の中で，対立する外的刺激に対して自分側を変えて他者に合わせようとする行動がみられる。また『ぴかぴかのウーフ』（1年下 大阪書籍，2000）という作品では，小さくなってはけなくなったお気に入りのズボンを，従兄弟にあげるようにと母親から言われ，最初はそれに反発していたが，自分が大きくなったことに気づき，自らそれを従兄弟にあげるという話が描かれている。1960年版の教科書でも，『えんがわで』（1年中 日本書籍，1960）の作品では，豚の役をやりたくないという友達に対して，それでは劇が成り立たないからと自ら豚の役をかって出る子どもの姿が描かれている。自らやりたくない気持ちを抑え，他者や周囲の状況を考えて積極的にそれを引き受けようという「いい子」像が，日本では時代を超えて脈々と子どもに引き継がれていると考えられる。

2 韓国の「いい子」像の変容

1）セカンダリーコントロール優位の親子関係

他の社会集団に比べて，韓国では家族，一族の結びつきが非常に強い傾向がある。出羽が1990年代に慶尚北道にある大学キャンパスの寄宿舎に暮らしていたとき，実家がソウルにある多くの寄宿学生が，週末ともなると高速バスで頻繁に帰郷していた光景をたびたび目にした。彼らは街の高速バスターミナルからソウル高速バスターミナルまで，片道4時間半もかかる道のりを金曜日の夕方，または土曜日の朝に出発して，日曜日の夕方に戻って来るという形で往復していたのである。

さらに，親子間の礼節として，親の前では煙草を吸ってはいけないとか，飲酒をする際も顔を背けて飲み干すといったことが重んじられている。現代の若者からすればこのような「ディープな」家族関係は，少々窮屈な感じもしなく

はない。しかし社会集団が機能的関係によって維持されているのに対し，親族関係は血縁関係を根拠とした情緒的，精神的な面によって支えられており，その意味で構成員達の間の帰属意識は強く，安定的な面も有している（李，1978）。李は夫婦中心家族と比較して，このような韓国の父子中心家族の属性にもとづく価値体系は，復古，保守主義的性格が強く，伝統尊重，孝行，そして謙遜の精神が最も重視されてきたと指摘している（李，1978）。夫婦家族が中心となった現代でも，日本では考えられないくらい強い親子の結びつきがみられるのである。

　以上のことを考えれば，身近な他者との関係が描かれている小学校低学年用の教科書に描かれた韓国の対人関係が，セカンダリーコントロール中心，つまり自分の意に添わないことがあっても，自分側のやり方や気持ちを変えて，相手や周囲の状況に合わせるという行動が強くみられた（前出図5-5）との結果は納得できる。たとえば2000年版の教科書に掲載されている『宿題とロボットの日記』（2年生）では，宿題が嫌いなスヨンという子どもが，誕生日に父親から「宿題をしてくれるロボット」をプレゼントしてもらう。そのロボットに命令してスヨンは宿題をやらせるが，日記の宿題を書かせたところ，ロボットは「自分自身の」日記を書いてしまい，スヨンを怒らせてしまう。それにもかかわらず再三ロボットに命令したところ，次のような日記をロボットは書くのである。

『宿題とロボットの日記』（2年1, 2000）

　○月○日　晴れ　スヨンがまた日記を書けという。しかし，スヨンが心配だ。スヨンの先生はスヨンを，文字をきちんと書ける子どもだと信じられることだろう。クラス代表として文字書き大会に出されるかもしれない。その時には私が助けてあげられないだろう。スヨンはビリになり，恥をかくことだろう。しかし，先生はもう一度お考えになられることだろう。「スヨンが文字を書くことはたまたま失敗したのだろうけど，絵はきちんと描くだろう。」スヨンは絵描き大会でもビリの点数をもらうことだろう。このようなスヨンが大人になれば，どのような人になるだろうか？

これをみたスヨンは自分のしていたことを顧みた。宿題は自分でやるものだと主体的に悟らせるために，父親はスヨンにロボットをプレゼントしたということがわかり，物語は幕を閉じる。ここでは親が工夫して子どもに伝えようとしたメッセージを，子が誠実に受け入れるという図式が表現されている。

2)「ウリ」と「ナム」との対人関係の違い

外的刺激が災害などといった状況によるものではなく，他者によってもたらされるような描かれ方は，儒教が「もの」に対する関心が薄く，あくまでも人間中心の考え方を有していたことから説明可能であろう。

ただ，韓国における「ウリ」（我々）と「ナム」（他人）との関係を考えれば，相手からの刺激を受け入れるという傾向は実際の生活において，誰に対しても当てはまるとはいえない。「ウリ」はほぼ無条件に信用できる相手を指すものであるのに対し，「ナム」へは自分の意志を通したり，自分の利益を相手に通すことも当然とされているという（伊藤，1996）。植民地時代の日本や豊臣秀吉の朝鮮出兵への反撃，そして1960年代の教科書にみられた共産軍に対しては，あくまでもプライマリーコントロールが強調されているが，これには国民統合や民族の結束が込められている。すなわち日本や共産軍という「ナム」に対して「ウリ」民族の視点が込められているとも解釈できるのではなかろうか。

3) より強くなった個人の主張

さらに韓国の教科書には，個人の価値観の変化が反映されている。1960年代では59.04%だった「他者」刺激が2000年版には75.37%と有意に多くなり，また1960年代では28.40%だった「逆刺激」が2000年版には60.16%と有意に多くなっている。この状況をどのように考えればよいだろうか。

韓国社会では，急激な都市化によって価値観が大きく変容していることはすでにふれたが，これは伝統的な夫婦間についても例外ではない。たとえば，これまでならばタブーであった離婚が急増しているという現実は，特に女性の側が，夫，ひいては社会との葛藤を積極的に引き受けていくとの考えが強くなってきていることを表している。もちろん，ここには女性の就業率の上昇や，愛情中心への結婚観の変化などという要素も反映されている。また男性側の事情もあるだろう。しかし離婚に対する女性の意識は第4章でも述べたように，明らかに変化している。

期待される対人関係の記述は，当該社会の理想を反映したものと考えられがちであるが，40年間で逆方向の刺激が増加したというように，教科書は社会の実情をも映し出したものでもあるかもしれない。今後の社会変動如何によって，大幅な内容の変化が，韓国の教科書にも描かれていくと推測される。

3　台湾の「いい子」像の変容

1）厳しい環境から優しい環境へ

第1節で浮かび上がってきた現代の台湾の子どもに与えられる環境は，他国よりも多くの「同方向」刺激で満たされている。台湾の子どもには他国以上に，周囲から多くのサポートが与えられていると考えられる。そして，他者からのサポートを受けた場合には，積極的に感謝を表現する子どもの姿が，2000年版の教科書には描かれていた。このような子どもの姿は，1960年でも同じなのだろうか。

まず両年代間で変化した点からあげてみよう。1960年版より2000年版の方が，同方向刺激が多くみられた（表5-5）。この理由の1つとして，その当時の国際関係をあげることができる。1960年版では中国との関係が今以上に不安定であったことを反映して，中国共産党を非難する事例が，教科書の中にも多く出てくる。外敵をことさら強調することによって，内集団の結束を固めようとする台湾政府の戦略が，そこには反映されている。たとえば『共産党を追い払え』（2年第3冊，1960）では，共産党という敵に対して，一致協力して追い払おうという強い意志が感じられる。

「敵」の侵入を断固として受け入れないという行動は，1960年版の「逆方向」の刺激への「受容なし」が，2000年版以上に多いという数値にも反映している。2000年版では62.71％であったが，1960年版では73.81％もの「逆刺激」を受容しない反応がみられた。

さらに両年代とも「逆方向」刺激を拒否する場合には，85％以上という積極的な態度がみられるが，両年代には有意差がみられ，1960年版の方がより積極的であった。このように積極的に「逆方向」刺激に対抗しようとする姿が多く描かれていた。厳しい状況に耐え，それを乗り越える強さを身につけてほしいという期待が，1960年の台湾の子どもには，教科書を通して今以上により強く

伝えられたのではないかと推測される。

> 『共産党を追い払え』（2年第3冊，1960）
> 大年は学校が終って家へ帰り，お父さんも田んぼの仕事を終えて家へ帰りました。お母さんはおかずをテーブルの上に置き，みんなで楽しくご飯を食べ始めました。
> お父さんは言いました，「いま，本土にいる同胞たちはみな食べるものがなく，着るものもない。われわれは蔣介石総統の指導のもと，本土へ反撃して，共産党を追い払い，本土の同胞たちも衣食に悩まないようにするのだ。」

表5-5　台湾の外的刺激の方向性に関する変化

（　）内は％

方向性 年代	同方向	逆方向	合　計	
1960年	24 (22.43)	83 (77.57)	107 (100.00)	
2000年	172 (59.93)	115 (40.07)	287 (100.00)	$\chi^2=43.84**$ $df=1$
合　計	196 (49.75)	198 (50.25)	394 (100.00)	

**$p<.01$

2）子どもに期待される積極的な感情表現

以上のように時代によって変化する行動もあれば，時代が変わっても変化しないものもある。それは第1節でも取り上げた台湾の積極的な感情表現である。両年代共に，「同方向」刺激を受け入れた際には，積極的な表現の反応が約85％以上を占めている。すなわち台湾では他者から支援を受けたり，自分にとってプラスになるような状況を与えられた際には，他者に対して明確に感謝することが，以前も今も求められていると考えられる。

このように「いい子」像のすべてが変化するのではなく，変化する部分と変化しない部分が，台湾の年代間の比較分析の結果の中に見られた。その中でも特に「厳しさ」をどの程度子どもに与えるかという点は，国内外の状況によっ

て変化するのではないかと思われる。台湾社会内が経済的にも安定し，中国も以前ほど脅威的な存在ではなくなってきたことによって，台湾では多くの厳しさを子どもに与える必要がなくなってきたと推測される。厳しさを与えて鍛えるよりは，日本と同様に子どもを支援しはぐくむ方向へと変わってきているようである。

4 中国の「いい子」像の変容

1）40年間変わらず期待されてきた他者との交渉

中国人は自己主張が強いというイメージをもっている日本人は少なからずいる。それは中国人同士の話し合いには激しい感情的な起伏や高いトーンの声が伴い，しばしばケンカしているようにみえると同時に，いざそのような話し合いに入ると，周囲を気にする様子がみられないからかもしれない。中国で旅行したことがある者なら，外国人だと知られてしまうと，たとえば安物にもかかわらず，とんでもない値段に吊り上げられるという経験を1度はするであろう。これは外国人に限らず，他所から来る他の中国人も似たような経験をもつ。しかし，交渉次第で良心的な低い値段で入手することができる。この交渉こそが言い争っているように見えるのであろう。

このようにやりとりを重んじる文化の中で，中国の子どもは日常生活において，社会的な行動に関してだけでなく，学業成績についても大人から高い期待を示され，良い行動や成績を取るようにと，明白なプレッシャーを受けることが多い。それに対して子どもは，しばしば大人との日常的なやり取りの中で，強く反発したり，言い争ったりして，大人に言われたことをどこまで受け入れるかについて交渉するのである。場合によっては，傍から見てそのやりとりが激しい対立に見えることもある。しかし，そのような交渉を日常的に行うことを通して，子どもはそれに沿う対人関係の調整スキルを身につけていくと推測される。

そしてこの交渉とは，基本的には積極的な主張によるものである。日本と中国の子どものお小遣いについての一連の研究（山本・片，2000；山本・片，2001；片・山本，2001）では，日本の子どもは親から月に1回，定期的に定額のお金をお小遣いとしてもらうのに対して，中国の子どもは不定期に必要に応

じてお小遣いを要求して，親からもらうという特徴がみられた。子どもと大人の関係は夫婦や友達のように対等ではない。子どもは一方的に大人に守ってもらわなければならず，養育者との関係が切られれば生存すら脅かされるのである。それにもかかわらず，子どもはその関係においてギリギリ限界の範囲内で主張するのである（高，2004）。

このように，中国の子どもは現実の生活において，他者と交渉するトレーニングを繰り返し，自分をアピールすることを期待されて育つ。このことから考えると，教科書に描かれたプライマリーコントロール，つまり主人公が逆方向の外的刺激を受け入れず，それを変容させることを意味する行動反応が，中国に多かったのは理解できる。しかもこの特徴は40年間ほとんど変化をみせなかった。

しかし中国の子どもが，他者を変容させる交渉スキルを身につけるよう期待されているからといって，それは他者を排除する態度にはつながってはいかない。他者の行動を変容させることと，対立する相手や状況を排除することとは中国では同義ではない。周知のように，中国は55の少数民族をもつ「超」がつくほどの多民族国家であり，少数民族との共存・共栄を目指してきた。このような少数民族政策の基本は，中国建国以来変化していないといえる。その証拠に，政府レベルでは子どもたちへの多文化教育や，少数民族に対する経済援助が数多く行われてきた。民間レベルでも，少数民族との様々な交流がなされ，中華文化をアピールする一方で，少数民族文化の良さを中華文化に吸収することにより共存している。つまり，話し合うことを通して他者や状況を変容させながら，自らも変わっていくという立場を取っているのである。

2）西洋とは異なるプライマリーコントロールのあり方

1960年版の3年生に掲載された『白鳳凰』では，怪我した革命軍戦士の周書記が身を隠し，「栄養のある食べ物がない」という逆方向の外的状況刺激に対して，主人公の田祥は周書記の所在という秘密を守りつつ，家で飼っているニワトリを殺すよう祖母を説得し成功した話が描かれている。逆方向の外的刺激に対して主人公が受容せず積極的に行動を起こし，状況を変化させたという意味で，この話はプライマリーコントロールとして分析されている。しかし，祖母とのやり取りや主人公自らの葛藤などを詳細に分析すると，別の側面もみえ

てくる。翌朝祖母を説得し続ける覚悟をもった主人公が目を覚ますと，ニワトリのスープが出来上がっていた。「周書記に栄養のある食べものがない」という外的刺激を変化させることができただけではなく，心配していた守秘の件も祖母が守ってくれることがわかったのである。つまり，主人公の中の祖母像も変わったのである。そういう意味では，純粋なプライマリー・セカンダリー二元論ではとらえられない側面も，ここには表れているかもしれない。

それでも，40年間にわたる中国の小学校国語教科書に描かれたプライマリー・コントロールが，日本や韓国などの他の国よりも有意に多かったことは，現実を如実に反映したものであると思われる。

5　タイの「いい子」像の変容

1）変わらぬ積極的反応

教科書に登場する主人公と外的状況との関わり方をみると，タイの教科書では「他者が主人公に意図的に関わり，主人公はそれに対して能動的に応える」という事例が他国の教科書に比べて多い。この傾向は1960年版でも2000年版でも同様である。タイの外的刺激の意図の有無に関する年代間比較を行ったが，どちらの年代も「意図あり」が70～80％を超え，両年代間に有意な変化はみられない。また，同方向の外的刺激に対する主人公の反応形態に関する年代間比較においても，外的刺激に対する積極的な反応は，どちらの年代も80％を占め，両年代間に有意な変化はみられない。

具体的な事例をもとに他者との関わり方をみると，主人公の欲求と同方向への関わり，すなわち主人公の行動に対して「助ける」「ほめる」「協力する」「知識を与える」「思いやる」といった働きかけが多くみられる。こうした働きかけに対して，主人公はこれを行動的にも感情も受け入れ，「お礼を言う」「感謝の気持ちを表す」「反省して次からしないように約束する」といった形で能動的・積極的に反応するという展開が1つのパターンとなっているようである。

たとえば，2000年版に掲載されている『人の役に立つ人』（2年生下）は，おばあさんのお手伝いをしていて足をくじいてしまった小学1年生のノーイを，ゴーンとヨーットという2人の少年が助けるというお話である。その後，ノー

イのおばあさんが病気で寝込んでいることを知ったゴーンたちは，先生と相談して，学校のボーイスカウトの仲間たちと共にノーイの家を訪ね，おばあさんやノーイの病気やけがの世話をする。これに対してノーイは，助けてくれた先生やゴーンたちに感謝し，この恩は忘れないと語るのである。

2) 恩義の概念

こうしたストーリー展開には，タイの対人関係を説明する際にしばしば用いられる「恩義（プラクン）」概念が関わっているのではないだろうか。「恩義」とは，「恩を与える側」と「恩を受ける側」という2つの立場の関係性を規定するものである。年長者など上の立場にある人，恵まれた立場にある人は，思いやりと慈悲の心（メーター・ガルナー）をもって下の立場の人を助ける。一方，恩恵を受けた人はその恩に感謝し，その恩返し（カタンユー）をするよう努めねばならない（Suntaree, 1990）。

こうした「恩義」を軸とする関係のあり方は，家庭や学校，地域コミュニティ，職場内での人間関係から，国民と国王との関係にまで及んでいる。タイの社会においては，それぞれの関係性の中で自らの立場をわきまえ，適切に振る舞うことが重要とされているのである（Mulder, 1997；渋谷, 1999）。たとえば，親や先生は子どもを愛し，子のよりよい成長を願って養育や教育にあたる。親や先生の恩を受けた子どもは，その恩に感謝し，恩に報いるよう努めねばならない。また国王は，慈悲の心をもって国民の幸福のために尽力し，国の安寧を維持する。これに対し国民は，国王の恩に感謝の意を示し，その恩に報いるよう国に奉仕することが求められる（渋谷・カンピラパーブ, 2001）。2000年版掲載の『空から降ってきた』（2年生下）は，日照りで苦しむ農村の人々を思い，国王が科学の力で村に雨を降らせたというお話である。久々の雨に喜んだ村の人々は「これこそ王のお慈悲だ」と叫んだり，国王の写真の前で手をあわせ，頭を下げて礼をしたり，それぞれ感謝の念を示している様子が記述されている。

3) 関係性によって変化する対処行動

こうした「恩義」にもとづく対人関係は，他者との上下関係のありようによって変わってこざるを得ない。1960年版の作品数が少ないため，作品の事例分析という形でタイの「いい子」像を検討すると，タイでは1960年版，2000年

版共に，プライマリーコントロール，すなわち主人公の欲求と逆の刺激が与えられた場合にそれに抵抗し，相手を変えようとする事例が多くみられた。この結果を，対象相互の関係性を踏まえて改めて検討すると，プライマリーコントロールの場合には，主人公と外的刺激との関係が，子ども間，動物間であり，立場が同等あるいは目下の人たちとの間での行動反応であることがわかる。一方，セカンダリーコントロールの場合には，年長者や先生，国王などといったように，目上の立場にある人との間での行動反応であることが多い。こうした傾向は，タイ社会の価値にもとづく主人公と他者との関係性が，コントロールのあり方に関わっていること，そして関係性に応じたその使い分けを適切にできることが「いい子」の要件であることを示唆するものである。このような相互の関係性に埋め込まれた行動反応の違いについては，より詳細に検討していく必要があるだろう。

6　バングラデシュの「いい子」像の変容

1）プライマリーコントロールの優位性

　バングラデシュの教科書に描き出される対人関係には，バングラデシュの歴史的背景が大きく関係している。教科書に出てくる詩やお話の中で，目だってみられるのは，パキスタンからの独立を称えた内容のものである。1972年の独立直後だけでなく，むしろ2000年版の教科書の方がその傾向は強い。今回の対象からは除かれた4，5年生の教科書ではその傾向はさらに増す。そこには，教科書が，独立を国の誇りとし，バングラデシュ国民教育として「愛国心」を養うことを目的としていることがうかがえる。独立戦争で対極にあったパキスタンは，主人公「バングラデシュ」への，「逆方向の外的刺激」であり，当然「意図ある」行為である。それに対して「バングラデシュ」は，「積極的」に「受け入れない」という選択をし，最終的には戦争に勝利するという意味で，外的刺激の方を「変化させる」ことになる。ゆえに，「戦争に勝つ」という行為を取り上げた場合，プライマリーコントロールがなされたことになる。これを1つの例として，さらに，バングラデシュの教科書で伝えられている対人関係についてみていきたい。また，実際の生活の中で子どもたちのもつ「いい子」像をも照らし合わせて検証する。

2）対立相手の明確化

　本書では，外的刺激の種類を「他者」と「状況」に分けてみている。バングラデシュの場合，外的刺激は，1972年版では「他者」が71.4％，2000年版では66.7％を占めている。また，外的刺激が主人公に対してポジティブなものかネガティブなものかを示す，外的刺激の方向性は，バングラデシュはどちらの年も65％が逆方向，つまりネガティブな刺激である。さらに，他者による外的刺激は，8割強が意図的なものであり，逆方向の刺激に限っては，約半数が意図的なものとされる。

　これは，他国の教科書と比べると，刺激の種類としては，逆方向刺激の占める割合が高く，またそれらが「状況」によるものではなく，「他者」によるものであることが多いのが特徴的である。日本，台湾や中国では，逆方向の外的刺激は「他者」より「状況」の方が多い。この違いは，人がネガティブな刺激を受けるのは，困難な状況という何らかの状況のせいとするか，あるいは誰か他の者が意図的に対決を仕掛けてくることに理由を置くかの違いであり，バングラデシュは後者の方にある。戦争は，その典型的な例といえよう。

3）変わらぬ積極的な反応

　では，外的刺激に対して，子どもたちはどのように対処するべきだと習うのだろうか。

　まず，外的刺激が同方向の場合の対処についてみてみたい。同方向である場合には，主人公は1972年版でも2000年版でもほぼ同じように，9割の割合で受け入れている。その受け入れ方は，バングラデシュでは，他国に比して，非常に積極的である。たとえば，日本では「心の中で」「分からないように」恩返しや，感謝する場面が頻繁にみられるのに対して，バングラデシュでは，言葉で感謝を表現するなど，積極的である。バングラデシュは，1972年の観念的ともいえる教科書の内容にみられたように，感情表現が非常に豊かであるといってよい。そのことは，南出の参与観察経験（2000〜2004）からもうかがえる。子どもたちは，外からのポジティブな刺激に対して，はっきりと自らの感情を表現することをよしとして学んでいる。

　反対に，ネガティブな刺激に対してはどうだろうか。主人公に対する「逆方向」刺激に対して，1972年版では65％が「受容あり」を示す。他国では，受け

入れない場合の方が大きい割合を示しているのに対して，バングラデシュに唯一みられる傾向である。しかし，2000年版になると，その状況は逆転し，バングラデシュでも，約65%がネガティブな刺激に対しては「受け入れない」という状況になる（表5-6）。また，受け入れないのは，積極的な選択としての対処行動であるとされる。では，それに対して外的刺激はどう変化するのか。主人公がネガティブな外的刺激を受け入れない場合，外的刺激の方が変化するという結末を迎えるのは，1972年版では約60%に留まっていたが，2000年版では約90%に増す。これは，主人公が困難を強いる「他者」に立ち向かい，自分の主張を貫くことが美徳とされることを意味している。このようなプライマリーコントロールの傾向は，バングラデシュに最も強くみられる。

表5-6 バングラデシュの逆方向の外的刺激に対する主人公の受容の有無に関する変化

（　）内は%

年代＼受容の有無	受容あり	受容なし	合　計	
1972年	9 (64.29)	5 (35.71)	14 (100.00)	
2000年	11 (34.38)	21 (65.63)	32 (100.00)	$x^2=3.55^+$ df=1
合　計	20 (43.48)	26 (56.52)	46 (100.00)	

+p<.10

4）実際の「いい子」像

実際の子どもはどう考えているのだろうか。南出のフィールドワークの中で，小学生男女それぞれ10人くらいの集団に，「いい子（男女）とはどんな子か」と聞いたところ，性別に相違なく，「誰とでも仲良くする子，皆に対して親切に誠実に接する子，勉強も仕事もよくする子」との意見が聞かれた。反対に，「悪い子」について尋ねると，「喧嘩する子，年上の人や友だちに対して『ノー』と言う子」などの答えが返ってきた。彼らが意識する「いい子」像においては，もめごとを避け，たとえ自分の意思とは逆方向の外的刺激であっても，年上や友人に対しては受け入れるべきであるとされる。これは，やや教科書に描かれた理想像とずれる。逆方向の刺激をもたらす「他者」への対処行動

が，身近な者であるか，最初から敵対関係にあるのかといった，他者との関係性によって行動反応は異なることを暗示しているといえよう。今後はこのような他者や状況との関係性の違いに注目して分析をすることが必要である。

しかし概して，バングラデシュの教科書では，困難な状況，しかも意図的に他者から与えられる状況が常として描かれ，それに対して立ち向かい，意思を通すことが，理想的には立派な人間，「いい子」であるとされる。同方向の刺激に対しても，感情を積極的に表現することがよしとされていたことから，自らの意思や感情をはっきりと持つことがよいという価値観を見て取ることができる。そこには，激動の歴史を歩み，その中で困難に立ち向かいながら相対的に自己を見出してきたバングラデシュの背景があり，またそのようにして確立された自国に学べといわんばかりの国民教育が示されているようにもみえよう。

7 「いい子」像に関するまとめ—ハイブリッド性と対処行動—

第1節では主として現代の教科書の6カ国間比較を中心に「いい子」像について検討してきた。第2節では各国の「いい子」像の変容を中心に，各国の事情や実社会の「いい子」像の特徴について検討した。本書で注目した「いい子」像は，特に対人関係との関わりが大きい。第3章や第4章で扱った家族像，親役割観や性役割観と同様に，国によって異なる部分もあれば，もしかするとアジアの特徴としてまとめられる部分もある。また時代によって変わる部分もあれば，変わらない部分もある。

今まで対人関係に関する研究は，東洋と西洋の比較という方法で行われることが多く，東西間の相違が強調されてきた。しかしアジア諸国内でさえ，多様な「いい子」像が存在することが6カ国間比較により明らかにされ，さらにそれは時代によって変化するものもあることが示唆された。なぜこのような多様性や変化が生み出されたのだろうか。その1つの理由として，アジア内のハイブリッド性をここではあげておく。

第1節のプライマリー・セカンダリーコントロールの分析結果から，プライマリーコントロールの傾向が比較的強くみられたのは中国，バングラデシュやタイであり，セカンダリーコントロールの傾向が比較的強くみられたのは日本や韓国であった。このようにどの程度他者と対立して自分の意見を通せば良い

かといった行動の善し悪しに差異をもたらす背景の1つとして，国内の「ハイブリッド性」の高さが関与しているのではないかと考えられる。ここでの「ハイブリッド性」とは，国の中にどのくらい多くの民族，宗教や言語が存在しているかという意味であり，「ハイブリッド」性が高い国ほど，自分の意見を押し通すという強さが，人々に求められるのではないかという仮説である。

中国では92％が漢族であるが，55の少数民族が存在し，1千万人ほどの異なる文化をもつ人々が，マジョリティーである漢族と同じ国の中で生活をしている。また広大な土地をもつ中国では，地方によって言葉が異なることもまれではない。バングラデシュでも1991年段階で88.1％のイスラーム教徒と，10.5％のヒンズー教徒，そして仏教徒やキリスト教徒などが1つの国の中で生活している。タイでは2004年段階でタイ族が85％を占め，残りの15％は漢族，モン族，カレン族，リス族など多様な民族で構成されている。一方，日本では2002年段階で98.55％が日本人であり，アイヌ，在日韓国朝鮮人，ニューカマーの外国人など異なる言語や国籍をもつ人の占める割合は，他の国に比べて少ない。また韓国でも99.56％が朝鮮族である。

このような国内における「ハイブリッド性」の違いが，対人関係の違いを生み出す1つの要因になっているのではないか。多様な民族，宗教，言語の中で暮らす人々にとっては，相手のやり方を変えることで問題解決をする対人関係のスキルも，他の国々に比べてより必要になってくると思われる。自分の気持ちを明確に表現することが求められるし，ときにはまったく異なる習慣や宗教をもった人々に対して，自分の考えを押し通す強さがなければ，それらを守り子孫に伝えていくこともできない。

一方，セカンダリーコントロールの反応が多い日本では，他国と比べると多様な宗教・言語をもつ人々はまだそれほど多くはない。同質集団においては，他者に対して明確に自分の立場を説明することよりも，「以心伝心」で他者の気持ちを推測することの方がより重視される。そのため他者となるべくぶつからずに，自分側のやり方を変えて皆に合わせる対人関係が，日本では教科書を通して子どもにも期待されていると思われる。このように国や社会の中での民族，言語，宗教における多様性が，その中で生活する人々の対人関係や「いい子」像にも違いをもたらしているのではないだろうか。

ハイブリッド性の高さとプライマリーコントロールの多さとの関係。この仮説は，各国内での「いい子」像の変容にもあてはまるのだろうか。たとえば日本の「いい子」像の変容では，日本の「同方向」刺激に対する主人公の「受容なし」の有意な増加は，日本社会の多様性を反映するようになったためではないだろうか。このような国内の民族，言語，習慣，価値観の多様性の増加が，子どもに期待される対人関係をも今後変容させていくと考えられる。

　またアジア以外の国々での変化についてはどうだろか。1960年版の旧東ドイツの教科書と，ドイツ統一後の2000年版のドイツの教科書との比較分析では，「逆方向」刺激の割合が大きく増加したという結果を得た（Tomo, in print）。社会主義から資本主義へと社会構造が変化をし，競争が増えさまざまな人との交流が増えたことにより，子どもに「逆刺激」を与え，人とぶつかることも経験させようとする大人側の心の変化がそこには垣間見える。このようなアジア以外の国々の変化をも併せて考え，さらには近い将来ハイブリッド性が高まっていく日本をはじめとする各国の状況とも重ね合わせながら，今後とも引き続き検討していく予定である。

6 まとめと展望

　本書では，教科書を分析材料とし，アジアの6カ国にみられる子ども観について「家族像」「親役割と性役割」「いい子像」という観点から分析を行ってきた。詳細についてはそれぞれの章に譲り，ここでは特に各国の子ども観を取りまく背景と今後の研究課題について述べる。

第1節　アジアの発達期待とマクロシステムとの関係

1　アジア6カ国に共通にみられる期待

　本書の中でも何度か述べているように，従来の比較研究の中では，特に自己に関する研究において，「西洋」対「東洋」という枠組みで分析されることが多かった。ところがこのような「文化の二分法」論で説明することには限界があるとの批判が，近年なされるようになってきた。本書における分析結果でも，アジアの多様性が浮き彫りにされた。しかしその一方で，アジア6カ国に共通してみられる項目もあった。差異のみがとりわけ強調される比較研究において，ここでは共通性について取り上げると共に，その理由についても考える。そしてそれはアジアの特徴と一括りにできるかとの点についても併せて検討する。

　第1の共通性は，第5章の「いい子」像の分析の中で，プライマリーとセカンダリーコントロールの2つに収まりきらない対処行動が，どの国にもみられたことである。その出現率は国によってもさまざまであったが，韓国ではその割合が37.04%にも達していた。もちろんここには分析手続き上の問題点もあり，教科書に掲載されている作品の記述の仕方が各国で異なるために，読み込みの深さの違いで分析できない対処行動が多くなった可能性もある。すなわち本研

究では母語話者も分析に関わってはいるものの，読み手の想像をできるだけ排除し，表記されていることのみに限定して分析をするようにした。話の流れから当然母語話者なら誰でも想定できる結末は分析に入れるようにしたが，分析者が抱く個人的な思いや読み込みはできるだけ排除するよう心がけた。このような分析手続き上の点を考慮しても，以前行ったイギリス，ドイツの教科書分析と比較すると，すっきりとどちらかに分けることのできない対処行動が，6カ国どの国にも存在したのである。それらの対処行動が「アジア特有の行動」と一括りにできるかとの点については，さらなる検討が必要であり，いわば2つのコントロールから抜け落ちた残差分析こそが，今後重要な研究課題になってくるかもしれない。

第2の共通性は，分析した教科書の対象年齢との関係である。「自己」に関する比較研究の多くが，青年期以上の年齢を対象としているのに対して[1]，本書を初めとして塘が行っている教科書分析研究では，児童期前期の子どもを念頭においた教材を研究材料としている。したがってたとえば，第4章において，援助や支援を受けた場合には，ほとんどの主人公がそれらの刺激を受け入れていた。しかしこれはこのアジア6カ国のみでみられた傾向ではない。かつて行ったイギリスやドイツの教科書でも同様である（塘・木村，2001）。したがってアジアの共通性であると同時に，他者からの援助があった場合には拒否せず受け入れるという対処行動は，この年代の発達期待としてどの国でも共通したものであると考えられる。年齢が異なればその社会で適当とされる行動も異なってくる。年齢の違いにより期待される行動の違いについても，異文化間比較の中で考慮する必要があると思われる。

2　社会・経済構造と子ども観との関係

教科書に描かれた子ども観を，より広い観点から検討してみよう。本書では現代の6カ国間比較だけではなく，各国内の年代間の比較を通して，国内の変化をも検討した。すなわち歴史的な文脈をも考慮したのである。ここでは全体的な結果を踏まえて，人々を取りまくマクロシステムの中でも国内外の社会状

---

[1]　高田（1999）は児童期から青年期までを対象に比較検討しているが多くの研究は，青年期及びそれ以降を対象としている。

況や経済構造の変化と子ども観の変化との関係について述べる。

1) 国内の状況の変化と子ども観

第1に，国内の社会・経済状況の変化について取り上げる。国や社会によってもその発展の度合いや時期は異なるが，1960年以降の30〜40年間で，アジアの経済は大きく変化をし，欧米とも競争できる力をつけてきた。その結果，人々の労働形態は変化し，都市への人口流入を招いたことで核家族化が進行した。また科学技術が進歩したことで，子どもに対しても高度な知識が要求されるようになり，子どもの教育年限もかつてより長くなってきた。さらに医学の進歩により，子どもの生存率が高くなることで，少なく産んで良く育てようという考えや，1人の子どもに投資する金額が増加し，より少子化傾向が加速化された。このような社会・経済状況の変化は家族構造を変化させ，さらには家族の中で成長する子どもに対する期待をも変化させた。第3章でみてきたように，韓国や台湾では教科書に描かれる理想の子ども数が減少し，第4章でみてきたように日本の親役割は変化した。親には子どもに知識を授与することがより多く期待されるようになった。さらに日本をはじめ他国でも，1960年版の教科書には子どもの労働が描かれており，その当時は子どもが経済的な価値をもっていたことが，教科書の子ども像にも反映されている。しかし2000年版ではそれが少なくなり，子どもを取りまく状況の変化が，子どもの労働のあり方に対する大人たちの期待を変化させていったといえるだろう。

2) 国際関係の変化と子ども観

第2に，国際関係における変化に注目したい。子ども観や子どもへの発達期待を変えるのは，1つの国の中の社会・経済状況の変化だけではない。国や社会を取りまく国際関係も無視できない。たとえば第4章の「いい子」像でみてきたように，台湾では子どもに試練を与える程度が時代によって変化してきた。これは台湾における中国との関係がさまざまな側面で変化したことに関連していると考えられる。またバングラデシュは国としての独立が他の5カ国よりも遅かったために，独立間もない1972年版の教科書だけではなく，2000年版の教科書にも独立の経緯が生々しく語られている。このように国内外の国際関係や社会の構造，経済的な状況なども含めて，子ども観や子どもへの発達期待を検討していくことが必要であろう。この点については，この後で，中国と

台湾の教科書の記述内容の違いに焦点化し，国内外の社会・経済状況や国際関係が，教科書の記述の違いに与える影響を具体的に考察する。そしてさらにそれらが読み手である子どもに与える影響について推察している。

3）情報のグローバリゼーションと子ども観

第3に，情報のグローバリゼーションについてである。たとえば，窪田・八木（1999）は，アジア諸国のフィールドワークを通して，近代化，グローバリゼーションが女性をめぐるさまざまな規範や役割の枠組みを大きく変化させていると指摘している。たとえばインドでは，メディアの影響や教育の重要性が認識され，ネットワークの形態が変化した。さらに女性が教育を受ける機会が増えた。これらの影響により従来の価値観が揺らぎ，女性に期待された役割や行動が，若い女性を中心に変化しているという（八木，1999）。欧米からの情報が流入してくるにつれて，「ムラ」から物理的に出ることができなかった女性にも，新しい価値観がもたらされるようになった。それが女性の役割意識を変えることにつながっていると彼らは指摘している。子育てに関する性役割の理想像も，このような形で影響を受けながら少しずつ変化していくかもしれない。

4）社会体制の変化と子ども観

第4に指摘したい点は，社会体制の違いである。第4章の育児行動でも，台湾と中国との間でいくつかの相違がみられた。このように同じ中華文化圏であっても，社会体制の違いによって異なる家族像や育児観が作り出される可能性はある。もちろん社会体制の違いのみが2カ国間の差異をもたらしたわけではないだろう。しかし家族に対する施策や育児施設などに関する制度の違いは，長期にわたれば人々の価値観に大きな違いをもたらすようになると考えられる。全托の保育施設の整備などにより，育児を長時間行う必要のなくなった中国の母親に期待される親役割は，以前とは異なるものになっていくであろう。また1人しか子どもがもてなくなったことは，子どもに対する期待をも変えていくであろう。今後，中国と台湾との間で人々の行き来が多くなるにつれ，これらの価値観はどのように変容していくのだろうか。

3　中国と台湾の記述の違いにみるマクロシステムの影響

以上の点を踏まえ，ここでは同じ中華文化圏でありながら，社会体制の異な

る中国と台湾に焦点をあてて,その2つの教科書の記述の違いにみるマクロシステムの影響を具体的に分析する。社会体制や経済状況,そして国際関係に代表されるマクロシステムの違いは,同一文化圏内の2つの教科書にどのような影響を与えているのだろうか。

1) 中台両岸教科書の伝統と革新

 一般に中国は新中国として革新をめざし,台湾は旧中国の伝統を保持しているというイメージがある。しかし教科書中の題材ならびに題材の取り上げられ方に注目すると,こうした一般的なイメージとはむしろ逆である。全体として,中国の教材には伝統的要素が,台湾には現代的要素が多い。たとえば中国の教科書には台湾に比べて,古詩や故事成語といった古典的教材が多く,さらに目につくのは中国古代から近現代に至るまでの偉人伝の多さである。中国では古くから初等教育が重視されてきたが,歴史上の人物を人生の手本とすることは,まさに中国古来の伝統的教育手法であり,それが現代中国に受けつがれているともいえる。一方,台湾の教科書には,古典的教材は意外に少なく,季節の移り変わり,動植物の生態,学校風景といった,子どもの身の回りの出来事を扱った現代的題材が大半を占めている。近年,台湾では,台湾の歴史を独立した1つの国の歴史として,中国史から切り離して教えているが,国語の教科書に現代的題材が多いのも,中国的色彩を極力消して,台湾独自の教材開発に努めた結果と考えられる。

 もちろん台湾の教科書にも伝統的要素はあり,中国古代の偉人伝もわずかながら取り上げられているが,大半の登場人物は,伝説上ないしは架空の人物である。また三国時代の曹操の有名な逸話を,「昔,ある将軍が」として,あえてその名を伏せているケースもある。これらは中国の教科書との差異化を図り,台湾の教材が中国の伝統文化に全面的には依拠していないことを示すためと考えられる。さらに中国では旧式・迷信的という理由で廃れてしまった伝統文化が,台湾に根強く残っている場合があるが,台湾の教科書が,宗教活動,年中行事,冠婚葬祭などを教材として取り上げる際には,中国の伝統文化を引き継いでいるという点は強調されず,台湾独特の生活風景の1つとして取り上げられている観があり,ここでも中国との差異化が意識されているといえる。

2) 中台両岸教科書に見られるアイデンティティ教育

　中国と台湾との政治体制や国際的立場の違いも教科書の記述に影響を与えている。両者の違いを一言でいえば，中国の教科書で取り上げる教材には政治色が濃く，逆に台湾では政治色が薄いといえる。1960年版はもとより2000年版の教科書においても，中国の教科書には共産党指導者の美談がいくつも紹介されるとともに，「私は中国人です」，「私は祖国を愛しています」，「私たちは共産党の懐で幸せに成長しています」といったスローガンに近いような文章がみられ，教科書の中の子どもは，新中国のため，党のため役立つ人間になるよう努力している。このように中国の子どもには，幼い頃から中国人としてのアイデンティティがしっかりと植え付けられていることがわかる。

　これに対して台湾は，一国家としての体制や経済力をもちながら，世界中から国家として承認されていないため，台湾色を明確に打ちだすことができず，「台湾」，「わが国」，「祖国」といった言葉の使用頻度は低い。1960年版にはみられたものの，2000年版の教科書には孫文も蔣介石も登場しない。教科書の中の子どもは「将来は役立つ人間になりたい」というが，具体的に何の役に立つ人間なのかは明記されていない。台湾の観光都市や，台湾に住む少数民族の暮らしを取り上げて，台湾のオリジナリティを出すのが関の山である。そこで取られたのが，これまで述べた中国色を排除するという消極的な手法である。

　政府主導型の教科書である國立編譯館の2000年版を見ても，台湾人のアイデンティティや愛国心は常にあいまいな形でしか表現されていない。たとえば建国記念日を取り上げた教材では，台湾を擬人化し，その誕生日を祝うという形を借りて，国家の恩恵に対する感謝の念をつづっている。また祖国の悪口を言われてそれに反発するイタリア人の少年の話や，オリンピックで優勝した選手が国旗を掲げ，国のために栄光を手にできたこと，世界中の人に自国の存在を知ってもらえたことをうれしく思うと語る話を載せ，こうした海外のエピソードを借りる形で，愛国心の大切さをうたっている。特に後者の話は，オリンピックに自分たちの旗である「青天白日旗」を持ち込めない台湾人にとって，非常に感慨深い話といえる。

　しかし中国と明確な線引きをしようとしても，台湾が中華文化を享受していることはまぎれもない事実であり，たとえば「私たち中国人は粽を食べて2000

年余りになります」という表現がみられる。もちろんこの場合の「中国人」とは，広く中華文化を享受する者，あるいは清朝政府の後を継いだ「中華民国」の一員というくらい意味であるが，台湾人のアイデンティティのあいまいさを示している。

3）中台関係に関する記述の相違

また政治体制の違いのみならず，中台関係もそれぞれの教科書の記述に影響を与えている。まず中国の教科書には台湾が中国の領土であることがはっきりと主張されている。たとえば台湾の日月潭という湖を自国の名所の1つとして紹介する話や，おじさんが子どもに人民大会堂の中の会議室には台湾省を含む省や市や自治区の名前がつけられていると説明する話があげられる。一方，台湾の教科書には，中国との関係について直接的な記述はない。独立した国家体制であることを表す「中華民国」という言葉が出てくる箇所もあるが，その前後の文章からは政治的色彩がまったく感じられない。ただ極めて間接的ではあるが，1つだけ中国に対する台湾の優位性を誇った文章がある。それは中国に住むモズの親子が，「ぬくもりと平安」を求めて「宝島，台湾」にやって来るという話である。非常に象徴的な話であるが，中国と台湾がはっきりと対比されている点からみて，これは中台関係を意識した教材と考えてよいだろう。

4）中台両岸教科書に現れた経済状況の相違と子ども像

最後に経済状況の違いによる影響についていえば，現在，中国の都心部は台湾の都心部に勝るとも劣らない発展を遂げているが，その経済的発展が中国全土にはまだ行き届いていない。そのため教科書の中の中国は，まだ発展途上にあるという記述にならざるを得ず，労働者の働く姿，電化製品の一般家庭への普及，高層ビルの建設，地下資源の開発などが頻繁に題材として取り上げられている。一方，台湾の教科書は，台湾の先進国的側面を全面に出しており，自然保護やリサイクルなどの環境問題に重点が置かれ，登場する電化製品はパソコンや未来型の製品である。そして教科書では，子どもが現在，いかに恵まれた状況にあるかが強調され，教科書の中の子どもは頻繁に「うれしかった」，「楽しかった」と肯定的な感想を述べている。中国の教科書が過去の苦難の時代に思いを馳せることが多いのと比べて対照的である。

教科書中の題材や記述は，社会体制や国際関係，経済状況など，教科書を取

り囲むさまざまな要因によって大きな制限を受けている。そしてこのような題材や記述の違いは，教科書に登場する子どもの自己像に多大な影響を与えていると推測される。中国の子どもは偉大な先人に導かれ，国家に対する揺るぎない信頼と確かな自己像が与えられている。これに対して台湾の子どもには，中国に比べてあいまいで不安定な自己像が与えられている。しかし台湾の教科書は，こうした不安感を払拭するべく，子どもが社会や家庭において，いかに守られているかを強調している観がある。つまり中国と台湾の2つの教科書は，どちらも子どもに何らかの心の支えを与えようとしているといえる。ただその表現の仕方がその国や社会の置かれた状況によって異なり，結果的にそれらは子どもの自己像にも大きな影響を与えているのではないだろうか。

4 子どもを取りまく環境と人間の行動との変化

1) マクロシステムとクロノシステム

　人々のさまざまな行動や価値観は，生まれた瞬間から異なるのではなく，子どもが成長していく過程で，文化の違いによりさまざまな形に変化をしていく。その社会の，その時代の価値観を取り込んで子どもは成長していくのである。子どもは無味乾燥な空間に生まれ落ちるのではなく，まさに「文化の意味空間」の中で生まれ育っていく（箕浦，2003）。そしてその文化の意味空間を創っていくのは，その社会の歴史的な体験であったり，そのときの社会体制や経済状況であったりする。またその国や社会を取りまく地理的な条件や諸外国との国際関係であるかもしれない。人々はこのようなマクロな環境，ブロンフェンブレンナー（Bronfenbrenner, 1979）の言葉を借りればマクロシステムの中で，その環境条件に合った教育システムを作り，子どもに対する何らかの期待をもつ。文化・社会間の人々の価値観や行動の相違点や類似点も，このようなマクロシステムとの関係から説明する必要があるだろう。

　さらにブロンフェンブレンナー（Bronfenbrenner, 1986）は，4つのシステムに加えて，歴史的文脈を考慮する点から，クロノシステムをそのモデルの中に入れていった。人々が期待する子ども像は，1つの国や社会の中でも常に変化していく。この変化をとらえることによって，子どもを取りまく意味世界の中の諸要因同士の関係を，より構造的に分析することができると思われる。東

(1997)は文化の相違性や類似性を発生的な観点,すなわち相違性の形成にどのような条件が働くかを明らかにすることの重要性を指摘しているが,本書ではその発生的な観点の1つとして,社会・経済的な状況の変化を取り上げた。これらの変化をみていくことによって,子どもに対する期待を変容させた要因が分析できると思われる。もちろん,発達期待を変容させた要因は1つではないだろう。いくつかの要因が複合的に絡み合っている。今後はそれらを構造的に解明していくことが求められる。

2) 行動領域や水準との関係

しかしそうはいっても,マクロシステムと人間の行動との直接の関係性を探るのは容易ではない。人間の行動を規定するマクロシステムがたとえ大きく変化しても,人間の行動がそれに対応してすぐに変わっていくとは限らない。さらに子どもへの期待や理想像が変化するのはより長い時間を要するだろう。マクロシステムの変化から人々の心の変化までの時間差は必ず存在し,どのような領域に関係する人間の行動の変化なのかによっても,時間差の長さは異なるであろう。中国の教科書にみられた親の性役割行動の変化などのように,国の施策が大きく変われば,比較的短期間で変わっていくものもある。だが,他者と対立したときの対処行動などのように,長い歴史の中で育まれた対人関係などは,社会状況や制度が変わっても短期間ではなかなか変わらないことがある。

このように人間の行動のどの領域を比較するかによっても異なるが,それと共に変化の過程のどの時点を比較しているかによっても,結果は異なってくるだろう。たとえば東(1994)は日米間の人間の行動を比較し,変化が無意識的な行動や心の動き方までに及ぶ速度には長い時間がかかり,変化するまでには4世代はかかるであろうと推測している。政治経済等で大きな変化が起こると,はじめ風俗に変化が起こり,徐々に明示的な行動規範が修正され,いくつもの反動で揺れ動きながらも行動の表面的な変化が普及し定着する。そして,だんだんに人々が他の人々にどういう行動を期待するかが変化し,やがてそれが心情的な認知様式の変化をももたらす。東のこのような仮説に従えば,人間の行動を異文化間で比較する際にも,行動をどの水準で比較しているのかをまず論じる必要があるだろう。すなわち少なくとも表面的に意識された水準の行

動なのか，それとも無意識の水準での行動を比較しているのかについても，マクロシステムと人間の行動との関係性は異なってくると思われる。

　以上の点や課題を踏まえて，今後はアジアの教科書のみならず，欧米の教科書をも含め，通文化的比較と通時的比較の方法を併用しながら，マクロシステムと人々の価値観，行動との関係，子どもに対する期待や人々がもっている子ども像との関係を探っていく予定である。

第2節　教科書研究の問題点と展望

1　アジアの教科書の特徴

　教科書に描かれた子ども像に関する通文化・通時的比較は，我々に多くのことを教えてくれる。本書でもアジアにおける多様な子ども像が明らかにされた。しかしその一方で，研究上の問題点がないわけではない。ここでは教科書分析研究の問題点を指摘すると共に，今後の研究の展望をも示してみよう。

　教科書は特にアジア諸国の場合，国家が作る子ども像であり，子どもに対する期待であるとの特徴は，欧米の教科書に比べて強いであろう。たとえ規範を意識的に子どもに植えつける傾向が，他の教科に比べて少ない国語の教科書を材料にしたからといっても，国定教科書や検定教科書である限り，そこに国家の統制がまったく入っていないとはいいきれない。したがってその国や社会の一般的な大人の子ども観だけではなく，教科書を通して，それぞれの国家の子ども観も垣間見ることができる。さらに教科書に対する国家の統制力は時代によって異なる。本書の分析でいえば，特に1960年代の国語教科書にはその傾向が強い。しかし2000年版になると，徐々に国からの統制力が緩くなる国もある。このような国家の統制力の変化をも考慮しながら，描かれた内容についてより詳細な検討をしていくことが今後の課題であろう。

2　刺激の非等価性を乗り越える試み

　教科書分析研究における第2の問題点は，刺激の非等価性の問題をどう乗り超えるかとの点である。これは何も教科書分析に限った問題点ではない。文化

比較に関する他の研究においても同様の問題を抱えている。ベリーら（Berry, Poortinga, Segall, & Dasen, 1992）によると，異文化間心理学では被験者に提示される刺激は，どの文化内でも等価だとみなして，その被験者の行動反応の違いを比較し分析する。しかし文化心理学では，被験者に提示される刺激の意味自体の違いをも問題にし，それを含めて被験者の心の違いを分析しようとしている（北山，1997）。

　本書でも，非等価性の問題は考えるべき課題であった。たとえば，第5章の「いい子」像では，プライマリーコントロールの意味自体が，国によって異なっていたことがあげられる。たとえば日本ではそれは「自己主張」の強さと解釈され，「わがまま」で「礼儀知らず」な「社会性の無さ」と結びつきやすい（山添，1997）。しかし中国では生活に必要な行動スキルとしてポジティブに評価されている。このように行動に付与された意味づけが，文化によって異なる。このような問題が背景にあったからこそ，プライマリー・セカンダリーコントロールの二分法では処理できない行動反応が，アジアの教科書には多数みられたのかもしれない。

　一方，従来の心理学にとって，刺激の条件や意味，すなわち独立変数が被験者によって異なることは，心理学が価値を置いてきた客観性を壊すことになる。そうかといって刺激の非等価性に目をつぶって，客観性を求めても，出てきた結果は現実の人の心とは異なってしまうかもしれない。そのような問題を抱え，それを打ち破る1つの方法として，近年質的調査の重要性が指摘されているのであるが，以上の問題にどう取り組むのか，文化心理学においても，それに対する明確な答えはまだ出ていない。

　本書の教科書分析研究でも同じ問題を抱えている。しかしこの刺激の非等価性の問題と客観性の問題を少しでも乗り越えようと試みながら，本研究は行われた。教科書分析は他の質問紙調査やフィールドワークにおける調査とは異なり，同じ分析対象となる材料を何度も繰り返して分析することが可能である。本研究の場合にも，異なる分類基準や記述に対する解釈が研究者間で提示されたときには，それまで分析したすべての作品について，もう一度分析し直すという作業が何度となく行われた。1つの国が加わるごとに，新たな分類基準や行動の意味の違いが出てくる。そのたびに今までの分析の見直しを行うことが

可能であった。さらに各文化の母語話者と対話を重ねることで新たな解釈が提示されることもたびたびあった。特に第5章の「いい子」像の分析については，主人公の対処行動についてのさまざまな解釈が提示されることもあり，研究者間で長時間議論することもあった。このように異文化の研究者間で議論を重ね，さらに分析材料を何度も分析し直すことによって，異文化間で異なる刺激の非等価性の問題を乗り越えようとしてきた。しかし一方で客観性とは何か，読み込む際に読者の反応をどの程度考慮するのかなど，多くの問題が積み残されたことも確かである。また少数の研究者間での議論という問題点も残る。したがって複数の研究者間の解釈の中で，刺激の非等価性の問題と，分析によって出された結果の関係性について議論していくことは今後必要であろう。

3　理想像と現実像の乖離は何をもたらすか

　もし教科書分析研究がその材料の内容のみの比較分析に終わるのであれば，前述の刺激の非等価性の問題も，分析材料を何度も繰り返し，その解釈までをも含めて分析することで，ある程度は解決されるかもしれない。しかし教科書分析研究はそれで終わるわけではない。本研究でも長年の検討課題になっているが，読み手である人々の実際の価値観との比較を行う必要がある。それは教科書が現実像ではなく，国家や人々が考える理想像を反映したという特徴をもっているからである。本書で扱った教科書の対象年齢を考えると，教科書に提示された理想像を頭ごなしに否定して読む子どもは多くないだろう。むしろある程度現実のものとして，教科書に描かれた主人公に，自分を投影させて読む可能性が高いと思われる。また教科書作成側もできるだけ子どもに興味をもたせるよう，現実からあまりにもかけ離れた子ども像を，特に国語教科書の中では扱わない。そういった意味では，現実とまったくかけ離れた国家の理想像ではないと思われる。

　その一方で，教科書という特性上，ときには現実を映し出すというよりも，理想像を子どもたちに提示することで新たな現実を創り出すという役割ももっている。たとえば，韓国では現実には日本と同様に育児における性役割分業が明確にみられるが，その一方で娘に知識の授与をする父親を登場させることで，新たな性役割観を創り出そうとする姿がみられる。教科書が現実をある程

度映し出しているのか，それとも現実を創り出しているのか，その点については今後も検討する必要がある。しかしあまりにも理想像と現実像が乖離している場合には，特に児童期前期の子どもたちにとって教科書を身近なものと感じられなくなり，教育効果は薄くなってしまうだろう。

　また同じ国内でも，読者の学歴差，性差，社会・経済的地位の差により，理想像と現実像との差の程度は異なるかもしれない。そして教科書の記述内容だけではなく，その差の程度も，子どもの価値観形成に大きな影響を与えていると考えられる。すなわち理想像と現実像との差があまりにも大きければ，子どもは大人の提示する理想像を，年齢が上がるにつれて信用しなくなるだろう。国によってどの程度高い理想像を教科書に盛り込むかはさまざまであるが，子どもが現実に自分の自己像を作っていく上で，理想像と現実像の差の大きさはどのように影響するのだろうか。子どもが大人に対して抱く信頼性との問題とも併せて今後考える必要があるだろう。

　そして以上の分析をするためにも，読み手である子どもの価値観が形成される過程について検討することが必要である。読み手である子ども，そしてかつて読み手であった大人は，どのような過程を経て自分の子ども観を形成し，さらにはそれを変容させていくのか。教科書の内容が社会・経済的な変動の影響を受けると共に，そこに生きる人々もマクロシステムのみならず，学校，家庭といったより身近なマイクロシステムのあり方からも影響を受ける。教科書を媒介としてどのように大人の価値観が子どもに伝達されていくかといった価値観の伝達過程についても研究を深める必要がある。同じ教科書を使って授業をしても，教師によって解釈も伝える内容も異なっている。たとえば堀内（2001）は家庭科の教科書を用いて，教える側の属性の違いにより，異なる内容が子どもたちに伝達される過程を分析している。また教師のみならず，授業を受ける子どもたちの属性によっても，教科書の内容の受け取り方は異なる。男児か女児か，家庭での親の考え方はどうか，同輩集団との関係はどうか，子どもが暮らす家庭や学校を取りまく環境はどうか，など多くの物理的・心理的要因によって，教科書に描かれた子ども像はさまざまに解釈される。さらに読み手である子どもたちが，さまざまな異なる体験をしながら成長していく過程で，自分が抱く子ども像は変化していく。その変化の過程を丁寧に追っていく

ことが，今後大きな課題として残されている。

　しかしいくつかの大きな課題を残しながらも，教科書に描かれた子ども像を国家間や時代間で比較することによって，子ども観に関するアジア諸国における共通性や相違性が浮かび上がってきた。そしてその子ども観の共通性や相違性に関わる要因や，各国内での変化に関与する要因を探ることで，アジアに生きる子どもの立場や彼らを取りまく価値観の一端がみえてきたと思われる。

文　　献

第1章

秋山弘子（1997）ジェンダーと文化　柏木惠子・北山　忍・東　洋（編）文化心理学　東京大学出版会．10章．

安彦忠彦（1992）学校カリキュラムと異文化接触：教科書分析を中心に　名古屋大学教育学部紀要 教育学科，**39** (1), 25-32.

Bangladesh Bureau of Statistics. (2002) *2000 Statistical Yearbook of Bangladesh 21st Edition.* Government of the People's Republic of Bangladesh.

Berry, J. W., Poortinga, Y. H., Segall, M. H., & Dasen, P. R. (1992) *Cross-cultural psychology : Research and applications.* Cambridge University Press.

エイジング総合研究センター（1996）高齢化社会対策推進のための調査研究等　エイジング総合研究センター．

藤永　保（1997）心理学と文化のかかわり　柏木惠子・北山　忍・東　洋（編）文化心理学　東京大学出版会．1章．

藤沢法映（1998）教科書のなかの国際関係：「戦争の時代」を中心に　佐伯　胖・黒崎　勲・佐藤　学・田中孝彦・浜田寿美男・藤田英典（編）国際化時代の教育　岩波講座現代の教育11　岩波書店．101-124.

藤田英典（1991）子ども・学校・社会　東京大学出版会．

Greenfield, P. M. (1997) Culture as Process: Empirical Methods for Cultural Psychology. In J. W. Berry, Y. H. Poortinga & J. Pandey (Eds.), *Theory and Method, Handbook of Cross-Cultural Psychology* second edition. 1. Allyn & Bacon.

行政院主計處普查局（2004）婦女婚育與就業調査　行政院主計處普查局．

樋口恵子・浅井由利子・入江一恵・大場広子・岡本雅子・織戸多香枝・梶原公子・加藤真代・菊張法・岸本重陳・蔵本佳子・澤純子・汐見稔幸・庄司洋子・鈴木深雪・高城絹代・寺島紘子・中里喜子・早川和男・松本和雄・松本恭治・村岡洋子・村上昌子・渡辺純子（1994）新家庭一般　一橋出版．

久富陽子（1992）国際化の中の子どもたちと保育　発達，**50** (13), 20-26．ミネルヴァ書房．

星野　命（1997）恣意的な文化の定義・概念　柏木惠子・北山　忍・東　洋（編）文化心理学　東京大学出版会．234-238.

法務省（2000）出入国管理基本計画（第2次）平成十二年三月二十四日　法務省告示第百十九号．

今井康夫（1991）アメリカ人と日本人　創流出版．

伊東良徳・大脇雅子・紙子達子・吉岡睦子（1991）教科書の中の男女差別　明石書店．

岩崎芳枝・伊藤セツ・江原絢子・後藤　久・鈴木敏子・増田美子・安部サト・荒井紀子・石橋和子・久保清栄・清水ゆかり・前原和子・山田乃婦子・山本みや子・寺川富子（1991）新版家庭一般：改訂版　新しい家庭の創造をめざして　実教出版．

香川芳子・本多　洋・湯沢雍彦・網野武博・飯塚君子・伊藤葉子・伊藤由美子・井村洋

子・岡本あづさ・小川昭二郎・小竹千香子・片山　進・草野昌世・児玉篤尚・駒城素子・五明紀春・近藤悦子・島田淳子・庄司順一・関川千尋・田窪純子・多田　裕・長岡多惠子・西村弘子・野田満智子・橋本欣子・羽室美智子・早川久子・町田玲子・宮内好子・和田淑子　（1994）　新・家庭一般　中教出版．

唐澤富太郎　（1990）　教科書の歴史：教科書と日本人の形成（下）　ぎょうせい．

柏木惠子　（2001）　子どもという価値：少子化時代の女性の心理　中央公論新社．

川村千鶴子　（1995）　国際化する保育園の現状と多文化教育の必要性：東京・新宿の事例を中心に　藤原孝章（編）　外国人労働者問題と多文化教育　明石書店　第5章．

経済企画庁（編）　（1992）　国民生活白書（平成4年版）　大蔵省印刷局．

北山　忍　（1997）　文化心理学の理論　柏木惠子・北山　忍・東　洋（編）　文化心理学　東京大学出版会　2章．

近藤孝弘　（2001）　ドイツ現代史と国際教科書改善　名古屋大学出版会．

厚生省児童家庭局　（2000）　保育所保育指針　日本保育協会．

厚生労働省統計情報部　（2003）　平成14年　人口動態統計　厚生統計協会．

Markus, H. R., & Kitayama,S.　(1991)　Culture and the self: Implication for cognition, emotion, and motivation.　*Psychological Review,* **98** (2), 224-253.

Markus H. R., & Kitayama, S.　(1994)　Sense, culture, and sensibility.　In S. Kitayama, & H. R. Markus (Eds.), *Emotion and culture: Empirical studies of mutual influence.* (Chap. 2) American Psychological Association.

三上勝夫・矢部玲子　（1992）　小学校社会科教科書における語彙の分析　北海道教育大学紀要，I (42, 2), 1-15.

Minoura, Y.　(1975)　Value orientations found in British Columbian and Japanese schoolbooks: The 1920's-the 1970's.　unpublished M. A. Thesis to University of Victoria, Canada.

箕浦康子　（1997）　文化心理学における「意味」　柏木惠子・北山　忍・東　洋（編）　文化心理学　東京大学出版会．3章．

箕浦康子　（2003）　子供の異文化体験（増補改訂版）：人格形成過程の心理人類学的研究　新思索社．

文部省告示　（1998）　幼稚園教育要領　大蔵省印刷局．

文部科学省　（2004）　「日本語指導が必要な外国人児童生徒の受入れ状況等に関する調査（平成14年度）」の結果．

NHK放送文化研究所世論調査部　（1996）　1995年国民生活時間調査報告書　NHK放送文化研究所．

大場幸夫・民　秋言・中田カヨ子・久富陽子　（1998）　外国人の子どもの保育：親たちの要望と保育者の対応の実態　萌文書林．

大日向雅美・木村静枝・渋川祥子・庄司洋子・貴田康乃・内藤道子・松村祥子・芦田迪子・阿部幸子・阿部智子・石川寛子・石田米和・一ノ瀬二三子・上村恵理子・臼井和恵・小沢容子・笠井ケイ子・片岡恵美子・金子佳代子・菊澤康子・北島光子・日下部信幸・工藤夫美子・久保田和子・五島孜郎・榊原典子・佐藤秋江・澤井セイ子・塩原秀子・篠崎ひで子・清水とき・添田秀子・高木貴美子・高野陽・高橋明子・高橋敦

子・丹十七子・寺元芳子・中島郁代・仲田郁子・長沢由喜子・永原邦代・七森圭子・根岸郁子・林謙治・早渕仁美・間壁治子・松岡明子・松岡博厚・松村京子・三浦美智子・宮川豊美・望月昌代・森山依都子・安川みどり・矢部洋子・吉田企世子（1994）生活一般　学習研究社.

斎藤耕二・菊池章夫（編）（1990）社会化の心理学ハンドブック：人間形成と社会と文化　川島書店.

佐藤洋子（1978）女の子はつくられる　白石書店.

崎田智子（1996）英語教科書の内容分析による日本人の性差別意識の測定　実験社会心理学研究, **36,** (1), 103-113.

Shweder, R. A., & Bourne, E. J. (1984) Does the concept of the person vary cross-culturally? In R. Shweder, & R. Levine (Eds.), *Culture theory.* Cambridge University Press. 158-199.

信濃教育会出版部（1960）こくご1ねん　信濃教育会出版部.

杉原黎子・田中久美子・高山芳治（1992）家庭科成立に関する一考察：教科書の分析をとおして　岡山大学教育学部研究, **90,** 125-136.

友田泰正（1990）いま、なぜ学校文化か　長尾彰夫・池田　寛（編）　学校文化・深層へのパースペクティブ　東信堂．序章.

塘　利枝子（1995）日英の教科書に見る家族：子どもの社会化過程としての教科書　発達心理学研究, **6** (1), 1-16.

塘　利枝子・童　昭恵（1997）日本と台湾の国語教科書に見る育児行動：性役割に関する内容分析的検討　甲子園短期大学紀要, **16,** 67-84.

塘　利枝子・真島真里・野本智子（1998）日英の国語教科書にみる対人的対処行動：内容分析的検討　教育心理学研究, **46** (1), 95-105.

Tomo, R. (2000) A Content Analysis of Interpersonal Coping-Behavior in Japanese and German Primary School Textbooks. *Japanstudien,* **11,** 193-209.

塘　利枝子・木村　敦（2001）小学校教科書に反映された子どもに期待される対処的対人関係：「東洋」対「西洋」の対比は妥当か　平安女学院大学研究年報, **1,** 95-109.

塘　利枝子（2002）外国人幼児をめぐる言語の有効性と依存性：異言語間移動直後に焦点を当てて　平安女学院大学研究年報, **2,** 55-69.

Tomo, R., & Tung, c-h. (1999) Content Analysis of Japanese, Taiwanese and German Textbooks: Sex-role of child-rearing behavior. Social and Psychological Change of Japanese and Germany, German-Japanese Society for Social Sciences, 361-368.

Tomo, R., Kimura, A. & Tung, c-h. (2002) Interpersonal Coping-Behavior in Asian and European Textbooks. Teichler, U. & Trommsdorff, G. (Eds.), *Challenges of the 21st Century in Japan and Germany.* Pabst Science Publishers 125-141.

塘　利枝子・高　向山・童　昭恵（2003）日本・中国・台湾の保育者が期待する子ども像：子どもの「はずれた」行動への保育者の対応に焦点をあてた予備考察　平安女学院大学研究年報, **3,** 57-68.

塘　利枝子・出羽孝行・高　向山（2004）日本・韓国・中国の小学校教科書に反映された親役割の変化：親役割の変化と社会状況との関係　平安女学院大学研究年報, **4,** 31

-46.
Triandis, H. C. (1995) *Individualism and Collectivism.* Westview Press.
United Nations, Department of Economic and Social Affairs. (2003) *World population prospects : the 2002 revision.* United Nations.
Weisz, J. R., Rothbaum, F. M., & Blackburn, T.C. (1984) Standing out and standing in: The psychology of control in America and Japan. *American Psychologist,* **39** (9), 955-969.
Wundt, W. M. (1900-1920) Kultur und Geschichte. *Völkerpsychologie: eine Untersuchung der Entwicklungsgesetze von Sprache*, Mythus und Sitte.
ブント　比屋根安定（訳）（1959）　民族心理学　誠信書房．

第2章　第1節

平田宗史（1991）　教科書でつづる　近代日本教育制度史　北大路書房．
堀尾輝久（1994）　日本の教育　東京大学出版会．
苅谷剛彦（2001）　階層化日本と教育危機：不平等再生参加から意欲格差社会（インセンティブ・ディバイド）へ　有信堂高文社．
教育出版「社史編集委員会」（1963）　教育出版十五年史：検定教科書とともに　教育出版．（非売品）
文部省（1962）　日本の成長と教育：教育の展開と経済の発達　帝国地方行政学会．
文部科学省（2003）　文部科学白書（平成14年版）　大蔵省印刷局．
文部科学省（2004）　文部科学統計要覧（平成16年版）　独立行政法人国立印刷局．
文部科学省webサイト　（2004）　http://www.mext.go.jp/
日本近代教育史事典編集委員会（編）（1971）　日本近代教育史事典　平凡社．
小澤滋子（1998）　誰が何を子どもに教えるか：教育課程　小澤周三（編）　教育学キーワード［新版］　有斐閣双書．42-43．
徳武敏夫（1985）　日本の教科書づくり　みくに書房．
徳武敏夫（1995）　教科書の戦後史　新日本出版社．
山住正己（1989）　学習指導要領と教科書　岩波ブックレット　140．

第2章　第2節

中央大学校附設韓国教育問題研究所　（1974）　文教史：1945-1973　中央大学校出版局（韓国・ソウル）．
出羽孝行（2004）　大韓民国における教育制度の発展状況に関する研究：1960年代と現代の教育事情を中心に　アジア教育研究会　アジア教育研究報告，5　京都大学教育学研究科比較教育学研究室．30-47．
服部民夫（1987）　人材育成　服部民夫（編）　アジア工業化シリーズ②　韓国の工業化発展の構図　アジア経済研究所．191-202．
服部民夫（1988）　韓国の経営発展　文眞堂．
咸　宗圭（2003）　韓国教育課程変遷史研究：朝鮮朝末から第7次教育課程期まで　教育科学社（韓国・ソウル）．
教育課程情報サービスwebサイト　（2004）　http://www.kncis.or.kr

教育人的資源部・韓国教育開発院　(2003)　統計からみた私達の教育　韓国教育開発院（韓国・ソウル）.
教育人的資源部　(2001)　第7次教育課程をもう少し知ってみましょう　教育人的資源部教育課程政策課教育課程支援センター（韓国・ソウル）.
労働部　(2002)　賃金構造基本統計調査報告書（2001）（韓国・ソウル）.
呉　天錫　(1973)　発展韓国の教育理念探究　培英社（韓国・ソウル）.
朴　天煥・朴　埰亨　(2000)　我が国の義務教育の変遷過程分析　釜山教育大学校教育大学院論文集，2, 161-188.（韓国・釜山）.
劉　奉鎬　(1992)　韓國教育課程史研究　教学研究社（韓国・ソウル）.
統計庁　(2000)　統計から見る韓国の姿（韓国・大田）.
馬越　徹　(1981)　現代韓国教育研究　高麗書林.
馬越　徹　(1994)　韓国　権藤與志男（編）21世紀をめざす世界の教育　九州大学出版会．29-45.
馬越　徹　(1995)　韓国近代大学の成立と展開：大学モデルの伝播研究　名古屋大学出版会.
尹　正一・宋　基昌・曹　同燮・金　秉柱　(1996)　韓国教育政策の探求　教育科学社（韓国・ソウル）.

第2章　第3節
阿部宗光　(1972)　台湾の教育史概説　阿部宗光・阿部　洋（編）韓国と台湾の教育開発　アジア経済研究所　第1章．201-291.
アジア経済研究所調査研究部　(1966)　台湾の教育：教育普及の現状と問題点　アジア経済研究所.
新井郁男　(1972)　台湾「光復」後の中華民国の教育政策，教育制度と教育の発展　阿部宗光・阿部　洋（編）韓国と台湾の教育開発　アジア経済研究所　201-356.
亜州奈みづほ　(2003)　現代台湾を知るための60章　明石書店.
教育部　(2003)　中華民國教育統計民國九十二年版　教育統計處（中華民國）.
文部科学省生涯学習政策局（編）(2004a)　データからみる日本の教育　国立印刷局.
文部科学省生涯学習政策局（編）(2004b)　平成15年度学校基本調査報告書（初等中等教育機関・専修学校・各種学校編）財務省印刷局.
鄭　元慶ら（編）(1994)　臺灣原住民文化（一）（二）（三）　光華畫報雜誌社.

第2章　第4節
岩村三千夫・沼　亜夫　(1949)　中華人民共和国の機構と政策　中国研究月報　23　社会法人中国研究所.
国家教育委員会政策法規司（編）(1993)　中华人民共和国基础教育现行法规汇编　北京师范大学出版社.
国家統計局社会和社会科技统计司（編）(2001)　中国人口统计年鉴　中国统计出版社.
国家统计局社会与科技统计司（編）(1999)　面向21世纪的中国社会统计　中国统计出版社.

本間政雄・高橋　誠（編）（2000）　諸外国の教育改革：世界の教育潮流を読む　ぎょうせい．
木山徹哉・一見真理子（1997）　変動する社会における親の願いと子ども　福岡県立大学現代中国社会・文化調査団（編）　現代中国の社会・文化変動　福岡県立大学．第一部本論Ⅱ，37-95．
陆　建华（2002）　中国社会问题报告：第7章教育问题　石油工业出版社．
文部省（編）（1996）　諸外国の学校教育：アジア・オセアニア・アフリカ編　大蔵省印刷局．
横山　宏（1991）　戦後教育の展開：各年史中国一九六〇年版――一九九一年版まで　エムティ出版．

第2章　第5節

村田翼夫（1989）　タイ：独立を保持する教育近代化の試み　馬越　徹（編）　現代アジアの教育：その伝統と革新　東信堂．146-170．
National Economic and Social Development Board. Thailand. (2001) *The 9th National Economic and Social Development Plan (2002-2006)*. （国家経済社会開発庁『第9次国家経済社会開発計画（2002-2006）』）．
National Statistics Office. Thailand (2003) *Population and Housing Census 1960. Population and Housing Census 2000 Key Statistics in Thailand 2003.* （国家統計局ホームページ http://www.nso.go.th による）．
Office of National Education Commission. Thailand. (2001) *The National Education Plan (2002-2016)*. （国家教育委員会『国家教育計画（2002-2016）』）．
渋谷　恵（2001）　タイにおける教育改革の動向　教育制度学研究，**8**, 303-308．
鈴木康郎・森下　稔・カンピラパーブ　スネート（2004）　タイにおける基礎教育改革の理念とその展開　比較教育学研究，**30**, 148-167．

第2章　第6節

Adam, W. (by the Order of Government.) (1836) *Second Report on the State of Education in Bengal: Rajshahi.* Calcutta: G. H. Huttmann. Bengal Military Orphan Press.
Adam, W. (1838) *Third Report on the State of Education in Bengal: Including Some Account of the State of Education in Bihar, and a consideration of the Means Adapted to the Improvement and Extension of Public Instruction in Both Provinces.* Calcutta: G. H. Huttmann. Bengal Military Orphan Press.
Bagal, Jogesh Chandra. (1962) Primary Education in Calcutta 1818-1835. *Bengal Past and Present,* **81** (152), 83-95.
Chowdhury, A. & Mushtaque, R. et al. (Eds.) (1999) *Hope not Complacency: State of Primary Education in Bangladesh 1999.* Dhaka: The University Press Limited.
Unterhalter, Elaine. et al. (2003) A Fragle Dialogue? Research and Primary Education Policy Formation in Bangladesh, 1971-2001. *Compare,* **33** (1), 85-99.
弘中和彦（1976）　インド教育史　世界教育史研究会（編）　梅根　悟（監修）　世界教育

史大系6—東南アジア教育史　講談社　176-291.
南出和余　(2003a)　開発過程における教育の受容　子ども社会研究, **9**, 73-88.
南出和余　(2003b)　バングラデシュ初等教育の歴史　遡河, **14**, 39-55.
ユニセフ　(2000)　2001年世界子供白書　ユニセフ駐日事務所.

第3章　第1節
Elder, G. H. Jr.　(1974)　*Children of the great* depression : social change in life experience. The University of Chicago Press.

第3章　第2節　1
国立社会保障・人口問題研究所　1998　結婚と出産に関する全国調査　第11回出生動向基本調査.
国立社会保障・人口問題研究所　2003　現代日本の家族変動　厚生統計協会.
厚生労働省　2002　毎月勤労統計調査　厚生労働省.

第3章　第2節　2
服部民夫　(1988)　韓国の経営発展　文眞堂.
服部民夫　(1999)　韓国の家族　清水由文・菰渕　緑（編）　変容する世界の家族　ナカニシヤ出版. 34-64.
本田　洋　(1997)　家族と親族, 祖先　伊藤亜人（編）　もっと知りたい韓国　第2版 第2巻　弘文堂. 148-153.
李　光奎　(1973)　韓国家族の構造　中根千枝（編）　韓国農村の家族と祭儀　東京大学出版会. 13-40.
李　光奎（著）　服部民夫（訳）　(1978)　韓国家族の構造分析　国書刊行会.
佐々木典子 (2000)　現代家族の変動　小林孝行（編）　変貌する現代韓国社会　世界思想社. 25-43.
統計庁　(2000)　統計からみる韓国の姿（韓国・大田）.
統計庁　(2003a)　韓国の社会指標 2003（韓国・大田）.
統計庁　(2003b)　2002年 人口動態統計年報（総括・出生・死亡編）（韓国・大田）.
統計庁　(2003c)　2002年　社会統計調査報告書, 8（韓国・大田）.

第3章　第2節　3
教育部　(2003)　中華民國教育統計民國九十二年版　教育統計處（中華民國）.
文部科学省生涯学習政策局（編）　(2004)　平成15年度学校基本調査報告書（初等中等教育機関・専修学校・各種学校編）　財務省印刷局.

第3章　第2節　4
高　向山　(2004)　日本と中国の親子関係のあり方について：発達期待と育児観に関する質問紙回答からの考察　東京都立大学心理学研究, **14**, 9-19.
国家统计局社会和社会科技统计司（编）　(2001)　中国人口统计年鉴　中国统计出版社.

第3章 第2節 5

日本総合研究所 (1987) アジアの家族構造と機能に関する研究 総合研究開発機構.

坂元一光 (1996) 北タイ農村における子供および男児への役割期待とその変容：労働力，姓の継承，僧経験を中心に 丸山孝一（編）現代タイ農民生活誌：タイ文化を支える人びとの暮らし 九州大学出版会.

竹内隆夫 (1989) タイの家族・親族 北原 淳（編）東南アジアの社会学：家族・農村・都市 世界思想社.

竹内隆夫 (1999) タイの家族 清水由文・菰渕 緑（編）変容する世界の家族 ナカニシヤ出版.

第3章 第2節 6

Bangladesh Bureau of Statistics. (2002) *2000 Statistical Yearbook of Bangladesh 21st Edition.* Government of the People's Republic of Bangladesh.

第4章 第1節

佐藤洋子 (1978) 女の子はつくられる 白石書店.

伊東良徳・大脇雅子・紙子達子・吉岡睦子 (1991) 教科書の中の男女差別 明石書店.

恒吉僚子・S.ブーコック（編）(1997) 育児の国際比較 NHKブックス 日本放送出版協会.

塘 利枝子・高 向山・童 昭恵 (2003) 日本・中国・台湾の保育者が期待する子ども像：子どもの「はずれた」行動への保育者の対応に焦点をあてた予備考察 平安女学院大学研究年報, **3**, 57-68.

第4章 第2節 1

東 洋 (1994) 日本人のしつけと教育：発達の日米比較にもとづいて 東京大学出版会.

柏木惠子 (1992) 自己認識と自己制御機能の発達 柏木惠子（編）パーソナリティの発達（新・児童心理学講座10）金子書房.

厚生労働省 (2002) 毎月勤労統計調査 厚生労働省.

厚生労働省 (2003) 毎月勤労統計調査 厚生労働省.

文部科学省（編）(2004) 平成15年度文部科学白書 国立印刷局.

守屋慶子 (1997) 自己—他者関係の形成 柏木惠子・北山 忍・東 洋（編）文化心理学 東京大学出版会 6章.

総務庁 (1998) 高齢者の生活と意識第4回国際比較調査（平成9年度）総務庁.

山添 正 (2000) しつけのみなおしおとなのたてなおし：日本人の自我発達の援助 ブレーン出版.

第4章 第2節 2

国立教育評価院 (1992) 教育統計便覧 1992.

教育人的資源部・韓国教育開発院 (2003) 統計からみた私達の教育 韓国教育開発院

（韓国・ソウル）．
李　光奎（著）　服部民夫（訳）（1978）　韓国家族の構造分析　国書刊行会．
労働部（2002）賃金構造基本統計調査報告書（2001）（韓国・ソウル）．
佐々木典子（2000）　現代家族の変動　小林孝行（編）　変貌する現代韓国社会　世界思想社．25-43．
瀬地山角（1996）　東アジアの家父長制：ジェンダーの比較社会学　到草書房．
統計庁　各年　経済活動人口年報（韓国・ソウル）．
統計庁（2003a）　2002年 人口動態統計年報（婚姻・離婚編）（韓国・大田）．
統計庁（2003b）　2002年 社会統計調査報告書8（韓国・大田）．
統計庁統計情報サービスwebサイト　http://kosis.nso.go.kr/

第4章　第2節　3
行政院主計處普査局（2004）　婦女婚育與就業調査　行政院主計處普査局（台湾）．

第4章　第2節　4
程　超澤（2002）　影子家庭：配偶出差症候群　群衆出版社．
高　向山（2004）　日本と中国の親子関係のあり方について：発達期待と育児観に関する質問紙回答からの考察　東京都立大学心理学研究，**14**, 9-19．
李　秀英（1997）　親子関係と扶養意識　福岡県立大学現代中国社会・文化調査団（編）　現代中国の社会・文化変動　福岡県立大学．第一部本論Ⅳ，133-148．
陸　建華（2002）　中国社会問題報告：第7章教育問題　石油工業出版社．
横山　宏（1991）　戦後教育の展開：各年史中国一九六〇年版――九九一年版まで　エムティ出版．
張　逸園（1952）　新中国幼児教育的基本状況和方針任務　中国学前教育研究会（編）（1999）　中華人民共和国幼児教育重要文献汇編　北京師範大学出版社．614-624．
趙　人偉（2000）　貧富分化加剧是不争的事実　財経2000年6月号．
中国教育部发展规划司（編）（2001）　中国教育统计年鉴　人民教育出版社．

第4章　第2節　5
Amara Pongsapich, Naruemol Bunjonjit, & Shinozaki, M. (1993) *A Study of Family Consciousness in Contemporary Thailand: With Comparison among Bangkok, Seoul and Fukuoka*. Kitakyushu Forum on Asian Women.
Ministry of Education (1991) (2002) *1990 Educational Statistics in Brief, 2001 Educational Statistics in Brief*.
National Statistical Office, Office of the Prime Minister (2002) *Key Statistics of Thailand 2002*.
日本総合研究所（1987）　アジアの家族構造と機能に関する研究　総合研究開発機構．
坂元一光（1996）　北タイ農村における子供および男児への役割期待とその変容：労働力，姓の継承，僧経験を中心に　丸山孝一（編）　現代タイ農民生活誌：タイ文化を支える人びとの暮らし　九州大学出版会．

総務庁青少年対策本部（編）（1987） 日本の子供と母親　大蔵省印刷局．
Tisana Khemmani, et al. (1993) *Principles and Models of Early Childhood Development in Thai Cultural Ways.* Chulalongkorn University Printing.

第4章　第2節　6
原　忠彦（1986） イスラーム教徒社会の子ども　小林　登他（編）　新しい子ども学　第3巻　子どもとは　海鳴社．311-368．

第4章　第2節　7
ベネッセ教育研究所（編）（1998） 子育て生活基本調査報告書：園児，小学校1・2年生の母親を対象に　ベネッセコーポレーション．
福武書店教育研究所（編）（1994） 家族の中の子どもたち：上海・ソウル・ロンドン・ニューヨーク・東京 モノグラフ・小学生ナウ 14-4　福武書店．
厚生労働省大臣官房国際課（2003）「2003〜2004年　海外情勢報告」諸外国における少子化の動向と次世代育成支援策．
総務省統計局（2002） 平成13年社会生活基本調査　総務省．
統計庁（1995） 韓国の社会指標　大韓民国統計庁．

第5章　第1節
熊山昌久（1991） 水性文化と油性文化　大修館．
中山　治（1988）「ぼかし」の心理：人見知り親和型文化と日本人　創元社．
Rothbaum, F., Weisz, J. R., & Snyder, S. S. (1982) Changing the world and changing the self: A two-process model of perceived control. *Journal of Personality and Social Psychology,* **42**, 5-37.
塘　利枝子・真島真里・野本智子（1998） 日英の国語教科書にみる対人的対処行動：内容分析的検討　教育心理学研究，**46** (1), 95-105．
塘　利枝子・木村　敦（2001） 小学校教科書に反映された子どもに期待される対処的対人関係：「東洋」対「西洋」の対比は妥当か　平安女学院大学研究年報，**1**, 95-109．
Weisz, J. R., Rothbaum, F. M., & Blackburn, T.C. (1984) Standing out and standing in: The psychology of control in America and Japan. *American Psychologist,* **39** (9), 955-969.

第5章　第2節　1
塘 利枝子・木村　敦（2001） 小学校教科書に反映された子どもに期待される対処的対人関係：「東洋」対「西洋」の対比は妥当か　平安女学院大学研究年報，**1**, 95-109．

第5章　第2節　2
伊藤亜人（1996） アジア読本 韓国　河出書房新社．
李　光奎（著） 服部民夫（訳）（1978） 韓国家族の構造分析　国書刊行会．

第5章　第2節　4

高　向山　(2004)　日本と中国の親子関係のあり方について：発達期待と育児観に関する質問紙回答からの考察　東京都立大学心理学研究，**14**, 9-19.

片　成男・山本登志哉　(2001)　子どものお小遣いと親子関係：親との面接調査から　文部省平成10-12年度科学研究費補助金研究成果報告書（No. 10041040）文化特異的養育行動と子どもの感情制御行動の発達：その日中比較　104-116.

山本登志哉・片　成男　(2000)　文化としてのお小遣い：または正しい魔法使いの育て方について　日本家族学会誌，**51** (12), 1169-1174.

山本登志哉・片　成男　(2001)　お小遣いを通してみた子どもの生活世界と対人関係構造の民族・地域比較研究：吉林省朝鮮族・吉林省漢族・上海市漢族・奈良市日本民族の比較から　文部省平成10-12年度科学研究費補助金研究成果報告書（No.10041040）文化特異的養育行動と子どもの感情制御行動の発達：その日中比較　79-103.

第5章　第2節　5

Mulder, N. (1997) *Thai Images: The Culture of the Public World.* Chiang Mai: Silkworm Books.

渋谷　恵　(1999)　タイの初等教育における礼儀作法の教育：1990年改訂カリキュラム・教科書の分析を中心に　比較国際教育，**7**, 21-34.

渋谷　恵・スネート　カンピラパーブ　(2001)　タイ文部省1990年改訂初等教育カリキュラムに基づくタイ語科教科書抄訳：「民族（チャート）」「宗教」「国王」に関わる内容を中心に　比較・国際教育，**9**, 105-115.

Suntaree Komin (1990) *Psychology of the Thai People: Values and Behavior Patterns.* Bangkok: National Institute of Development Administration.

第5章　第2節　7

Tomo, R. *Comparison of Changes in Developmental Expectations toward Children in Japan and Germany between 1960 and 2000: Which is more important for children, hardship or support?* In print.

第6章

東　洋　(1994)　日本人のしつけと教育：発達の日米比較にもとづいて　東京大学出版会.

東　洋　(1997)　日本人の道徳意識　柏木惠子・北山　忍・東　洋（編）文化心理学　東京大学出版会．4章.

Berry, J. W., Poortinga, Y. H., Segall, M. H., & Dasen, P. R. (1992) *Cross-cultural Psychology: Research and applications.* Cambridge University Press.

Bronfenbrenner, U. (1979) *The ecology of human development.* Harvard University Press.

Bronfenbrenner, U. (1986) *Ecology of the family as a context for human development: Research perspectives.* Developmental Psychology, **22**, 723-742.

堀内かおる （2001） 教科と教師のジェンダー文化：家庭科を学ぶ・教える女と男の現在　ドメス出版.

北山　忍 （1997） 文化心理学の理論　柏木惠子・北山　忍・東　洋（編）　文化心理学　東京大学出版会. 2章.

窪田幸子・八木祐子 （1999）　社会変容と女性：ジェンダーの文化人類学　ナカニシヤ出版.

箕浦康子 （2003）　子供の異文化体験（増補改訂版）：人格形成過程の心理人類学的研究　新思索社.

高田利武 （1999）　日本文化における相互独立性・相互協調性の発達過程：比較文化的・横断的資料による実証的検討　教育心理学研究, **47**, 480-489.

塘　利枝子・木村　敦 （2001）　小学校教科書に反映された子どもに期待される対処的対人関係：「東洋」対「西洋」の対比は妥当か　平安女学院大学研究年報, **1**, 95-109.

八木祐子 （1999）　結婚・家族・女性：北インド農村社会の変容　窪田幸子・八木祐子　社会変容と女性：ジェンダーの文化人類学　ナカニシヤ出版. 第2章.

山添　正 （2000）　しつけのみなおし　おとなのたてなおし：日本人の自我発達の援助　ブレーン出版.

あとがき

　各国の教科書の子ども観の比較。この研究に筆者が着手してから10年以上の月日がたった。最初は日本とイギリスの教科書に描かれた家族と家族内のコミュニケーションの比較であったが，その後，台湾，ドイツ，フランス，韓国，中国，タイ，バングラデシュと現在9カ国の教科書について翻訳，分析が行われている。中には現在進行中のものもあり，共同研究者たちには多大な迷惑をかけたものもある。しかし共同研究者たちと翻訳についての細かい打ち合わせ，質疑応答などを重ねながら仕事を進めていく日々は，きつい作業でありながら，一方で楽しい作業でもあった。自分がかつて慣れ親しんだ作品を懐かしがる一方で，あまりにも異なる価値観に基づいた他国の作品を共に翻訳しながら，誤訳ではないのかとの疑問をぶつけつつ，そこから互いの国の文化論から個人的な育児観まで話は及んだこともあった。

　しかしなんと言っても教科書の収集，特に1960年代の教科書の収集は大変な作業であった。教科書は無償かまたは有償であっても安価であるためか，用が済めば捨てられる傾向がある。そのため大学図書館などでもきちんとその時代の教科書すべてが保存されていないのである。最近では教科書研究も進み，保存の重要性が認識されてきたが，ちょうど1960年頃にはそのような重要性が認識されていなかったのかもしれない。また資料が古いためにコンピュータにデータベース化されていないことも多く，中国の図書館では手を真っ黒にしながらカードを1枚1枚研究協力者と共に探したこともあった。この収集段階でも研究協力者には多大な協力をしてもらった。このように一連の教科書分析研究は塘のみのものではなく，多くの研究協力者の協力があってのことである。教科書収集，膨大な量の翻訳，分析にも多大なご協力をいただいた。この場を借りて，心からの御礼を述べたい。

　具体的には本書の共同執筆者以外に以下の方々にお世話になった。崔 順子氏には韓国の教科書の翻訳を協力して頂き，Joynul Abedin氏にはバングラデ

シュの2000年版の教科書の翻訳をして頂いた。童 昭恵氏及び木村敦氏には2000年版の台湾の翻訳をして頂き，林 恵敏氏には第2章3節の台湾における教育を記述する際にも，台湾に関するデータ収集やその翻訳に多大な力添えをいただいた。また研究の初期段階では，野本智子氏，真島真理氏，福島朋子氏にもお世話になった。

　1960年代，1970年代の教科書収集に関しては，各国の政府機関及び研究所，大学図書館にお世話になった。日本の教科書収集に関しては，教科書研究センター，筑波大学，東京学芸大学，大阪教育大学，北海道教育大学，信州大学，京都教育大学，そして多くの研究者にも協力をして頂いた。ここに記して御礼申し上げたい。

　なお，文献についてはできる限り最新のものを載せようとするとwebサイトの情報に頼らざるをえないものもあった。特に韓国や台湾では冊子体ではなく，webサイトでしか得られない情報もあり，このようなものに限りwebサイトの情報を活用した。

　さらに，外国語文献表示に関しては国によって表記の違いがある。例えばタイでは慣習的に姓ではなくファーストネームを記載することが多い。そのため本書でも本文中ではファーストネームを記載し，文献引用欄ではフルネームで記載した。また韓国では同姓が多いため，本文中にも姓のみならずフルネームで記載することが一般的であるが，今回は同姓の著者が少なかったため，日本語の文献表記方法に合わせた。

　また教科書分析に関する一連の研究に関しては以下の科学研究費の補助を得た。

　奨励研究（A）（平成10年度・11年度）「教科書に描かれた子どもの社会化―日本・台湾・ドイツ・イギリスの国語教科書の内容分析に関する国際比較研究―」（研究代表者：塘 利枝子）

　基盤研究（C）（平成12年度・13年度・14年度）「アジアの教科書に見る発達観の文化・歴史的文脈―日本・台湾・バングラデシュ・韓国・中国・タイの国語教科書に描かれた発達観の文化・歴史的な比較―」（研究代表者：塘 利枝子）

　さらに，本書の出版に当たり，平成16年度科学研究費補助金（研究成果公開促進費）課題番号165187（代表者：塘 利枝子）の補助を得ている。

事項索引

あ
アイデンティティ　192, 193
悪性補習　40
育児
　——支援　126, 132, 150
　——の外注化　127, 148, 149
イスラーム　58, 60-63, 65, 184
「一綱一本」制　49
異文化間心理学　10, 11
意味空間　11, 12
ウリ　163, 173
公の意味構造　11-13
お手伝い　140-148
親役割　8, 12, 15, 17-20, 91, 92, 94, 97, 112, 113, 116, 120, 124, 133, 137, 140
恩返し思想　134
恩義　179

か
外国人
　——児童生徒　2
　——幼児　2
科学技術性　129
核家族　79, 80, 86, 89
　——化　75, 79, 83, 88, 189
学習指導要領　23, 24, 57
学歴
　——尊重社会　42
　——身分制　37
家族計画　86, 87
　——開発　52
カリキュラム　56, 57, 61
関係性　167
感情表現　162, 175
基礎教育　57, 61
教育
　——改革　41, 45, 49, 51, 54, 56,

　——課程　23, 35
　——基本法　32
　——資金　50, 51
　——熱　23, 32, 36, 42, 50, 135
　——法　32, 34
教科
　——用図書検定調査審議会　25
　——用図書採択地区　28
　——用図書選定審議会　28
教科書
　——疑獄事件　25
　——検定・採択制度　23
近代知識　138
クロノシステム　194
経済開発　58, 138
検定図書　36
弘益人間　32
高学歴　123, 129, 151
合計特殊出生率　4, 5
高校多元化入学方案　46
国際
　——関係　189-191, 194
　——通貨基金　54
国定
　——教科書　17, 25, 41, 49, 63, 65
　——図書　16, 36
国民
　——教育　51, 183
　——教育憲章　32
個人主義　19
国家
　——開発　52
　——教育計画　56
子どもの価値　5, 6

さ
産業構造　117

三二一家族計画　81
三民主義　38
刺激等価性　12
刺激布置　10
自己中心主義　19
市場経済　50, 131
社会
　——規範　10
　——主義国　46
　——中心主義　19
就学率　23, 24, 55, 56
自由採択制度　25
集団主義　20
儒教　19, 33, 120, 132
小学校令　24
少子化　5, 42, 86, 109
情報のグローバリゼーション　9, 190, 198
人口抑制政策　50, 83, 87
心性普遍性　10, 11
人的労働力　131
人民公社　47, 84
政治体制　199
性役割　8, 15, 17-20, 91, 92, 97, 107, 109, 112, 113, 119, 122, 124, 133, 137, 138, 140, 198
　——分業　99, 120, 124, 198
セカンダリーコントロール　152, 153, 157, 162, 163, 165, 166, 170-172, 180, 183, 184, 197
全托　95, 127, 131, 149, 150
全寮制保育　131
相互依存的自己　19
総合的な学習の時間　24

た
多民族国家　184
足るを知る経済　54
男児優位　89
男女雇用平等法　122

チプ　78, 80, 124
長子優待不均等相続　79
徴兵制度　44
直系家族　79, 85, 86
通時的比較　7, 13, 30
通文化的アプローチ　10
妻方居住　85
独立　63, 188
　——戦争　188
独立的自己　19
共働き　134

な
ナム　173
認定図書　36
能力主義　23
ノンフォーマル学校　61, 63-65

は
ハイブリッド性　183-185
発達期待　1, 6, 8, 13, 19
バリ　88, 89, 137
晩婚化　124
一人っ子政策　4, 50, 70
プライマリーコントロール　152, 153, 157, 162, 163, 164, 166, 173, 177, 178, 180, 183, 185, 187, 197
文化
　——心理学　10, 11, 13
　——大革命　48, 50, 51, 129
　——とパーソナリティ学派　9
　——の二分法論　12, 19, 20, 187
ホームヘルパー　134

ま
マクロシステム　188, 191, 195, 196, 199
マドラサ学校　61, 62
民主化　30, 31, 54
民族心理学　9
無償措置法　28

もやし学級　34
文部省令　24

や
屋敷地共住集団　85, 86
ゆとり教育　24
ユネスコ　55

ら
リプロダクテライブ・ヘルス　5, 87

わ
ワイ　134

人名索引

A
阿部宗光　38
安彦忠彦　7
秋山弘子　13
Amara, P.　133
新井郁男　40
亜州奈みづほ　46
東洋　117, 195

B
Berry, J.W.　10, 197
Blackburn, T.C.　20, 152
Bourne, E.J.　12, 20
Bronfenbrenner, U.　194
ブーコック, S.　91

C
程超泽　129
Chowdhury, A.　61

D
Dasen, P.R.　10, 197
出羽孝行　8, 171

E
Elder, G.H.Jr.　67

F
藤永保　9
藤沢法暎　7
藤田英典　7

G
Greenfield, P.M.　10, 11

H
原忠彦　139

服部民夫　37, 79, 80
樋口恵子　14
平田宗史　28, 29
久富陽子　2
比屋根安定　9
本多洋　80
本間政雄　49, 50
堀尾輝久　24, 27
堀内かおる　199
星野命　13
Hull, C.F.　10

I
一見真理子　51
今井康夫　7, 14
伊藤亜人　173
伊東良徳　7, 14, 91
岩村三千夫　48
岩崎芳枝　14

J
曹同燮　33, 34
宗基昌　33, 34

K
香川芳子　14
紙子達子　7, 14, 91
咸宗圭　36
カンピラパーブ　58, 179
唐澤富太郎　7
苅谷剛彦　24, 30
柏木恵子　5, 6, 17, 119
川村千鶴子　2
菊池章夫　7
金秉柱　33, 34
木村敦　8, 165, 168, 188
北山忍（Kitayama, S）　10, 11, 91, 197

木山徹哉　51
近藤孝弘　7
高向山　3, 8, 18, 83, 96, 131, 177
窪田幸子　190
熊山昌久　151

L
李光奎　79, 80, 120, 131, 172
陆建华　50, 131

M
Markus, H.R.　12
真島真理　8, 160
三上勝夫　7
南出和余　60, 63, 181, 182
箕浦康子（Minoura, Y.）　8, 11, 194
森下稔　58
守屋慶子　117
Mulder, N.　179
毛沢東　84
村田翼夫　55
Murdock, G.P.　10

N
中山治　151
Naruemol, B.　133
野本智子　8, 160
沼亜夫　48

O
大場幸夫　2
大日向雅美　14
大脇雅子　7, 14, 91
小澤滋子　23

P
朴埰亨　33, 34
朴天煥　33, 34
片成男　176
Poortinga, Y.H.　10, 197

R
Rothbaum, F.M.　20, 152

S
斎藤耕二　7
坂元一光　86, 135
崎田智子　7
佐々木典子　79, 121
佐藤洋子　7, 91
瀬地山角　120, 124
Segall, M.H.　10, 197
渋谷恵　56, 179
Shinozaki, M.　133
Shweder, R.A.　12, 20
Snyder, S.S.　152
杉原黎子　7
Suntaree, K.　179, 186
鈴木康郎　58

T
タゴール　64
高田利武　188
高橋誠　49, 50
高山芳治　7
竹内隆夫　85
田中久美子　7
Tisana, K.　135
徳武敏夫　27, 28
塘利枝子（Tomo, R.）　2, 3, 8, 18, 96, 159, 165, 168, 185, 188
友田泰正　76
童昭恵　3, 8, 18, 96
Triandis, H.C.　12, 20
恒吉僚子　91

U
馬越徹　32, 37

W
Weisz, J.R.　20, 152, 153

Whiting, B.B.　10
Whiting, J.W.M.　10
Wundt, W.N.　9

Y

矢部玲子　7
八木祐子　190
山本登志哉　176
山添正　117, 197
山住正己　23

横山宏　48, 129
吉岡睦子　7, 14, 91
劉奉鎬　32, 35
尹正一　33, 34

Z

张逸园　130
赵人伟　132
鄭元慶　45

著者紹介

塘　利枝子（とも　りえこ）（編者）
白百合女子大学大学院文学研究科発達心理学専攻博士課程単位取得満期退学（1995年）
博士（文学）　1997年
現在，同志社女子大学助教授
研究領域：発達心理学，文化心理学
担当：日本・台湾
　　　第1章
　　　第2章第3節
　　　第3章第1節，第2節1，3，7
　　　第4章第1節，第2節1，3，7
　　　第5章第1節，第2節1，3，7
　　　第6章第1節1，2，4，第2節

出羽　孝行（でわ　たかゆき）
龍谷大学大学院文学研究科教育学専攻博士課程単位取得満期退学（2003年）
修士（文学）　1998年
現在，龍谷大学非常勤講師
研究領域：比較教育学，異文化間教育学
担当：日本・韓国
　　　第2章第1節，第2節
　　　第3章第2節2
　　　第4章第2節2
　　　第5章第2節2

カンピラパーブ　スネート（KAMPEERAPARB, Sunate）
筑波大学大学院博士課程教育学研究科教育基礎学専攻単位取得退学（1999年）
修士（教育学）　1995年
現在，名古屋大学大学院国際開発研究科専任講師
研究領域：比較・国際教育学，留学生教育
担当：タイ
　　　第3章第2節5
　　　第4章第2節5

高　向山（こう　こうざん）
東京都立大学人文科学研究科心理学専攻博士課程単位取得退学（2005年）
修士（文学）
現在，常葉学園浜松大学専任講師
研究領域：発達心理学

担当:中国
　　第2章第4節
　　第3章第2節4
　　第4章第2節4
　　第5章第2節4

久米　裕子（くめ　ひろこ）
大阪大学大学院文学研究科哲学哲学史専攻博士課程後期単位取得退学(1995年)
修士(文学)　1992年
現在,京都産業大学文化学部助教授
研究領域:中国哲学
担当:中国・台湾
　　第6章第1節3

南出　和余（みなみで　かずよ）
神戸女学院大学大学院人間科学研究科修士課程修了(2001年)
修士(人間科学)　2001年
現在,総合研究大学院大学文化科学研究科比較文化学専攻博士後期課程在学中
研究領域:文化人類学
担当:バングラデシュ
　　第2章第6節
　　第3章第2節6
　　第4章第2節6
　　第5章第2節6

渋谷　恵（しぶや　めぐみ）
筑波大学大学院博士課程教育学研究科教育基礎学専攻単位取得退学(1997年)
修士(教育学)　1992年
現在,常葉学園大学教育学部助教授
研究領域:比較・国際教育学
担当:タイ
　　第2章第5節
　　第5章第2節5

アジアの教科書に見る子ども
2005年2月20日　初版第1刷発行　　定価はカヴァーに
2005年8月20日　初版第2刷発行　　表示してあります

編著者　塘　利枝子
発行者　中西健夫
発行所　株式会社ナカニシヤ出版
〒606-8161 京都市左京区一乗寺木ノ本町15番地
Telephone 075-723-0111
Facsimile 075-723-0095
Website http://www.nakanishiya.co.jp/
Email iihon-ippai@nakanishiya.co.jp
郵便振替 01030-0-13128

装幀＝白沢　正／印刷＝吉川印刷工業所／製本＝兼文堂
Copyright © 2005 by R. Tomo
Printed in Japan.
ISBN4-88848-940-8